社会企业管理研究

万　希　著

科　学　出　版　社
北　京

内 容 简 介

社会企业兼容社会与经济目标，被视为社会变革的轮轴，有助于化解弱势群体的社会疏离问题，也被视为公司治理的新思维，成为各国政府化解经济与社会危机的新“药方”。本书从宏观上分析社会企业在全球的发展状况，解释了为什么要发展社会企业、如何发展社会企业，以及中国的社会企业发展所面临的挑战及其应对策略。从微观上看社会企业用商业的办法解决社会问题，重点阐述了商业模式的运作、人力资源管理、绩效评价等问题，并以国内外经典的社会企业为案例进行了深入分析。

本书适用于本科生和研究生学习社会企业的管理，还可供非营利组织和企业组织的管理者、学术研究者阅读，也可为政府制定非营利组织政策提供参考。

图书在版编目（CIP）数据

社会企业管理研究 / 万希著. —北京：科学出版社，2020.9

ISBN 978-7-03-060829-1

Ⅰ. ①社… Ⅱ. ①万… Ⅲ. ①企业管理—研究 Ⅳ. ①F272

中国版本图书馆 CIP 数据核字（2019）第 047452 号

责任编辑：陈会迎 / 责任校对：贾娜娜
责任印制：张 伟 / 封面设计：无极书装

科 学 出 版 社 出版
北京东黄城根北街 16 号
邮政编码：100717
http://www.sciencep.com
北京虎彩文化传播有限公司 印刷
科学出版社发行 各地新华书店经销
*
2020 年 9 月第 一 版 开本：720 × 1000 1/16
2021 年 1 月第二次印刷 印张：15 1/2
字数：300 000

定价：142.00 元

（如有印装质量问题，我社负责调换）

前 言

社会企业是少数能同时引起政府、企业界及非营利部门关注的议题之一。社会企业高举理想主义与世俗性的大旗：既要做公益，也要做生意；打起算盘追求利润，更追求“利他”，以公益为主，商业为辅，其商业目标是让企业持续下去。所以，社会企业可以看成是对资本主义市场经济“自私”逻辑进行修补，但又与传统慈善事业不同的新社会力量。中国社会企业与社会投资论坛评选的首届中国社会企业奖因为共享单车摩拜的入围引发了社会广泛争论，中国知名企业家马云和王健林都说自己的企业要成为社会企业。2017 年 10 月 19 日，美团点评在完成新一轮 40 亿美元融资后，在人工智能、无人配送等前沿技术研发上加大投入，宣称公司进入一个新的阶段——社会企业阶段。那么，什么是社会企业？社会企业是如何运作的？它有什么特征？什么样的人能够成功创建社会企业？社会企业所开发的产品是否真的存在市场需求？如何触及目标客户群体？在吸引和保留人才方面，是否仅仅依靠社会使命就行？社会企业运营团队有没有商业经营的经验？社会企业要不要声称自己在做公益？要不要说自己是社会企业？社会企业能否享受免税待遇？一系列的问题都是社会企业经营者们面对的问题。

当前，党中央根据国内外形势，做出了我国既处于发展的重要战略机遇期，又处于社会矛盾凸显期的重要判断。历经四十多年的改革开放，中国已经成为世界第二大经济体，积累了可观的社会发展潜力，以促进社会和谐与创新为主要使命的各类基金会已达 7000 余家。但是，在经济快速发展的同时，社会利益分化明显，社会结构发生激烈的变化，引发社会动荡的矛盾日益增多，同时矛盾存在也为我国政策调整提供机遇。一个相对独立于政府和企业的第三部门在中国悄然出现，社会企业家和社会企业是社会创新的主体与重要推动力量。许多发达国家、新兴经济体、发展中国家为了更好地解决社会问题和发展困境，大力发展社会企业、加快社会创新。以《中华人民共和国慈善法》（以下简称《慈善法》）颁布为标志，慈善信托等新的社会创新资源正源源不断地进入。同时，共益公司等跨界创新力量正萌芽蓄势，新一代社会企业家将和他们的社区支持者共同成为应对各类社会问题挑战的创新先行者。新形势下，如何体现中国特色社会主义优势，社会企业应该可以大有作为，尽管社会企业是一个引进的概念，但可以像我们引进高铁技术，经过自主创新和自我发展成为国家输出高铁技术占领世界高铁市场一样，我们发展社会企业并进行体制机制的创新，也可以成为体现我国制度优势并向世界推广的中国社会企业这一创新品牌。

2013 年，党的十八届三中全会通过的《中共中央关于全面深化改革若干重大问题的决定》要求通过深化改革，实现从社会管理转向社会治理的创新[①]，先前的“社会管理”首次被“社会治理”概念所取代，这也标志着“社会治理”从学术概念转为政治理念。2014 年 9 月李克强总理提出“大众创业、万众创新”[②]，极大地激发了全社会创新、创业的浪潮。2015 年 10 月，党的十八届五中全会通过的《中共中央关于制定国民经济和社会发展第十三个五年规划的建议》(简称《建议》)中强调“必须把创新摆在国家发展全局的核心位置”[③]，“双创”战略进一步成为引领全社会创新、发展的战略引擎。这不仅清晰地表明了党和政府发展社会企业、加快社会创新的战略导向，也开辟了发展社会企业、加快社会创新的广阔空间，《建议》进一步指出，“加强和创新社会治理……推进社会治理精细化，构建全民共建共享的社会治理格局”，强调了以社会治理创新提高社会治理水平这一关键问题。

十九大报告提出“提高保障和改善民生水平，加强和创新社会治理”，其中有“（六）打造共建共治共享的社会治理格局。加强社会治理制度建设，完善党委领导、政府负责、社会协同、公众参与、法治保障的社会治理体制，提高社会治理社会化、法治化、智能化、专业化水平”[④]。新的条件下，加快发展社会企业是一个系统工程，涉及战略、机构、政策、平台、资金、人才和能力建设等方面。社会企业在海外和中国都得到了快速发展，作为一种社会组织的创新形式，社会企业有潜力成为推动社会治理创新的新动力。因此，不断地发展我国的社会企业，对于促进和谐社会建设，改善民生，实现社会公平，有着直接的现实意义。由此可见，研究社会企业的基本内涵，借鉴国外社会企业的发展经验，推动我国社会企业的发展意义重大。

十九大报告指出，今天的社会主要矛盾是人民日益增长的美好生活需要和不平衡不充分的发展之间的矛盾。美好生活是义，发展不平衡是义利不平衡，发展不充分是义利的不充分，所以解决社会矛盾就要做到义利并举，义利统一。我国社会企业迅速发展，典型的社会企业有残友集团、善淘网、富平学校、鹤童、中和农信等。这些社会企业在解决社会问题方面发挥了很大作用。但总体上我国的社会企业发展还处在初级阶段，主要表现在：一是社会企业的定位不清晰，存在实践形式多样、发展路径不明确、市场推动不足等问题。例如，老龄化所带来的养老和社区医疗的问题，很多错误观念认为这一社会问题是政府责任，加之政府缺乏配套政策和税收优惠等激励性措施，使得社会企业在发展初期很难得到社会

① 《十八届三中全会〈决定〉解读：创新社会治理体制》，http://www.gov.cn/jrzg/2014-02/16/content_2605761.htm。

② http://www.gov.cn/guowuyuan/2014-09/11/content_2748703.htm。

③ http://www.gov.cn/xinwen/2015-11/03/content_5004093.htm。

④ http://sh.people.com.cn/n2/2018/0313/c134768-31338145.html。

资金的支持，导致社会企业发展后劲不足。二是商业模式落后，在实现社会价值过程中产生偏移。例如，以小额信贷为代表的扶贫项目从20世纪90年代开始实践，结果有300多家项目运行失败，多是因为投资政策不灵活、不透明，运作模式落后，只关注短期获利，导致项目目标难以实现。

中国社会企业与社会投资联盟执委会主席、南都公益基金会理事长徐永光认为，中国将成为世界社会企业第一大国，谁将养老、健康、教育、环保、垃圾处理、家政服务等行业做好，谁将是赢得先机的社会企业。发展社会企业对新时代中国的贡献如下。

首先，有助于社会治理创新，有效解决民生问题。解决特定的社会问题才是社会企业的出发点和落脚点。我国社会企业扎根基层，能敏锐洞察不同社会群体尤其是弱势群体的需求（如就业困难人员就业、居家养老、儿童救助等方面），并以创新的方式来满足这些需求，已经显示社会企业所发挥积极作用。社会企业能有效弥补政府和市场不足，缓和社会矛盾、维护社会公平，做到“为百姓造福，为政府分忧”。推动社会企业发展不是目的，满足“人民群众对美好生活的向往”才是，解决“不平衡不充分发展的矛盾”才是，“为人民服务，为人民谋幸福”才是。

其次，扶持社会企业发展有助于政府转变职能。随着国家建设服务型政府力度加大，各级政府越来越致力于积极探索将原有部分职能转移给相应的社会主体，以构建公共服务多元化的治理格局。社会企业作为一种跨界模式，成为推动政府以及非营利组织、企业合作互动的良好载体，有助于充分发挥社会主体的作用，有利于政府转变职能，提升社会治理能力和公共服务水平，促进公共服务体制机制的创新。我国长期处于社会主义初级阶段的基本国情没有变，发展中不平衡、不协调、不可持续问题凸显，仅仅依靠政府难以有效解决，需要搭建政府、企业、社会合作的新机制。社会企业为公共服务体制机制的创新提供了既追求社会目标又可持续发展的新思路。国内外成功的案例证明逐渐成熟的社会企业不但能够优质高效地承接政府公共服务项目，还能为公共服务体制改革提供可复制的成功样板。

最后，社会企业的发展有利于转变经济发展方式，有利于服务我国形成创新驱动的发展格局。一方面，社会企业向人们展示了新的公益创业途径；另一方面，社会企业能影响营利性企业更好地承担社会责任，提高企业的软实力与国际竞争力。

总之，社会企业作为一种跨界的社会创新，对解决民生问题、提高公共服务质量与效率、转变经济发展方式都具有积极意义。积极探索有中国特色的社会企业发展道路，推动社会企业成为解决当下社会问题的有力抓手，成为人民追求美好生活的有力帮手。

万　希

2019年12月

目　　录

第一章　社会企业的研究概论

社会企业（social enterprise）是与传统上只追求商业目标的企业（姑且称为商业性企业）相对称的概念。社会企业存在追求商业利润和完成社会使命的双重目标，其内涵与企业内涵不完全相符。所以，将“social enterprise”翻译为“社会企业”是可取的。另外，我国已长期大量使用“社会企业”一词，因此无须更改名称，但须明确地界定社会企业的概念，明确其与企业的区别。

作为一种新的企业模式，社会企业在我国尚属一个较新的概念，但作为一种现象可以追溯到1601年英国颁布的《伊丽莎白济贫法》中所规定的贫民习艺所。20世纪末，英国、美国等西方国家的非政府组织（non-governmental organizations，NGO）发展出现了新趋势，开始出现借用商界专业化操作和市场运作提高自身效率，即社会企业的运作模式出现，在助残、扶贫、教育卫生、就业、环保、社区发展和可持续发展等方面进行社会创新，对西方发达国家所面临的“福利僵局”的打破和社会问题的解决发挥了积极作用，得到社会广泛关注和一致好评，使其成为政府发展战略和重要的研究课题。同时，企业社会责任运动高涨为社会企业兴起提供了市场基础。因此，社会企业也被称为一种改变世界的新经济模式。英国目前有7万多家社会企业，近几年，三分之一新建企业都采取了社会企业的运作模式，并对这种运作模式的发展前景较普通企业更表现出乐观。

我国从20世纪90年代开始进入了急速的社会转型期，大量的社会问题涌现，如失业率上升、贫富差距扩大、不平等增加、生态环境被严重破坏等。在社会转型过程中，产生了许多社会弱势群体。保障弱势群体的权益，增强社会团结，是我国和谐社会建设必须解决的问题。虽然，近年来随着我国社会的发展，大量非政府组织和非营利组织（non-profit organization，NPO）在公益事业上发挥了积极作用，但是其服务范围仍然比较有限。与此同时，我国的很多第三部门已经开始了发展社会企业的实践尝试，并且取得了积极的成果，但其发展仍面临着诸多障碍，不利于社会企业的稳步发展。

社会企业是以解决社会问题为目标的组织形态，发展这种新式组织，对社会建设的推动、和谐社会的构建具有重要的意义。我国已经进入社会主义新时代，经济发展由高速增长转向高质量增长，社会企业与经济社会发展的大趋势高度吻合，其将成为我国经济社会发展新动能的一支重要力量。从宏观政策来看，以供给侧结构性改革为主线，强调发挥市场配置资源的决定性作用和更好发挥政府作用，为社会企业提供了有利的发展条件。从行业政策来看，发展方向愈加清晰，放开公共服务市场、扩大政府购买、激发市场和社会活力成为主旋律。

第一节　社会企业的发展历史

社会企业的概念最早可以从企业家（entrepreneur）与企业家精神（entrepreneurship）说起，十七、十八世纪的法国经济学家蒂埃里·让泰（Thierry Let Thai）最早提出。他认为entrepreneur是指发现新的、更好的做事方法用来促进经济发展的人，并提出社会企业不是“以人们衡量资本主义经济的办法即工资、收益等来衡量的，它的产出是把社会效果和间接的经济效益结合在一起的”（Dees，1998）。社会企业实践可以追溯到1844年的英国工业小镇罗奇代尔，一些穷困的工人集资成立“罗奇代尔公平先锋合作社”，他们不追求扩大利润，专门为社员提供质量有保证又价格公道的食品，这在后来被公认为世界上第一家社会企业。“罗奇代尔公平先锋合作社”自创立起就设定了明确的目标，并将之写入了合作社章程的第一章。其中，目标的第一项就是开设一家商店，专门为社员提供质量有保证又价格公道的食品。现在，社会企业形式在美国有“低利润有限责任公司”“共益公司”“弹性目标公司”等，在希腊有“有限责任社会合作社”，在法国是“集体利益合作协会”，在葡萄牙是“社会团结合作社”，在波兰是“工人合作社”等。

一、国外在第三领域兴起社会企业的背景

社会生活中多种问题如教育落差、贫富不均、环境污染、食品安全等，都是由谁来解决或改善？除了政府、非营利组织的推动，社会企业为我们提供了更积极、创新的解决方案。Kelley（2009）从组织视角认为社会企业是一种混合型组织，或被称为“正在兴起的第四部门”（emerging fourth sector）。涉及社会企业产生的相关原因分析，在基础理论研究方面主要有，美国经济学家伯顿·韦斯布罗德（Burton Weisbrod）1974年提出的市场失灵和政府失灵理论，美国法律经济学家亨利·汉斯曼（Henry Hansmann）的契约失灵理论，科斯、威廉姆森、斯蒂格勒、德姆萨茨等为代表的产权理论，美国社会学者萨拉蒙提出的志愿失灵理论，哈奇等提出的公益性社会组织公共责任理论和利益相关者理论。下面从政治因素、经济因素和发展理念三个方面来分析社会企业兴起的背景。

（一）政治因素

面对有待解决的社会问题，人们最先想到的往往是政府，也就是所谓“第一

部门”。政府征收税金，管理众人之事，因此有义务提供社会福利、社会救济等机制给最需要的人。但是，政府活动的结果不一定能矫正市场失灵，其本身就可能有问题，甚至会造成更大的资源浪费，主要是因为政府决策、政府机构运转和政府干预的无效率，最终形成政府失灵。政府失灵主要表现在缺乏竞争、缺乏激励两个方面，从而导致提供的服务质量低、成本高。政府干预的无效率常常表现为各种行政审批制度所导致的寻租现象，造成社会运转的低效和社会资源的极大浪费。1986年诺贝尔经济学奖得主布坎南（James McGill Buchanan）是公共选择理论、立宪经济学和原则政治学最著名的创始人和代表人物，其深入研究提出政府失灵的四个领域：政府扩张；公共决策失误；寻租；官僚组织的低效。

从20世纪80年代起，东西方许多“传统福利国家”经历转型，民众对政府的期待与要求不再是样样都管的“大政府”，而是只做最基本服务的“小政府”，将许多社会服务项目交由民间团体处理。公共产品的概念已经发生了变化，美国政府经常出台政策激励私人对公共产品供给领域进行投资。例如，规制、政府保险和政府支持型企业（government-sponsored enterprise，GSE）的出现刺激了很多产业的商业贷款，包括住房、高等教育、风险投资、私募股权等。近年来，美国政府手中的市场型塑工具箱（market shaping toolkit）大为扩容，涵盖了一系列的积极刺激手段，如担保、税收优惠及配比基金等，旨在鼓励市场失灵领域的企业家行动。

随着科技发展，资本主义市场经济成熟及全球化经济时代来临，以企业为中心聚集社会资源，确实为全球社会带来了经济繁荣，解决人类物质生活的问题。但是，M型社会[①]带来财富的严重不均，知识经济对低技能劳动力人口就业产生影响，低收入者的购买力下降，经济变动削减弱势群体的社会福利及照护，以上因素带来社会的不稳定。资本主义的社会体制在满足人民生活需求方面，主要依赖政府部门的公共资源分配以及企业的财产经济化的利用，经由市场交易机制互通有无，通过自由交易决策，付出特定价格（即指买方有购买能力）购买市场上商品（即指卖方有供应能力）以满足生活需求；政府的职能在于规划社会共有的资源，基于政策与政府体系的专业职能，从事基础建设、公共服务、社会福利与对特定群体或事务的社会救济；然而，囿于政治体制内部科层限制，政策形成的意见复杂性，与政府组织僵固性，阻碍政府服务的有效提供，以及弹性调整对个别化需求的服务，因此无法像私营部门的商业机制那样较易掌握顾客需求，再有效地转换资源及提供服务，也就是说，公共部门容易发生政府失灵的现象。

① M型社会是日本学者大前研一以日本近20年发展历程为研究对象提出的一种社会发展类型的判断，即原本人数最多的中等收入阶层，除了一小部分能往上挤入少数的高收入阶层，其他大多数沦为低收入或中低收入，原本的中间阶层凹陷下去，变得很小，于是，社会像个被拉开的“M”。

（二）经济因素

政府服务不到的地方，社会希望拥有经济企图的企业扮演个别接触与服务民众的角色，以弥补政府公共管理的疏漏和不足，但是企业本质是以获利为目标，以竞争为手段并以资源最大使用效率为标准，为股东追求最大财务利益，经营决策较缺乏社会公益精神，忽视弱势群体的需求。换言之，企业部门受制于市场运作法则，常常产生市场失灵的困境（Hansmann，2003）。

近年来，商业组织开始思考在运营过程中对所处社会与环境负有责任，因此有了“企业社会责任”（corporate social responsibility，CSR）概念的出现，因而许多企业在赚取利润后，拿出部分资源投资公益，回馈社会。资本市场也开始评估，有无可能运用风险投资、证券交易等机制，让资金除了“钱滚钱”产生投资回报率（return on investment，ROI），也能够改善社会，创造社会投资回报率（social return on investment，SROI），也就是社会投资（social investment）或影响力投资（impact investment）的概念。

在私营企业不愿意进入，而政府又力有未逮的领域，亦即政府失灵与市场失灵的空白之处，就再退而寻求拥有公共服务意愿又无政府体制牵绊的非营利组织，期待它们能成为弥补社会需求缺口的支持性部门，非营利组织依据特定的社会服务理念提供对特定事务或群体的公益服务。然而，此类组织因为缺乏政府的公共资源，又不从事企业的营利行为，所以必须依赖政府的补助或募款推动服务事务，在无力自给自足的情况下，非常容易受到经济景气对募款的影响。每个组织成立的目的都是想改善或解决某个社会问题，创造公益价值。而为了达成此目的，非营利组织会通过接受捐款、申请政府补助，或是销售产品或服务等方法筹措资金。然而捐赠、补助等外部资金占组织收入比例过高，会降低组织的财务自主性，不利于规划其中长期发展，运用捐款或补助的责信（accountability）也容易受到质疑。因此许多公益团体也开始思考，有无可能发展出可带来自营收入的商业来实现组织的社会使命。尽管非营利组织弥补了市场失灵和政府失灵的缺陷，非营利组织本身也存在缺陷，被萨拉蒙称为“志愿失灵”。志愿失灵主要表现在慈善供给不足、家长式作风和慈善的业余主义上。

然而，以往对社会弱势群体进行广泛救助的民间公益团体，由于经济环境的改变而出现财力来源减少，于是政府、企业、民间公益组织开始思考如何将政府的补助、企业的赞助、公益组织的经营，以及就业机会的创造、福利提供的增加等层面整合在一起，成为一套多目标、多功能的策略。欧洲国家对运用商业模式来达到经济发展、劳动就业和生活品质等多个目标的统一和谐十分感兴趣，因此欧盟花费数年关注并扶持社会企业，一方面利用社会企业来带动就业、解决就业困难问题，另一方面也促进原有非营利部门的有效转型。

20 世纪 70 年代，欧洲福利体系开始发生财务危机，公共支出的快速扩张与经济衰败，使政府赤字逐年增加。日益严重的失业问题，使欧洲国家的政府进行相关劳动、就业市场改革。福利国家模式的失灵，使许多国家采取契约外包等方式缓和财政压力，而且“去中央化”的做法使得福利制度更趋弹性，并接近民众的需求。尤其在美国，这种外包的方式提供了非营利部门成长的新空间。在此氛围下，除了非营利部门的成长外，不同于传统非营利部门的社会企业开始蓬勃兴起。学者提出，近年来美国从事商业行为的非营利组织大量扩张，是因为 20 世纪 70 年代美国通货膨胀导致组织成本大幅升高，组织的生存发展要求扩充新财源，而传统的募款方式显然已远远不够。那时非营利组织主要承办政府所委托的项目，里根政府预算缩减后，非营利组织的收入受到威胁，项目需要寻找新财源，以便使其项目能继续进行，这使得非营利组织必须运用营利企业的商业策略来提供服务。政府、企业和非营利部门都在试着让社会更好，也都各自在反思与调整，是否有更具创新的方法来改善目前所遇到的挑战，而社会企业的概念，就是在如此背景下逐渐成形的。

（三）发展理念的变化

在财政困难、贫富不均、救济制度及机构管理不合理等因素的交互影响之下，由政府办理社会福利的方式，同时遭到了来自保守派与自由派的批评与挑战。主张自由经济体制者认为，政府介入太深时，会影响市场的正常运作，使得资源无法有效运用；批评者认为，福利国家不但未能解决社会不公平，而且介入人民生活的各个层面，妨碍了人民的独立、创新与自主性。

各国政府在种种危机的压力下，逐渐改弦更张，寻求解决危机之道。于是，各种引进市场机制的方法，如民营化、合同外包、管理式竞争、商品化、公私合营等，都被广泛应用，共同提供社会福利的各项服务与方案，社会上形成尝试寻求有效创新的社会福利提供体系，这正好造就了社会企业这种新模式的拓展。社会企业促进了传统公营部门、私营部门和第三部门之间的界线进一步变得模糊，社会企业的运作模式是营利组织与非营利组织的混合物，也代表了慈善组织的另一种社会介入。美国非政府组织的数字在 1980 年之后的十年间增长达四成，而来自联邦及国家的资助，在 20 世纪 80 年代减少了 23%，在 90 年代持续下降。

政府失灵对早期的社会企业产生了深刻的影响。许多拥有私人企业家般进取心和精神的社会企业家相信，持续存在的恶性社会问题确实需要一些非政府的解决途径，尽管公共部门已经为缓解这些问题付出了几十年的努力。不折不扣的信仰市场的力量和优越性的时代思潮激励着社会企业家去提供和提升社会福利，而“新慈善”则为社会企业家的工作提供了经济和理念上的双重支持。

Borzaga 和 Defourny（1995）、Defourny（2001）认为，欧洲社会企业在以下

五个方面有所贡献：一是福利系统的转换（transformation of the welfare systems），即社会企业以多种再分配的方式改革了欧洲的福利系统；二是就业机会的创造（employment creation），其中工作整合的社会企业对社区服务领域的贡献最为突出；三是社会凝聚力与创造社会资本（social cohesion and creation of social capital）；四是地区发展（local development）；五是第三部门的动态性（dynamics of the third sector），社会企业不同于社会经济及第三部门，兼具市场及政府机制，是第三部门新的突破。而 Borzaga 和 Santuari（2003）则只论述福利系统的转型、创造就业机会及地区发展等三项贡献。

借鉴欧美社会企业发展经验，日本、韩国、新加坡、中国（包括港台地区）才开始重视社会企业所扮演的角色与功能。如今，随着社会企业多元发展，已经不再局限于解决问题的政策工具，转而发展成一股新兴思潮，核心精神关注于如何带动产业创新与再造，通过自我造血，进而具体创造社会价值，达成可持续发展愿景。

二、国内外社会企业的研究与实践

（一）国外社会企业的研究与实践

20 世纪末，英美等西方国家政府减少了对社会福利事业的财政支持，但通过税收优惠等政策来鼓励公益资金运作，非营利组织借用商业专业化操作和市场运作的技术以提高效率参与公益活动，从而出现了社会企业。德鲁克（Drucker）早在 1993 年写的 *Post-Capitalist Society*（《后资本主义社会》）一书中就预言这种组织有可能成为后资本主义发达国家经济中真正的“增长部门”之一。

虽然在过去的两个世纪里社会创新时有发生，但是对其进行系统的研究却是最近 30 年特别是最近 10 年的事情，而对处于社会创新潮流前端的社会企业而言更是如此。在西方发达国家，社会企业在实践中的大量出现是与福利国家的转型相伴的，西方理论界也对社会企业进行了比较全面和及时的研究。在由 Borzaga 和 Defourny 主编的 *The Emergence of Social Enterprise*（《社会企业的浮现》）一书中，提出“什么是社会企业真正的专门化特征”“社会企业有什么贡献”“社会企业的未来如何”三个关键问题。1997 年，查尔斯·里德比特（Charles Leadbeater）所著的 *The Rise of the Social Entrepreneur*（《社会企业家的崛起》）（国内在 2006 年翻译此书）在英国出版，书中作者对社会企业家群体进行了从宏观到微观的解剖，不仅分析了社会企业家崛起的宏观背景，也通过五个案例，用生动而平实的语言介绍了英国社会企业家的具体行动。

2004 年，戴维·伯恩斯坦（David Bornstein）在 *How to Change the World: Social Entrepreneurs and the Power of New Ideas*（《如何改变世界：社会企业家与新思想

的威力》）一书中记录了来自美国、巴西、匈牙利等 8 个国家的 10 位社会企业家的动人故事，总结了通过四种实践和六种成功社会企业家的品质来支持社会企业家的组织。这本书很快在包括中国在内的全球二十多个国家被翻译出版。通过该书，人们集中看到了一批创新的社会问题解决者：他们不漠然，不自设桎梏，相信所处社区的潜力，有不懈的努力和不断生长的创造力；他们创造了面对低收入人群的小额贷款服务并成功规模化；他们使健康生态农业扎根全球并形成公平贸易网络；他们发起了共益公司运动使得全球的企业家和投资人重新思考怎样才是"好公司"……当一批这样的社会企业家和他们的成就集中展现的时候，世界看到了信仰和行动的力量与新的出路。

关于社会企业和社会创业的学术研究直到 20 世纪 90 年代才出现，并从那时起逐渐成为一个重要的研究领域。*Journal of Business Venturing*（《商业风险杂志》）和 *Journal of Business Ethics*（《商业道德杂志》）等多家主流学术期刊为社会企业研究出了专刊，不仅如此，英国和北美学者已创立了两个期刊——*Social Enterprise Journal*（《社会企业杂志》）和 *Journal of Social Entrepreneurship*（《社会创业杂志》），成为社会企业及其相关研究的学术期刊。2008 年经济危机之前出版的著作 *Philanthrocapitalism: How the Rich Can Save the World*（《慈善资本主义：富人在如何拯救世界》）一书，提倡"新慈善"，肯定商业在社会部门的影响。

除了学者对社会企业和社会企业家进行研究之外，众多院校也对社会企业进行了研究。社会企业在经济社会发展中的突出作用，使之成为学术界热捧的对象。著名企业家迈克尔·杨（Michael Young）成立了第一家社会企业家学校。美国很多顶尖的商学院都已在工商管理硕士（master of business administration，MBA）课程中设置了"社会企业"模块。美国哈佛大学社会创业教育于 20 世纪 90 年代便开始，其教学及科研任务由哈佛大学商学院的社会企业发展中心（The Social Enterprise Initiative）承担，在 1994 年开始招收 MBA 研究生，主要进行创业管理和非营利组织管理的教学，从 2004 年 9 月开始招收第一批"社会企业"方向博士研究生。哈佛大学商学院研究撰写了 800 余本关于社会企业的书籍、案例和教学笔记，拥有 97 名直接参与课程教学和研究的教职工，1280 名学生接受过系统教育，开办了 11 门课程，每年超过 600 名学生参与到校内外各类社会创业项目中，每年直接创造约 1000 万美元的经济效益。其所创办的研究论坛和学术会议已经成为社会创业教育领域的智慧高地，目前该机构主要聚焦于非营利战略、企业领导力、医疗保健、全球贫困、公众教育等领域，80%的 MBA 学生在毕业后的头几年都会进入社会企业工作，有的会一直留在社会企业中，这是他们的学校教育所引导的。2010 年，哈佛大学商学院学生最感兴趣的俱乐部选择，不是专注于投资银行、私募股权或管理咨询的俱乐部，相反，400 多名毕业生选择参加社会企业俱乐部（Social Enterprise Club）。许多商学院学生关注怎样运用商业的技能去解决社会和环境问题，这种现象在世界各地的商学院同样突出。哥伦比亚大学和纽约大学斯坦恩商学院也开设了相关课程。斯坦福大学商学院认识到社会部门中企业家精神的重要性，并试图去探讨企业家精神如何有助于了解社会企业家在管理上的挑战，并于1997年成立了社会企业家精神发展中心（the Social Entrepreneurship Initiative）。2003年，《斯坦福社会创新评论》在斯坦福大学开始出版。《斯坦福社会创新评论》在过去17年卓有成效地推动了一线社会企业家的思想与行动领导力的发展。社会创新领域大部分的重要实践真知与概念，如设计思维、集合影响力、规模化路径等都在《斯坦福社会创新评论》首次或总结性提出。可以说，这是社会创新和社会企业领域先行者的知识宝库。美国杜克大学福库商学院成立了社会企业发展中心。加利福尼亚大学伯克利分校哈斯商学院于1999年创立“全球社会企业创业大赛”（Global Social Venture Competition，GSVC），为有潜力的“社会企业家”寻找投资人，在全球范围支持并扶植多家社会企业实现可持续发展和积极的社会效益。GSVC已成为由全球顶尖商学院及社会组织合作支持的历史最悠久、最具影响力的社会创业大赛。GSVC于2009年进入中国，并在中国迅速发展。

牛津大学赛德商学院（Said Business School）与eBay（易趣）前总裁斯科尔（Skoll）创立的斯科尔基金会建立伙伴关系，合作成立“斯科尔社会企业家精神研究中心”（the Skoll Centre for Social Entrepreneurship）。该中心的目的是促进对社会企业的了解，成为累积与散播社会企业的策略与影响的国际中心，每年都要挑选5名攻读MBA的学生，为他们提供创业资金。这些学生要有一定的社会创新经历，并且会在毕业后继续创业。赛德商学院还创办了全球青年创业大赛，鼓励青年创业家们在创业时选择能够带来社会价值的事业，如环境保护、改善公共卫生、支持贫困地区儿童教育等。剑桥大学贾吉商学院也提供了社会企业硕士学位课程。此外，在亚洲地区也兴起社会企业的研究，新加坡设有专门的社会企业研究机构。

2015年12月，为纪念第一个孩子的出生，脸书（Facebook）创始人兼首席执行官（chief executive officer，CEO）马克・扎克伯格和妻子普莉希拉・陈（美籍华裔）发表了一项重大声明：他们打算将所持脸书股份的99%捐出去，用于“激发人类潜能，推动下一代儿童的机会平等”。彼时，这对夫妇所持股份的市值已经超过450亿美元。但他们表示，不会成立享有免税资格的私人慈善基金会，而会通过成立有限责任公司（limited liability company，LLC）来实现这些目标。有限责任公司既可以进行慈善捐赠、管理多元化的投资组合，还可以参与政策倡导。2004年，苹果公司创始人史蒂夫・乔布斯的遗孀劳伦・鲍威尔・乔布斯就以有限责任公司的形式创立了爱默生联合，eBay创始人皮埃尔・奥米迪亚和妻子帕姆成立的奥米迪亚网络（Omidyar Network）旗下包括一个非营利基金会和一个营利性有限责任公司。这两家组织不仅向各类慈善机构提供资助，还投资了许多非营利性企业，如奥米迪亚的投资主要是聚焦于普惠金融。

（二）国内社会企业的研究与实践

与国外相比，我国在21世纪以后才开始逐渐关注社会企业，但无论是对社会企业的理论探讨还是实践探索都只是刚起步。

北京大学刘继同教授节译完成亚洲太平洋经济合作组织起草的一份《社会企业》研究报告，是最早引入“社会企业”概念的，该文被收录于2004年1月出版的《中国社会工作研究》第二辑中，是对社会企业问题进行系统介绍的译文。2004年11月，环球协力社在国内开展了一个为期9天的英国社会企业家访问项目。2006年《经济社会体制比较》第2期上发表了美国杜克大学桑福德公共政策学院高级研究助理胡馨的论文《什么是“Social Entrepreneurship”（公益创业）》，这是国内较早对社会企业进行研究的文献。作者将“Social Entrepreneurship”翻译为“公益创业”，探讨“公益创业”这个崭新现象的定义及其在美国诞生的背景，反思了“公益创业”在美国兴盛的环境。

相对于学术杂志，媒体刊物更早关注社会企业。2005年初，《中国经济导报》《21世纪商业评论》《中国保险报》等媒体率先介绍社会企业或社会企业家的概念。媒体刊载的第一篇社会企业文章是《中国经济导报》2005年1月18日的《软实力、社会企业、社会创新：美国当前发展中几个值得关注的趋势及对我国的启示》，作者是时任国家发展和改革委员会宏观经济研究院研究员丁元竹。该文指出，社会企业的经营理念是利用经营方式获取利益，但盈利不是用于利益相关者或所有者，而是继续用于企业发展或社区组织的发展。同年2月，又出现了两篇社会企业文章：一篇是《21世纪商业评论》刊载周默鸣的《社会企业家如何改变社会》；另一篇是《中国保险报》刊载董炯的《社会企业理论风靡全球保险公司勇担重任》。2006年前3个月，《21世纪商业评论》集中刊发了10篇社会企业的相关文章，包括赵萌的《与社会企业结盟：商业企业实践社会责任的正途》、朱明等的《社会企业：英国社会发展的第三动力》、梁唐的《美国的“社会企业”运动》、朱明的《社会企业的四大发展理念》、陈全的《值得期待的社会企业》、John Smalley和李关云的《社会企业：英国“困顿社区”重生的新推手》、李攀的《英国“社会企业”新经验》(上、下)、姚音的《怀特港：社会企业推动城市重生》等，这些文章重点介绍在欧美国家和地区，社会企业对于解决社会问题、整合社会资源的重要意义，推动了社会企业理念在中国的初步传播。

作为民政部主管的官方报纸《中国社会报》在国内较早地关注社会企业。2006年7月10日，李新涛对“社会企业是否是慈善的一种形式”“社会企业可否成为摆脱筹资困境的一种途径”“社会企业能否成为公共服务领域的一种力量”进行了探讨。同期，左玮娜的文章《社会企业：弱者对自强自立的求解》介绍了大连社区公共服务社、云南戴托普药物依赖治疗康复中心、孟加拉国小额信贷等社会企业的实践。同期，唐钧发表《社会企业是公共服务的创新，还是市场的开拓？》探讨社会企业存在的价值与意义。2006 年 8 月 16 日，马仲良和谢启辉发表的《社会企业与本土化社会管理》中，提出中国社会企业在与中国传统文化的交融过程中逐渐渗透到社会管理体制的层面，发挥建设性的作用。2007 年 11 月，《中国社会报》刊载了 3 篇关于社会企业的文章，包括刘振国的《英国社会企业：非营利组织发展的必然》，郑双梅的《社会企业：民间组织工作创新的有益启示》和《社会企业为社会问题提供解决方案》。2012 年 4 月，马仲良和孙明高发表的《发展社会经济和社会企业促进解决民生问题》中指出发展社会经济和社会企业是社会管理体制机制创新的重要内容。

2007 年以来，《21 世纪经济报道》刊载多篇关于社会企业的文章，包括徐永光的《中国社会企业发展路径选择》、郭沛源的《GUSCO：一家“非典型”社会企业的自我造血》、Ted Levinson 的《社会企业将拯救慈善事业》、杜晓山的《小额信贷的独特创新：社会企业（Social Business）》、刘冬文的《从社会企业的角度解读中和农信》、赵萌等的《社会企业在中国崛起》，《21 世纪经济报道》还通过举办或协办活动的方式推动我国社会创新和社会企业理念的传播。2010 年，《21 世纪经济报道》主办了“2010 社会创新国际论坛”，论坛邀请美国社会企业研究的奠基人格里高利 • 迪斯（Gregory Dees），其讲解了社会创新在美国的学术概念和理论发展，针对中国做了实地解析和理论应用。该论坛致力于廓清社会创新领域知识边界、解读与传承社会企业家精神，案例式研讨社会企业发展模式、搭建跨界合作平台。

《人民日报》《光明日报》《人民政协报》等在近年来也刊载了若干篇关于社会企业的文章，社会企业开始被官方媒体关注。《光明日报》较早地关注国外先进的社会企业理念，2007 年 4 月 10 日和 22 日，肖连兵在《光明日报》上连续发表《“社会企业”与扶贫新思维》和《达能：将社会企业进行到底》，介绍了法国达能集团对社会企业这种新型企业模式的实践。2013 年 3 月 1 日，东北财经大学苗莉在《光明日报》发表《社会企业：非营利组织发展的新模式》，认为非营利组织向社会企业转型可以分为公益与商业融合式、公益与商业交叉式和公益与商业分立式。2014 年 5 月 17 日中国社会科学院学部委员、马克思主义研究学部主任程恩富在《光明日报》发表了《社会企业：新兴的现代社会治理创新载体》，2015 年 1 月 28 日南京邮电大学人口研究院沙勇在《光明日报》发表了《社会企业如何改善农业转移人口发展现状》。

2011 年《人民日报》出现了介绍社会企业的文章，2011 年 10 月 20 日《人民日报》刊载了汪震的《英国推行社会企业让社会获利》，该文介绍了伦敦有一家名为“十五”的餐厅，认为推广社会企业是解决青年就业的一个契机，也是社会福利转变的一种方式。2013 年 1 月 11 日，《人民日报》刊载了西南大学赵学刚和吴林霖的文章《解决社会问题呼唤发展社会企业》，指出应根据我国实际发展社会企业，提出明确社会企业的法律地位、提供组织保障、营造良好的融资和经营环境、规制经营目标等建议。

《人民政协报》在 2007～2010 年刊载了多篇社会企业文章，有庄爱玲的《让社会企业成为民间公益组织可持续发展的动力保障》、奚志勇的《社会企业：中国养老的创新之路》、王天覃的《发展“社会企业”为爱心提供服务》、高志民的《中扶利民：社会企业在探索中成长》、杜军玲的《社会企业助力澳门和谐》，这些文章指出了社会企业对公益组织、养老、失业和社会和谐等方面的重要意义。2013 年 1 月 15 日，《人民政协报》深圳专版刊登深圳残友集团创始人、深圳市政协常委郑卫宁的提案《以英国社会企业法案为参照审视深圳社会企业立法》，这是我国第一个社会企业提案，提出深圳可参照英国的社会企业法案进行立法，确立社会企业的法人身份，明确社会企业的资产锁定规则，建立社会对社会企业的监管体系，规划对社会企业的扶持措施。

徐永光是我国社会企业发展的积极推动者，他领导下的南都公益基金会主持了英国文化教育协会（The British Council）社会企业家技能培训等多个行业支持项目。2011 年徐永光在《商务周刊》撰文《社会企业运动有汹涌之势》，指出中国社会企业分为非营利组织慈善型、非营利组织企业型、混合投资型和私人投资型四种类型。

在网络信息时代，网站和新媒体的使用对社会企业理念的传播十分重要。2011 年 5 月，社会企业专业细分媒体网站——新社会网建立。该网站定位为服务国内社会企业，满足社会企业对信息的需求，普及和推广社会创新理念。新社会网还翻译大量的国外社会企业案例，报道中国社会企业的发展情况。同时，利用媒体平台的优势，结合网络传播的技术手段，向大众推广社会企业、公益创投、社会投资等理论与实践。还出现了“社会企业研究中心”这样的学术研究机构。除了社会企业专门网站外，英国文化教育协会的中文网站“探索社会创新”，跟踪英国社会企业发展及最新动态，环球协力社官方网站以介绍日本社会企业的案例居多。

除社会企业理念的知识性传播之外，社会创业孵化器、社会企业家会员组织、社会企业培训项目及教育课程不断出现。从 2004 年开始，不定期有以社会企业为主题的论坛和峰会，其中就包括了致力于环境保护的阿拉善 SEE 生态协会（Society of Entrepreneurs and Ecology，SEE）于 2006 年举办的“社会企业家与中国公益事业的发展研讨会”。

英国组织对社会企业在中国的早期传播起到了很大作用。2007 年 5 月 26～28 日，由浙江大学全球创业研究中心、牛津大学斯科尔社会企业家精神研究中心和亚洲创业学院（the Entrepreneurs School of Asia）在杭州联合主办的“斯科尔社会企业家精神世界论坛”，是中国第一次举办专门研讨社会企业与社会创新的论坛。2007 年，环球协力社组织了一批中国社会企业家、记者及政府官员赴英国访问。2007 年 10 月，《经济社会体制比较》发表了名为《透视社会企业：中国与英国的经验》的特刊。之后，该杂志在 2009 年发表了关于社会企业的特刊，2010 年发表了一系列（也是至今唯一一期）关于美国和欧洲公益风险投资的专题文章。

我国学者（丁开杰，2007；严中华，2008；张远凤，2012；沙勇，2013；苗青，2014）对社会经济、社会创新、社会企业家、社会企业等领域的研究全面展开，大多认为社会企业是通过商业化模式解决社会问题的新型组织形态，是对传统第三部门行为模式的超越；认为社会企业家不但是造就社会企业的精英力量，而且应当具有创新能力、创业能力和改变现状的能力。此外，学者（舒博，2010；余晓敏和丁开杰，2011）还关注国外社会企业发展的历史及现状，总结其发展经验，积极探讨社会企业与社会创新及其相关概念的关系，深入了解社会企业在我国发展的现状，积极呼吁社会企业和社会创新在我国的发展。黎红雷（2019）认为，社会企业是马克思在《资本论》第 3 卷中提出的概念。按照马克思的设想，按照资本发展的内在规律，“个人资本”将转化为“社会资本”，“个人企业”将转化为“社会企业”，还进一步认为，马克思和孔夫子实现了某种意义上跨越时代和地域的思想关联。

社会企业在我国已经出现并呈持续增长趋势（余晓敏和丁开杰，2011）。我国的社会企业模式还处在形成期，有四类组织属于“类社会企业”或“准社会企业”：民间组织（非政府组织和非营利组织）、合作社（co-operative）、社会福利企业（social welfare enterprise）、社区服务中心（community service center）。这些组织都类似于“社会目的企业”，从事着具有社会公益性的活动，并在一定程度上具有商业性，出现了如残友集团、善淘网、欣耕工坊、鹤童、兔王等知名的社会企业。温铁军等倡导的农民合作社和茅于轼等创办的富平学校都可以算是初级阶段的社会企业，但离企业化运作和市场化管理尚有很长的路要走。罗文恩和周延风（2010）认为我国慈善组织的发展采用社会企业的运作方式也是一个发展选择。杨立雄（2009）认为我国的福利企业未来的发展有两个方向：一是将竞争力强的福利企业转变为正常企业；二是将竞争力较弱、集中安置残疾人较多的福利企业转变为社会企业。贾磊（2009）从组织理论出发，根据社会企业的特点，针对其双重性特点提出需要构建适合需求的目标网络式组织结构，即组织结构具有扁平化、平等性、团队化及边界模糊性特点。朱明（2006）介绍了社会企业和社区的关系，提出“先有社区，然后才有社会企业”。这句话虽然简单，却点出了社会企业与一般企业的根本区别及社会企业价值观的底蕴——“社区利益比社会企业的利益重要”。丁开杰（2007）区分了慈善家和社会企业家的不同：慈善家是从事公益捐赠和提供公益服务等行为的群体，而社会企业家是用商业经营方式来从事社会创新、推动社会变革的群体，其区别的重点在于创新性。鉴于社会企业的诸多优点，很多学者都认为社会企业能解决中国目前遇到的许多实际问题，尤其是就业难题，因为其准入成本较低。

张玉利等（2006）、严中华等（2008）、杨家宁和陈健民（2010）、余晓敏等（2011）、时立荣等（2014）、王世强（2012a）等国内学者对国外社会企业、社会企业家和社会创业进行了文献综述和比较研究。2010 年，舒博的《社会企业的崛起及其在中国的发展》一书出版。该书区分了社会企业概念与特征，梳理社会企业类型，分析了西方社会企业兴起的原因，描述了社会企业在我国发展的现状，并为进一步推动社会企业在我国的发展提供了一些政策建议。沙勇（2013）认为我们应该在借鉴世界社会企业发展先进经验的基础上，探索建立和完善促进我国社会企业发展的有效运行机制，使其成为推动社会可持续发展与和谐社会建设的重要力量，提出的对策有：营造良好的发展社会企业的文化氛围；建立规范引导社会企业发展的法律体系；加快建设适应社会企业发展的行政管理体制；培养符合中国国情的社会企业家队伍。侯玲（2008）提出社会企业介入库区移民就业社会资本建构较政府有不少优势，并提出采取的主要途径有：创建就业服务的网络平台；挖掘与开发公益性服务岗位；创建草根金融，加强移民就业金融。康健（2008）以北京市在社区服刑人员中发展社会企业的实践为例，分析了发展社会企业对改善社区服刑人员就业状况的途径与方法。朱晓红（2008）分析了中国青年创业国际计划（Youth Business China，YBC）在汶川地震后把创业项目引入灾区重建，扶助灾区青年创业，认为这种创业扶助模式是社会企业模式的成功运作。彭劲松和黎友焕（2012）对残友集团的商业模式进行了深入分析。孙同全和潘忠（2013）系统地研究了小额信贷扶贫在中国的实践，认为这是社会企业道路。王世强（2016）认为我国社会企业发展有两种路径：迫于资源匮乏与限制的非营利组织转型成社会企业；追求实现“共享价值”的商业企业转型为社会企业。

有关社会企业概念的主题书籍的出版在一定程度上可以推动社会企业在中国的研究与发展。在英国文化教育协会资助下，先后出版了《透视社会企业：中国与英国的经验》《穷人的银行家》《新的企业模式：创造没有贫困的世界》《企业的未来——构建社会企业的创想》。2007 年，社会企业指南手册《创新才有可能》由社会资源研究所为普及社会企业概念而编写。2007 年《新愚公移山——十个社会企业创业者的故事》由香港社会企业家论坛出版。2008 年詹姆士·鲁波特（James Baderman）和贾斯汀·罗（Justine Law）所著的《平凡创传奇：社会企业妙点子》由商务印书馆（香港）有限公司出版。2016 年福克曼（Volkmann）等的《社会创业与社会商业：理论与案例》由社会科学文献出版社出版。

国内也出版了与社会企业相关的教材。2008 年，严中华主编的《社会创业》，介绍国外社会创业的理论与实践，描述了中国社会创业的实践与发展战略。2009年出版唐亚阳主编的《公益创业学概论》（湖南大学出版社）。2012年2月，出版张远凤主编《社会创业与管理》（武汉大学出版社）。2019年3月，出版斯晓夫等主编的《社会创业：理论与实践》（机械工业出版社）。

社会企业的案例研究也是国内研究的重点，特别关注这些企业的商业模式。2013年，陈迎炜主编的《中国社会创业案例集》一书收集了由恩派公益组织发展中心（non-profit incubator，NPI，以下简称恩派）资助下的成功社会企业的实践，对中国初创期公益组织的成长进行案例分析，更好地总结公益领域创业的经验与教训。2014年中国人民大学出版社出版夏露萍（Ruth Shapiro）的《真正的问题解决者：社会企业如何用创新改变世界》。2014年6月，孙世敏出版专著《社会企业业绩计量理论、方法及其应用》（经济科学出版社）。2015年9月，社企流出版专著《社会企业的力量》（九州出版社）。2016年5月，瑾琇编著的《社会企业案例研究》（首都经济贸易大学出版社）出版。2016年7月，周红云和宋学增出版专著《透视社会创新与社会企业：探索中国社会发展路径》（中国社会出版社）。2016年，王世强出版专著《社会企业兴起的路径研究：两大部门的相互融合与结构差异》（首都经济贸易大学出版社）。2018年，李健出版专著《社会企业政策：国际经验与中国选择》（社会科学文献出版社）。2018年3月，卢永彬等编著的《下一站，社企：公益与商业的30次相遇》（上海交通大学出版社）出版。2018年7月，毛基业和赵萌等出版专著《社会企业家精神：创造性地破解社会难题》（中国人民大学出版社）。2018年10月，余晓敏等出版专著《社会企业与中国社会发展的创新实践》（中国经济出版社）。

徐永光在《公益向右，商业向左》一书中提出社会影响力投资光谱图，光谱图公益在左边（指花钱），商业在右边（指赚钱）。左边偏重于社会效益，右边偏重于经济效益。从左到右是花钱和赚钱的关系，处于最左端的叫作一字千金，花钱乱来，不讲效率。处于最右端就是属于追求利润的最大化，极端表现是唯利是图，急功近利。要注重投入产出，有的公益和商业的形式很接近，如养老服务有公益、有商业，要通过服务赢得收入。再往右走，公益可以转型为社会企业，用商业的手段来解决社会问题。商业向左讲求社会责任，再向左企业要执行自己的战略公益。现在做战略公益的企业越来越多，也就是不一定要捐款，但是在每一个生产链上的每一个环节，包括上下游都要注重社会责任，甚至会强调提供材料的供应商也要注重环保等。所以很多企业把公益的元素贯彻在自己的产业链当中。再向左就是社会企业了，把解决社会问题、履行自己的社会使命放在第一位，把利润放在第二位。这种时候，在光谱图的中间地带，公益和商业边界逐渐模糊，变成你中有我，我中有你。公益和商业太清晰了，其实是不利于创新的，就是赚钱或纯粹慈善是不利于创新的，恰恰这样一个模糊地带正是社会创新的精妙之处、活力空间，是混沌所在。中国人民大学中国公益创新研究院院长康晓光撰檄文《驳“永光”谬论》，称徐永光否认人的利他性，颠覆了公益的本质。他针对“向左向右”的话题，指出，“左”更倾向于平等，所以“商业向左”这一说法没有问题；但“右”意味着更强调效率，而公益应该永远“向左”，它可向商界借用技术、管理手段和方式方法，即“术”这一层面的元素，但不代表可以“公益向右”；而今天商业与公益的结合，原因实际上就是“人类向善”。康晓光在《义利之辨：公益与商业关系》主旨发言中指出，批评愈演愈烈的“公益商业化”，而被滥用的“社会企业”就是商业化的典型，强化利己主义，贬低利他主义，为浑水摸鱼创造便利，危及公益的根基。以上也是2017年公益界沸沸扬扬的“两光之争”的核心争论。

2018年，余晓敏等出版《社会企业与中国社会发展的创新实践》一书。该书立足于我国社会企业的发展现实，结合国内外研究的经典理论，回答以下问题：我国的社会企业在哪些发展领域、发挥着怎样的重要作用？作为一种崭新的发展主体，社会企业具有哪些有别于其他部门既有发展主体的基本特征？从社会创新的角度，社会企业在促进社会发展的过程中面临哪些关键问题？存在哪些可能的解决方案？

温铁军（2019）的研究认为，在一个多世纪之前中国的社会企业兴起，如张謇、卢作孚等前辈在创业之初就具有鲜明的救国图强、造福社会的宏伟社会目标，通过创办实业获得的利润不是简单用于资本再生产，而是用于推动产业与地方社会的综合发展。当前我国乡村振兴战略背景下，产业振兴要体现生态、生产、生活“三生”结合的社会企业运作方式。

2008年开始到2019年11月在香港连续十二年举办的“社企民间高峰会”，则由商界、社会服务机构、学界、民间智库、社会企业等多个团体携手联办。

恩派于2006年在上海浦东非营利组织发展中心成立，其远大的理想就是让更多人在公益事业领域创业，成为社会企业家。恩派业务遍及全国40多个城市，致力于公益孵化、能力建设、社区服务、政购评估、社会企业投资、社创空间运营等领域，合作伙伴遍及各级政府、基金会和全球五百强企业。秉承“助力社会创新，培育公益人才”的使命，恩派首创的“公益孵化器”模式成为社会建设领域的重要制度创新。恩派成功孵化的社会企业有妙心家政、新途社区健康服务社、多背一公斤、乐创意公平市集等。2009年，恩派与上海民政部门合作组织了首届上海地区公益创投比赛，这是“草根”社会企业活动首次得到政府的公开支持。2010年7月，上海市社会创新孵化园成立，探索建立政府、社会组织和社会企业合作互动园区，2013年11月正式升格为上海公益新天地园，深入打造政府、公益组织、社会企业跨界合作平台。之后又通过发起“恩派”系列机构使该模式在上海（浦西）、北京、成都、深圳等地进行复制。

友成企业家扶贫基金会（简称友成基金会）由海峡两岸和香港的众多企业家于2007年5月12日成立，是全国第一家以倡导社会企业家精神为使命的公益基金会，是第一家以发现和支持社会创新领袖型人才为使命的基金会。友成基金会的英文名字定为 YouChange China Social Entrepreneur Foundation（简称是 YouChange）。至友成基金会成立十周年，友成基金会已累计支出 3.5 亿元人民币用于打造社会创新的生态系统①。2009 年友成基金会与英国文化教育协会、南都公益基金会联合举办社会企业家技能培训项目。2009 年，友成基金会与北京大学合作开设了名为“社会企业家与社会创新实践”的大学选修课程，这是社会企业概念首次进入高等教育课程体系。2010 年，友成基金会、英国大使馆和国际领先的社会企业家支持机构阿育王（Ashoka）合作举行了首届“大中华社会企业家论坛”（the Greater China Social Entrepreneur Forum）。2011 年，与中央编译局共同编译出版“‘友成’社会创新与社会企业译丛”，包括《慈善资本主义：富人在如何拯救世界》《社会企业家的战略工具》《探求社会企业家精神》《社会部门中的企业家精神》四部著作。2013 年，友成基金会结合我国公益事业、社会企业和社会影响力投资的发展状况，研发了“三 A 三力”评价标准用于认证和筛选社会影响力投资对象。《发现中国“义利 99”》于 2017 年发布，从社会价值和商业文明的角度看，可以说是中国确立新发展理念之后的一个里程碑，一个新坐标。截至 2018 年友成基金累计公益支出 4.1 亿元人民币，资助各类社会组织和社会企业 260 多家，其中资助和支持平台型公益组织 19 个②。

南都公益基金会（英文名：Narada Foundation）成立于 2007 年 5 月 11 日，旨在促进跨界资源流通及合作，推动社会企业理念在全社会的主流化。银杏伙伴成长计划（简称银杏计划）由南都公益基金会于 2010 年发起并执行，2015 年孵化成为独立注册的北京市银杏公益基金会，是一项投资于人的长期性公益项目，针对青年社会创业家在事业发展中遇到的困境，银杏计划提出了具体解决方案，包括：连续三年每年 10 万元人民币的资金支持、每年两次的能力建设和三年一次的海外参访学习机会。2010 年至 2019 年 11 月，总计有来自 23 个省区市的 114 位伙伴得到资助，其中 2017 年新增银杏伙伴 16 位。他们工作在环保、教育、健康扶助、农村发展等 11 个不同领域③。

我国大力推动公益创投竞赛，各级政府也通过政府购买服务、直接资助、以奖代补来推动“公益创投”或“微公益创投”，如“上海社区公益创投”及“南京玄武区公益创投”。

---

①《友成企业家基金会会长、社会价值投资联盟创始主席王平：避免“灰犀牛”系统性风险 打造“善经济”价值链》，http://finance.n8n8.cn/guonei/2463445.html。

② 友成企业家扶贫基金会官网 http://www.youcheng.org/about.php，登录时间：2019 年 11 月 25 日。

③ 南都公益基金会官网 http://www.naradafoundation.org/catego，登录时间：2019 年 11 月 25 日。

社会企业研究中心（Social Enterprise Research Center，SERC）创建于2008年，是国内第一家社会企业研究中心。到2018年，SERC完成了80个社会企业案例，在上海财经大学开设了硕士和MBA的“社会创业”学分课程。为了提升国内社会企业整体状况，连续多年组织社会创业和社会投资高峰论坛，在2013年博鳌亚洲论坛上发布了第一份中国社会企业白皮书。

青年恒好公益创业行动是KAB（Know About Business，中文意思为“了解企业”，是国际劳工组织为培养大学生的创业意识和创业能力而专门开发的教育项目）全国推广办公室与恒源祥（集团）有限公司、中国青年报联合发起的一个关心、关注青年成长、成才，服务、扶持青年（大学生）创新、创意、创业的开放性公益实践平台，旨在“培养具有社会责任感、公益理想和全球视野的公益创业青年”，通过传统媒体及新媒体，全方位营造鼓励社会创新与支持公益创业的社会氛围，引导当代青年（大学生）用商业方法解决社会问题，鼓励其创建社会企业。自2009年开始至2015年12月，KAB全国推广办公室与合作伙伴连续举办了五届“青年恒好公益创业行动”，共奖励130多个公益创业项目，还编辑出版了《中国青年公益创业报告（2015）》《中国青年公益创业报告（2016）》。2015年的青年恒好还首次引入众筹元素，经专家初审入围20强的公益创业计划书、公益创业项目共40个在众筹网上参与众筹竞争，获奖者还可向理事会申请“青年恒好专项扶持基金”。例如，“百特教育”是上海为数不多的几个已经转型为“社会企业”的民间组织之一，2015年9月以社会企业的身份获得了天使轮融资300万元。创业者王胜说：“我就是想用挣钱的买卖做不挣钱的公益。”

中国的社会企业和社会投资的发展正在从萌芽期进入市场构建期。2014年9月3日，由中国有志于推动社会企业与社会投资行业发展的海南成美慈善基金会、浙江敦和慈善基金会、恩熠影响力投资基金、北京光华慈善基金会、北京乐平公益基金会、北京联益慈善基金会、老牛兄妹公益基金会、马云公益基金会、南都公益基金会、社会企业研究中心、育公益创投基金、北京亿方公益基金会、圆恩空间、增爱公益基金会、郑卫宁慈善基金会、中国扶贫基金会、中华社会救助基金会共17家机构经过半年的酝酿协商，联合发起“中国社会企业与社会投资论坛”（China Social Enterprise and Investment Forum），以整合资源共同推动社会企业和社会投资的发展。中国社会企业与社会投资论坛秉承前沿、包容、跨界的价值观，致力于成为中国社会企业与影响力投资生态系统构建的倡导者。该论坛已经举办了五届。第一届（2014年）在深圳召开，轮值主席是残友集团。第二届（2016年）的轮值主席是圆恩空间。第三届（2017年）在北京召开，轮值主席是南都公益基金会，正式设立了秘书处，总部所在地为北京，主题为“社会创业家精神引领新时代文明”，并推出中国社会企业奖。申请中国社会企业奖需具备六大条件，即清晰的社会使命、大规模地解决社会痛点问题、符合商业逻辑的商业模式、卓尔不群的创新力、拥有出色领导力和合作进取精神的团队以及可持续的发展理念。按照这些条件，本书前言所讲的摩拜单车入围了中国社会企业奖，但最终没有获得任何奖项。第四届（2018 年）在深圳召开，轮值主席是中国扶贫基金会，主题为“影响力投资助力脱贫攻坚”。第五届（2019 年）在成都召开，轮值主席是红杉资本中国基金，主题为“科技赋能、资本助力、商业向善”。

2014 年 11 月，习近平亲访福建的金太阳军门社区居家养老服务站参观并指导养老服务工作[①]，金太阳养老服务机构是我国社会企业的典范。2014 年 10 月 29 日，李克强支持国务院常务会议，会议提出“推进股权捐赠、慈善信托等试点”，“地方政府和社会力量可通过公益创投等方式，为初创期慈善组织提供支持。积极探索金融支持慈善发展的政策”[②]。星展基金会的社会企业调研报告《社会创新与我》（2017 年 2 月）显示：我国社会企业正在快速出现，从 2009 年开始，呈逐年增加的趋势。同时该报告还指出：社会企业八成处于初创或转型期，只有两成找到稳定的商业模式。

2011 年 6 月，《中共北京市委关于加强和创新社会管理全面推进社会建设的意见》正式做出“积极扶持社会企业发展”的部署，开启了首都社会企业发展的广阔空间，偏重于参与社会服务或社区服务。2012 年 7 月，广东省佛山市顺德区建立顺德社会创新中心，探索社会创业家培育、社会企业发展路径，推动社会资本投资公益项目，偏重于社会创新与模式创新。还有的地方是为了促进非营利组织的转型与可持续发展。

2017 年 6 月 11 日，《中国社会企业发展北京倡议》（简称《北京倡议》）在北京发布。中国人民大学商学院院长毛基业指出，中国政府在“十三五”规划纲要中提出“大众创业、万众创新”，以及精准扶贫，这反映出开展创新创业活动、解决社会问题是国家经济与社会协调发展的必经之路，具有国家层面的战略意义。在此背景下，发布《北京倡议》可谓恰逢其时，意义重大。

2017 年，深圳市社创星社会企业发展促进中心（简称社创星）成立了，其是一家创新公益组织。以服务社会企业为使命，以“利他利己，做有中国特色的社会企业”为理念，倡导公益不仅仅是捐赠，通过赋能及营销推广来推动创新公益的产品与服务走进中国人的生活，实现独立、可持续的创新公益模式。目前正开展社会企业服务及企业社会责任定制服务。社会企业服务正开展中国慈展会社会企业认证，为社会企业提供能力建设、空间、传播、公司治理、产品渠道、社会企业投资等六大产品服务，推动社会企业实现产品化、专业化、市场化、场景化与规模化。企业社会责任定制服务专为企业一对一定制差异化的公益产品。社创

① http://www.968885.org/home。

② http://www.gov.cn/guowuyuan/2014-10/29/content_2772258.htm。

星致力于推动社会企业实现产品化、专业化、市场化、场景化与规模化。

2018年8月11日，北京社会企业发展促进会发布了《北京市社会企业认证办法（试行）》并成立北京社会企业联盟。社会企业认证工作坚持政府引导、社会参与、择优扶持等基本原则，从使命任务、注册信息、信用状况、经营管理、社会参与、社会效益、可持续发展能力、创新性、行业影响9个方面确立了基本标准。[①]

第二节　社会企业的相关理论

当国家、政府和其他机构无法提供充沛的社会支援，没有建立良好的社会服务体制时，社会企业开始取而代之发展。在20世纪五六十年代，人们开始意识到公共部门机构的不足与限制，纷纷寻找替代解决问题的方案（Defourny，2001）。90年代欧美国家开始出现种种危机，如失业、贫困、社会不公义和孤独等社会问题。这些问题都是资本主义过度发展的副作用，因此社会企业对资本主义社会中主流企业进行反思，尝试以创新的模式运作。利益相关者难以解释社会企业产生的原因，以及社会企业与其他组织形态之间的区别。Evers（2001）认为，由于社会企业牵涉第三部门的多目标，且具备非政府的社会资源结构，无法单纯从财务或组织范畴界定，故必须转向社会政治观点，从不同层面广泛分析社会企业的运作全貌。社会企业发展的主要理论基础如下。

一、诱因观点

诱因观点指从社会企业所提供的诱因结构，解释社会企业为何存在。Bacchiega和Borzaga（2001）认为，传统以新古典经济学方法（neo-classical economics method）解释企业（firm），难以用来理解社会企业出现的原因，主要是新古典经济学关注价格体系与市场机制中“看不见的手”，假设企业本身就是一个黑箱，缺乏对企业成本的了解，也忽略了不同组织形态的差异，价格完全诉诸市场机制，无法对社会企业给予实质上的解释。因此，从新制度经济学（new institutional economics）来看社会企业，较能贴近多元形态组织。

新制度经济学主要关注交易成本和所有权配置问题。在现代经济体系中，由多人共同分享所有权的企业，如合作社，扮演了相当重要的角色（Hansmann，1996）。Bacchiega和Borzaga认为，新制度经济学提供了社会企业的部分解释基础，但还是无法用成本观点检视社会企业与其他组织形态之间的区别，如解释社

① http://bj.people.com.cn/n2/2018/0814/c82840-31929050.html。

会企业薪资为何低于市场水平；如何降低投机行为，并确保捐献行为与社会企业目标一致；如何妥善处理与利益相关者之间的关系，以及如何进行决策。这些都是新制度经济学需要解释的重要课题。

针对以上问题，Bacchiega 和 Borzaga 提出应从诱因结构（incentives structures），而不是单从效率观点来解释社会企业本质。诱因包括薪资（wage）及自由度（degree of freedom）两种概念。薪资可分为货币和非货币。过去，社会企业货币薪资往往被视为低于一般市场行情，但与企业的不同之处是，社会企业隐藏非货币薪资价值，以此可解释为何社会企业的薪资低于一般企业，但员工愿意留职。社会企业的薪资价值有两项重要意义：能提供实践社会目标机会，促进利益相关者持续参与；在利润有限分配情况下，有效减少投机行为，提供内部员工自我实现的机会。在自由度方面，主要指社会企业可提供利益相关者自由发挥的空间。虽然社会企业的薪资水平并不具有吸引力，但所采取的民主治理方式能使利益相关者自由决定自我角色与目标，且能在良好沟通的情况下，整合具有冲突的目标，维持社会企业的平衡运作。

二、社会资本理论

目前学界对社会资本还没有精确和普遍认可的界定，这是因为社会资本是一个多维度的概念，包括社会结构的多个部分。学者们根据各自对社会资本的认知和理解对其进行界定，目前学术界对社会资本的界定有三种：美国社会学家詹姆斯·科尔曼认为社会资本是通过人与人之间关系而累积的资源；林南（Lin，2001）认为社会资本是在特定行动中，接近和动员镶嵌在社会结构中的资源，这里的社会结构就是社会网络；哈佛大学社会学教授帕特南（2001）的观点是，社会资本是指信任、关系网络、互动规范等，是一种合作互惠的重要资产。网络、规范和信任是社会资本理论的核心部分。根据帕特南社会资本论点，如果某地区有良好运作的经济系统与高程度整合的政治环境，必然能成功地积累社会资本，发展出道德义务和规范，并建立社会价值，特别是信任关系，以及扩展社交网络，尤其是志愿部门间结合关系。美国政治学家弗朗西斯·福山在帕特南的研究基础上进行了延伸和变革，他将社会资本等同于社会或社会群体中的人与人之间的相互信任度，提出了新的社会资本定义——“一个群体中的成员共有的一套非正式的、允许他们之间进行合作的价值观或准则。如果该群体的成员开始期望其他成员的举止行为将会是正当可靠的，那么他们就会相互信任，信任恰如润滑剂，它能使任何一个群体或组织的运转变得更有效率”（福山，2002）。

帕特南认为，社会资本的重心应该转向社会群体的发展，应该更多地推动各种社会组织的发展。他的研究表明社会资本是一种以市场及其私人主体都无法单独提供的公共物品，而第三部门组织则在社会资本积累过程中发挥至关重要的作用。社会资本可能通过多种形式对社区发展和社会保障发挥积极作用。其发挥作用的空间既有正式支持网络，也有非正式支持网络和自然支持网络。为创造就业机会、实现社区经济的复苏，社会企业建立在信任、互惠、合作等社会资本之上，通过社会资本的运用整合各种社会资源。同时，社会企业的成功运作进一步推动了信任、互惠、合作等社会资本的积累。

三、积极福利观

所谓复合的集体主义社会福利理论，就是在改革贝弗里奇时代的消极福利（negative welfare）观的基础上，发展一种积极的福利（positive welfare）观来适应新的生活环境。这种积极的福利观的要点首先在于：要摆脱福利依赖，培养个人对自己负责的精神和独立意识；同时，也要充分动员各种社会资源，发挥各方面的作用，使它们对社会福利有更积极的贡献。其次，这种福利观也是对福利体制的官僚主义的否定。原有的“从摇篮到坟墓”的福利制度会导致异化和官僚主义，扭曲福利制度建立的初衷，一方面，社会福利变成少数人垄断和操纵的权力体系，社会福利机构成为臃肿庞大而缺乏效率的官僚机器；另一方面，庞大复杂的行政官僚架构也把社会福利部门变成了特殊的利益集团，使其成员常常忘记社会福利的宗旨，而把自己的利益放在了首位。再次，这种福利观主张建立个人责任与集体责任的良性互动关系，并以此来推动社会的互助合作精神的发展。它既重视个人成就和经济竞争力的培养，同时也强调集体主义和团结的重要性。它相信，一种个人责任和集体责任相结合的社会福利制度，将更有助于社会的可持续发展和人的成长。最后，改革的重点是除了国家以外，使所有个人、企业和社会组织成为“负责任的风险责任者”，积极参与社会福利保障制度的建设，把原来的福利国家改革为“社会投资国家”，建立起良性的风险—安全关系和个人责任—集体责任关系。保险原则、对风险的预防仍然会是社会投资国家的核心，但是社会福利支出要改变方向，在任何可能的情况下要投资于人力资本，而不是直接给予利益。

Pestoff 提出社会企业的兴起意味着“福利国家”向“福利社会”的转变，在“福利社会”中，福利的投资主体和供给主体已不再局限于国家，企业、传统的非营利组织、社会企业都可以成为福利的有效供给者，国家更多的是作为福利政策的制定者和引导者。积极福利观为社会企业的兴起和发展提供了合理性论证。

第三节　社会企业的界定

尤努斯（Yunus）高度评价社会企业，认为社会企业不仅是解决人类正面临的危机的必要工具，也是人类创造力最精彩的表现形式——可能是人类创造的最高表现，认为资本主义是失败的，社会企业将是发挥重要作用的新组织形式，可以帮助我们实现零点的世界：零贫穷、零失业和零净碳排放。传统企业的目标都是相同的——获得最大投资回报。社会企业并非如此。每个社会企业的具体目标均不相同。这就是说清楚地定义社会企业的目标是如此重要。

一、从理论研究的角度

许多研究者都试图界定社会企业的内涵，但是由于欧洲和美国的社会企业在组织和活动上存在着很大的差异，对社会企业进行一个统一的界定是件非常困难的事情（Shaw，2004）。

根据 Defourny 和 Nyssens（2010）的归纳，目前“社会企业”这一概念主要存在三个学派：获取收入学派（earned income school）、社会创新学派（social innovation school）和理想类型学派（ideal-type school）。前两个学派深受美国影响，第三个学派深受欧洲影响。

（一）获取收入学派

该学派对社会企业的基础概念的定义是基于赚取所得的策略，强调非营利组织通过商业活动的举行或类似手段的运用来支持、践行其组织宗旨。现有相当多文献认为，这是非营利组织日益对商业化走向感兴趣所致。20 世纪 90 年代末，一个在此领域相当活跃的组织，名为“全国聚会”（National Gathering），适时转型改名为“社会企业联盟”（Social Enterprise Alliance），其界定社会企业为“任何由非营利组织所开展或采取赚取所得的事业或策略，以获得盈收来支持其公益、慈善的使命”。该学派认为社会企业即是“以社会目的作为交易的一种企业组织”（a business that trades for a social purpose）。在此思想学派中，进一步区分出早期的观点，聚焦于非营利组织的活动，故称之为“商业性的非营利模式”（commercial non-profit approach）；之后，则是广义的观点，包含所有形式的商业行为，称之为“以使命为导向的商业模式”（mission-driven business approach）。

该学派根植于商业企业家传统，十分重视商业知识基础的重要性。优点是能从双重底线动态角度，检视社会与经济目标之间的竞合，有助于探讨社会企业功能；缺点是不易区别社会与经济目标的优先顺序，也恐忽略非营利组织与外在环境的互动关系。

（二）社会创新学派

社会创新学派是由 Anderson 和 Dees 在 2006 年命名的，阿育王的创始人 Bill

Drayton 是这一学派的领军人物。学者如 Certo 和 Miller（2008）、Martin 和 Osberg（2007）、Christie 和 Honig（2006）、Mair 和 Martí（2006）、Dees（1998）、Alvord 等（2004）、Bornstein（2004）和 Mulgan（2007），都对社会创业精神议题的研究及相关论点的深入分析有所贡献，尤其是后三者特别强调创新的系统性本质会给社会层面带来广泛的影响。社会创新学派契合企业社会责任观点，强调社会企业家如何通过社会企业家精神，创造崭新的社会价值，是一种“慈善资本主义”（philanthrocapitalism）的展现（Bishop and Green，2009），根植于商业创业技能的使用，也重视发现和利用商业机会。

Dees（1998）提出著名的社会企业光谱（social enterprise spectrum），社会企业是一个纯慈善（非营利组织）与纯营利（私人企业）之间的连续体，被视为足以解释美国社会企业内涵的一种分析框架，也揭示出非营利组织商业化或市场化是其转变为社会企业的途径。他指出，“社会企业”一词并非单纯为财政目标而存在，而是一种多元混合的综合体（hybrid organization），如表 1-1 所示，他从主要动机、方法和目标及主要利害关系人的角度，分析了社会企业与传统的非营利组织和私人企业之间的关系。

表 1-1　社会企业光谱

项目		选择的连续体 ← 纯公益	混合性质	→ 纯商业
主要动机		诉诸声誉	混合动机	诉诸自我利益
方法		使命驱动	使命与市场之间的平衡	市场驱动
目标		社会价值	社会价值与经济价值并重	经济价值
主要利害关系人	受益人	无偿	补助金方式或全额支付与无偿的混合方式	市场价格
	资本提供者	捐款与资助	低于市场价格的资本；捐赠与市场成本资本的混合	市场成本资本
	劳动力	志愿服务	低于市场水平的工资；志愿者与付全薪的员工兼有	市场水平薪资
	供给者	实物捐赠	特定折扣；捐赠与全额收费兼有	市场价格

资料来源：Dees（1998：60）

Dees 认为，尽管非营利组织商业化面临许多危机，许多非营利领导者依然乐于通过商业途径，以降低对政府补助的依赖，并同时强化与使命相关活动的绩效，因此，非营利领导者必须了解，组织若越商业化，其对慈善的依赖就越低。事实上，很少有社会企业是纯慈善的及纯商业的，多数社会企业兼含商业与慈善要素，也就是混合的社会企业，而呈现交叉补贴的状态，此种状态可以再细分成五种形态，包含：完全慈善支持型（full philanthropy support）、部分自给自足型（partial self-sufficiency）、资金流自给自足型（cash flow self-sufficiency）、运作支出自给自足型（operating expense self-sufficiency），及完全商业化型（full-scale commercialization）（Dees，1999）。沿着美国“非营利部门”这一路径，可以看到社会企业既可以包括非营利组织的商业化，也可以包括非营利组织通过设立营利性附属机构或与营利企业合营而形成的复合式的“社会企业集团”，它们构成了一个更为清晰、具体的“社会企业光谱”，相关的法律制度也在不断地调整。

金·阿特洛（Kim Alter）根据现有的研究结果，提出一个不同社会企业划分谱系，从传统非营利组织到传统营利企业，在社会变革环境下，尽管初始的目标有所差异，但是为了实现“可持续的发展战略”，两种组织形式最终还是向中间状态“社会企业”或“社会负责型”企业靠拢（图 1-1）。这样，社会企业可具体归纳出两种发展轨迹，一是非营利组织师法企业，二是企业师法非营利组织。

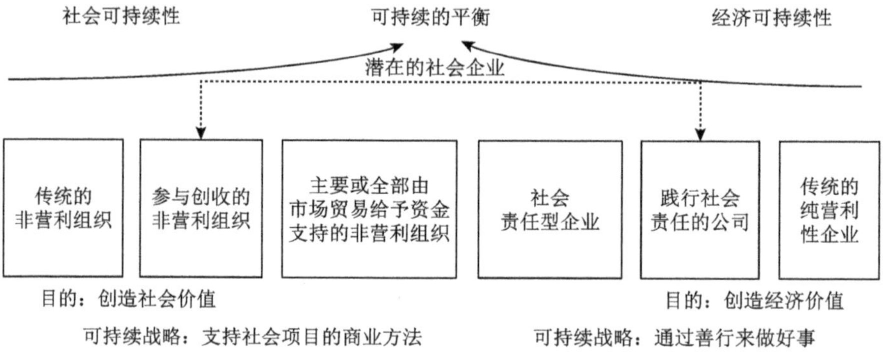

图 1-1　金·阿特洛的社会企业可持续性均衡

资料来源：Alter（2007）

混合型社会企业可以进一步分为四个子类，即参与创收的非营利组织、社会企业、社会责任型企业和践行社会责任的企业。图 1-1 的左边是非营利企业（包括参与创收的非营利组织和社会企业），其经营的活动产生的利润用于它们的社会使命，向它们的利益相关者报告。右边是营利性企业（包括社会责任型企业和践行社会责任的企业），它们创造社会价值，但主要是创造利润，对股东负责。社会企业从事道德商业活动是出于内心的社会责任，而不是出于一种附加责任。研究者提出社会企业的“双重底线”（double bottom line）或者“双重价值创造”（double value creation）。

社会企业应该是一种混合性的组织，兼具“社会目标”和“经济目标”，它由两种力量所驱动：其一，社会变革本身是受益于“创新理念”“企业家精神”“企业式解决方案”；其二，组织的可持续发展需要多样化的筹资模式，通常包括“可获得性收入”（earned income）。表 1-2 从企业的目标和伦理角度勾画了这些商业模式的理想类型。

表 1-2 企业的目标和伦理

项目	主流企业	企业社会责任	社会企业
竞争目标	以价格和质量取胜	以道德取胜	以这两者取胜
客户	以现场购买满足客户	以道德交易满足客户	视客户为公民
底线	单一（利润）	单一（利润），但具有独立的公司社会责任报告	三重或多重（利润、社会、环境）
长期目标	企业发展	确保企业为当地社区做出贡献	以可持续的商业模式实现社会或环境目标
成功指数	为股东带来利润	提升公司形象	解决预先确认的社会/环境问题，提高股东的价值
环境与社会	处于边缘地位	整合到企业的某些方面之中	核心使命
股东	股东	股东、当地社区或范围更广的社会	股东、员工、当地社会或范围更广的社会

资料来源：巴特利特，韦伯. 2007. 创业的价值：英国的社会企业. 吕增奎，译//透视社会企业：中国与英国的经验：4-50

与获取收入学派不同的是，此学派视市场失灵为社会企业利基，社会企业家创业的目的是创造持续发展商业模式，提供产品服务与就业机会，满足弱势群体的需求，而不是仅为弥补组织财务缺口（Austin et al.，2006；Dees，1998）。该学派强调成果与社会影响力（social impact），核心议题是探讨如何将有限资源发挥最大社会效益。该学派也可能过于强调社会企业家的“英雄”观，忽视群体与外在环境的重要性（Light，2006），甚至不自觉地陷入全球资本主义思维而不知（Anderson et al.，2006）。

（三）理想类型学派

理想类型学派也被称为“欧洲社会企业研究网络（European Research Network on Social Enterprise，EMES）途径”，它是由 EMES 提出的，主要与工作整合观点相呼应。EMES 是欧洲研究社会企业的重要跨国学术团体，并在欧盟支持下，出版一系列社会企业专著。理想类型学派认为，为因应 70 代以来的严重经济衰退与失业问题，欧洲各国开始思考社会福利制度的改革，促动社会企业的兴起（OECD，1999）。

该学派就其优点来看，结合了几个不同专业领域而进行广泛的对话（如经济学、社会学与管理学），同时也纳入了欧盟不同国家的传统及当前欧洲社会对此现象的认知。而且，EMES 的社会企业论述模式和建构是依据理论与实证数据兼具的研究计划成果而来的。EMES 的社会企业论述模式上，有三个准则回应了社会企业的经济和创业精神面向（economic and entrepreneurial dimensions）：①持续地生产并（或）销售产品与（或）服务（a continuous activity producing and/or selling services）；②需要承担显著的经济风险（a significant level of economic risk）；③需聘有最低数量的有薪给付员工（a mininum amount of paid work）。有两个准则包括了社会企业的社会面向（social dimensions）：①有明确的目标来造福社区（an explicit aim to benefit the community）；②是由一群公民倡议发起的组织（an intiative launched by a group citizens）。反映社会企业治理特殊性（specificity of the governance）的四个指标如下：①高度自治性（a high degree of autonomy）；②决策权并不基于资本所有权（a decision-making power not based on capital ownership）；③民主参与特质（a participatory nature）；④有限的利润分配（limited profit distribution）。然而，这些准则并不是说一个组织一定要符合这些条件才是社会企业。它建立在对欧洲社会企业活动的比较研究基础上，描述了一种理想型（ideal-type）的社会企业，EMES 试图构建一个抽象概念框架，以协助研究者在社会企业的"灿烂星河"中定位自己。简单来说，EMES 欲打造一个工具，有点类似指南针，以帮助在彼此的相对方位中找到所观察的位置，而最终找出他们想要深入研究的社会企业次体系或子成分。2012 年，欧盟提出社会企业具有经济和社会两个维度的 9 个特点，这与 EMES 提出的社会企业准则完全相同，表明这一操作化定义已经得到了欧盟的认同。

虽然 EMES 操作化定义已经比较具体，但由于缺少量化标准，仍然难以界定现实中的社会企业。2010 年，社会企业认证（Social Enterprise Mark，SEM）在英国内阁第三部门办公室和社会企业联盟的认可及支持下，制定了识别社会企业的 6 项标准：①具有社会和环境目标；②具有自己独立的章程和理事会，而不是政府、慈善组织或其他机构的一部分或个体经营者；③至少有 50%的收入来自市场销售；④至少有 50%的利润用于社会和环境目标；⑤解散时的剩余资产应该被用于社会环境目的，须在章程中体现"资产锁定"原则；⑥能提供外部证据，表明机构正在实现社会环境目标，努力扩大社会影响或减少环境危害。2010 年以来，SEM 在欧洲对社会企业进行认证。

理论上，社会企业的概念可以被视为连接第三部门间不同要素的工具。实际上，当我们对第三部门进行剖析时，两类冲突此消彼长。第一类冲突源于以下两方面：一方面，诸如合作社之类的公司将其所有产出在市场上销售；而另一方面，一些社团的活动被认为缺乏经济性特点（如青年运动）。其资源完全是"非市场性"

的（如政府拨款、补助金）甚至是非物质性（如志愿活动）。第二类冲突产生于共同利益组织（合作社、互助社以及大量社团）和一般利益组织之间。前者的目标原则上是服务于他们的成员，而后者则服务于更广泛的群体（如消除贫困和宗教排斥，致力于合作发展、环境保护）。

欧洲委员会把社会企业视为合作社（co-operatives）与非营利组织的交叉点，其中合作社包含劳动者合作社（workers' co-ops）及用户合作社（users' co-ops），而非营利组织包含生产型非营利组织（production oriented NPOs）及倡议型非营利组织（advocacy oriented NPOs），而社会企业偏向劳动者合作社与生产型非营利组织的混合体，这种概念是光谱概念的展现（Defourny，2001）。图 1-2 对这两类冲突做了部分说明。第一类冲突表现在两个不同领域的共存：左半边表示合作社的传统（有自己的专业文献和思想流派）；右半边则带了传统的协会方案和活动。第二类冲突表现为，一般利益组织往往接近中心位置，而共同利益组织则要么在左边要么在其右边。有关非营利组织的研究文献并不能把所有的社会企业实践情况都囊括在内。与许多传统合作社不同，社会企业可能更多地被视为面向整个社会并且更注重社会的整体利益。再者，社会企业的成员中汇集了各种类型的利益相关者，而传统的合作社一般设立为单一的利益相关者。虽然我们定义社会企业在某种情况下是一种新型组织，可以认为其组成了第三部门一条新的分支，但在其他情况下，它们不过是脱胎于第三部门旧的工作经验。换句话说，“社会企业”并不代表第三部门的一个理论突破，而是其中的一种新的动态性。通过这样一个动态的视角，我们可以解释为什么社会企业的构架只能用虚线来表示。图 1-2 的交叉部分在不断地增加，这很准确地表明存在推动两个圈彼此靠近的动力，因为社会企业的本质取决于两类组织的特征的组合。但是不能用静态的方法来分析问题，因为只有一些社会企业同时也是真正的合作社和纯粹的非营利组织。从发展趋势可以发现，合作社转型为“社会团结经济”（Social and Solidarity Economy，SSE），而非营利组织则转型为“工作整合社会企业”（Work Integration Social Enterprise，WISE）。SSE

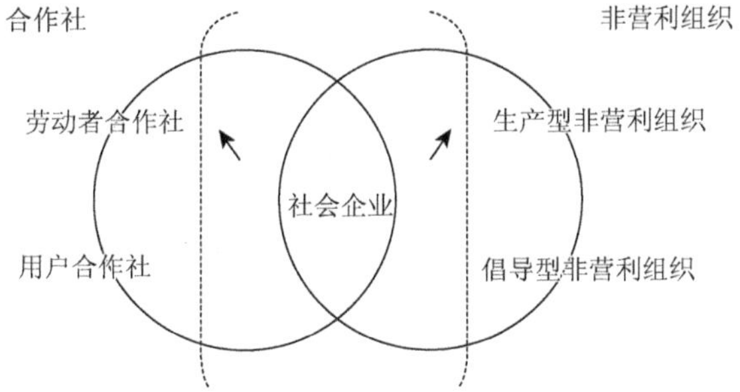

图 1-2　社会企业：合作社与非营利组织的交叉点

资料来源：严中华（2008）

系为突破财政困窘与结构性失业情况，期待采用积极性公共政策，协助遭劳动市场排除者，特别是长期失业者与低技术人员，能重新进入职场，达成社会融合目标（Kerlin，2006）。而 WISE 则偏重帮助遭受劳动市场排除的弱势族群与身心障碍者得以重回职场获得健全发展，并降低社会因失业所带来的巨大冲击。

Thomas（2004）引申 Defourny（2001）的概念指出，社会企业是第三部门的要素之一，并且常被称为非营利组织或社会经济，社会企业发展出一种全新精神的企业形态，而社会企业的起源代表从传统福利系统转变为混合系统的过程，而意大利的社会合作社则为社会企业所涵盖（图 1-3）。Thomas 在介绍意大利社会合作社的兴起时，用图 1-3 来描述社会经济组织、社会企业与第三部门间的关系。这里，第三部门被认为是可以串联起欧洲社会经济组织和美国非营利组织的共通的概念，而社会企业就在这两种途径中分别成长出来。欧洲途径则是一种从非营利组织的基础上创造出新的社会企业组织；而美国途径是非营利组织以企业方式来经营。因此，在欧洲则是有着完善的社会网络，对社会企业有明确的目标，对于公民参与及资本投资有一定的限制存在。这样的社会企业组织在进行社会经济活动时高度重视其本身的独立性与考量经济风险。而在美国，社会企业主要是指充满活力的商业化社会组织，这样的组织大多依赖市场的活动来资助本身所需的资源，此外也不断地寻求发展社会影响力。

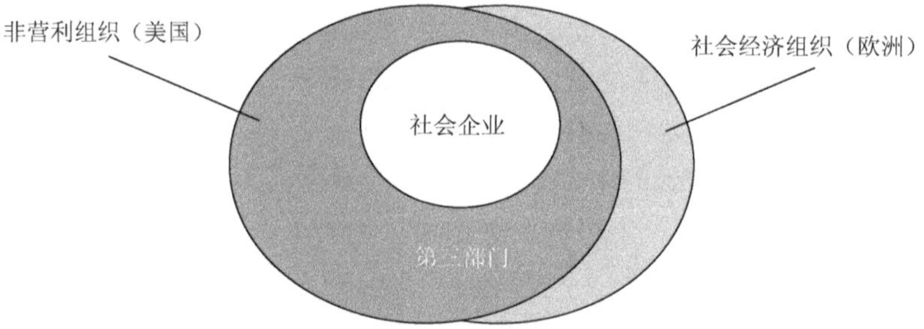

图 1-3　非营利组织和社会经济组织关系图

资料来源：Thomas（2004）

与中国现有研究相比，EMES 的操作化定义全面概括了社会企业概念的主要方面，对于探索中国社会企业的内涵无疑具有指导意义。然而，需要讨论的是，主要来源于欧洲国家社会企业发展实践的 EMES 定义在何种程度上能对诠释中国现实具有适用性。例如，EMES 定义强调组织高度自主性、独立于所有权的决策权及多元利益相关方（尤其是组织活动受众）参与的治理模式，这些与中国社会企业的现状显然有相当大的距离。2012 年，欧盟已经在公开的合同招标中使用了这一认证标准。

EMES 学派优点是能从政治、财务、治理与社会等多元领域，整合社会企业概念，可供全面性探讨社会企业本质。然而其概念以欧美经验为主（表 1-3），缺乏跨文化视野，而存在一些限制。

表 1-3　社会企业定义的欧美区别

比较内容	社会企业的美国定义模式	社会企业的欧洲定义模式
强调	产生收益	强调社会效益
行为	个体行为	集体行为
治理方式	民主（自下而上）	慈善事业（自上而下）
常见的组织类型	非营利组织	协会和合作社
组织类型	多	少
焦点	所有非营利活动	人的服务（human services）
接收方参与	是有限的	普通大众
战略发展	基金会	政府/欧盟
大学研究人员	商科和社会科学的学者	社会科学的学者
环境	市场经济	社会经济
法律框架	缺少	发展不足但在不断地完善

资料来源：Kerlin（2006）

二、社会企业的外延

社会企业概念研究中最混乱的就是社会企业的外延。这体现了社会所有三个部门合作起来以更加复杂的方式解决社会经济问题的发展动态。这种发展趋势既创造出了新的解决方式，也造成了社会企业和相关组织的复杂性，增加了认识社会企业的难度。

流行于欧洲的社会经济研究路径有助于我们对社会企业在整个社会中的位置进行定位，把社会企业与市场和政府部门组织区分开来。这些组织根据社会发展概况，帮助并解决由经济发展带来的社会环境或弱势群体等社会问题。英国社会经济研究者 Pearce（2003）将其理论化，提出社会三部门模型。按照 Pearce 的社会三部门模型（图 1-4），社会企业位于第三部门的社会经济领域中。根据“计划经济配给”和“在市场中进行交换”的区别，可把整个经济系统分为政府公共部门（public sector）和市场私部门（private sector），即第一部门和第二部门。第三部门跨两域，如图 1-4 所示，图的左边社会经济领域属于在市场中进行交易的，右边是通过计划进行配给的。Pearce 的图形吸引力是拥有其他经济模型所遗漏的一些特征。首先，它认识到存在邻居、区域、国家/地区和国际层次。作为正式组织的“社区经济”与扎根于家庭生活的“自助经济”是不同的。Pearce 的模型定位于非贸易的慈善的非正式和正式的志愿团体与贸易慈善、社区企业（community enterprise）和社会工厂（social firm）。Pearce 在模型中增加了社会商业（social business，进行慈善的贸易活动）、互惠组织（采用互惠作为贸易原则）、公平贸易公司（为生产者支付社会溢价）和合作社（劳动群众自愿联合起来进行合作生产和消费）。根据 Pearce（2003）的界定，社会企业有 6 项共通的元素，包括：实现社会目的为主；具有市场交易行为；利润不能分配或有限度分配；组织拥有的资产和盈余是被用来从事有益于社区公益的事物；组织所有权的民主特色；组织的作为需对利益相关者负责。无论如何，社会企业是一种混合性质的组织（hybird organizations）。

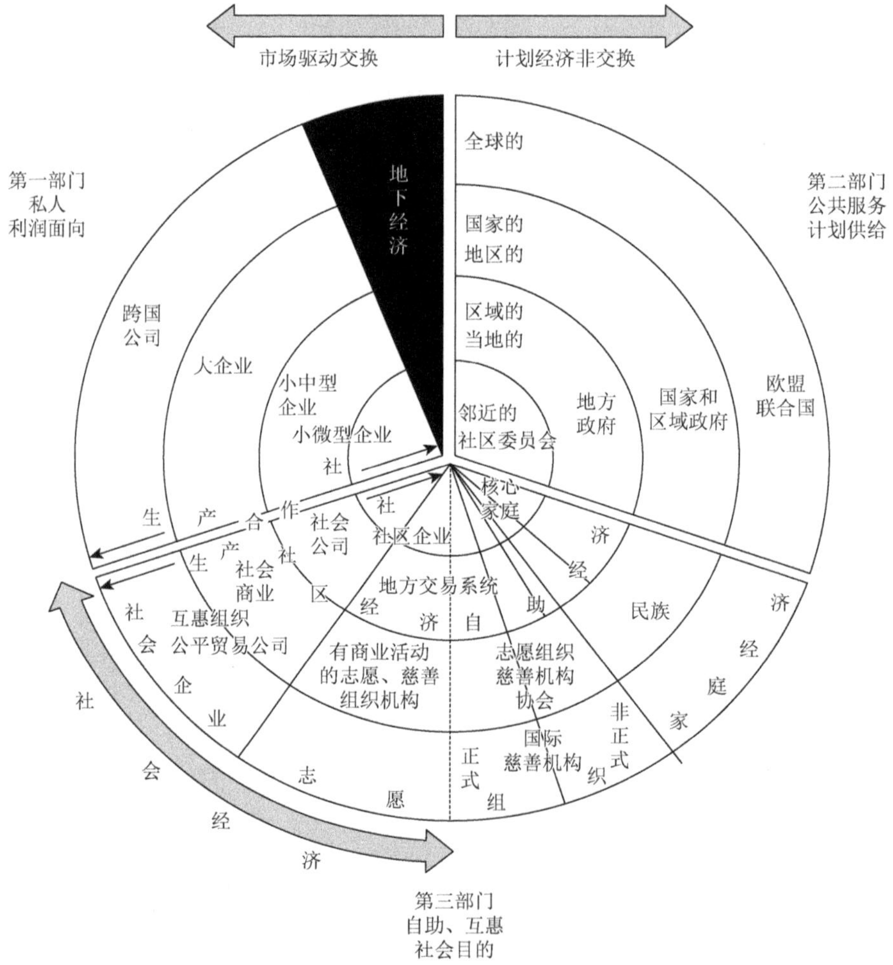

图 1-4　Pearce（2003）的社会三部门模型

Pearce 认为应该在第三部门加进以下几种形式：社会经济（致力于市场行为的慈善活动）、社会共同体（以社会成员彼此监督为准则）、公正贸易（付给生产者额外的费用）、协同组合（在生产和消费过程中促进社会和经济的参与）。Pearce 在社会经济中界定社会企业，认为社会企业按类别在志愿慈善组织和私有企业之间同样肩负着现代型福利制度、社会经济的共同角色。第三部门之间各组织的相互关系形成社会资本，在面临经济危机时，社会稳定依靠的是社会资本存货，而不是国有的经济资本。

私人部门以营利为目的进行市场经营；政府部门追求公共秩序，通过计划经济进行再分配，供给公共服务；第三部门则以其自助性、互助性和社会目的性区别于前两者，其动机是人的尊严，核心价值是社会公平等社会利益，衡量标准是生活质量和幸福的提高。社会经济领域的具体实践包括合作社（生产者合作社、消费者合作社）、社会企业、公平贸易、社区内生性经济、集体所有制经济等。第三部门和市场结合矩阵如表 1-4 所示。

表 1-4　第三部门和市场结合矩阵

<table>
<tr><td colspan="2" rowspan="2"></td><td colspan="2">与市场的结合</td></tr>
<tr><td>松</td><td>紧</td></tr>
<tr><td rowspan="2">与第三部门的结合</td><td>紧</td><td>市场无利
无收入产生的活动</td><td>社会商业
社会使命与市场联系紧密</td></tr>
<tr><td>松</td><td>社会创新
有计划地实现社会价值和有收入产生的活动</td><td>履行社会责任的企业
社会价值创造活动</td></tr>
</table>

资料来源：Mair 和 Schoen（2007）

三、社会企业的定义

社会企业如果定义较宽松，主要考虑希望在较少的限制下，社会企业得以自由地发展，鼓励社会企业的设立。然而，也有学者提出应对社会企业做较严格的规范，从严定义，这样可避免其假借社会企业之名，在未改善社会问题的状况下，反而借由消费者的爱心获取更高的利润。

社会企业主要是由经济合作与发展组织（Organisation for Economic Co-operation and Development，OECD）的 15 个成员国（比利时、意大利、芬兰、法国、西班牙、德国、葡萄牙、爱尔兰、英国、瑞典、奥地利、美国、加拿大、新西兰及墨西哥）所发展出来的新概念。OECD 出版的《社会企业》（*Social Enterprises*）一书指出，社会企业是指任何可以产生公共利益，具有企业精神策略，其目的不是利润最大化，而是实现特定的经济或社会目标，而且有助于解决社会排斥及失业问题的组织。

社会企业大致可以区分成“获取财源为主”与“公益导向为主”两种形态，OECD（1999）归纳出社会企业的 11 项特征如下：①采取不同的合法组织形态（如合作社或社团）；②富有企业精神；③不得进行利益分配，但可以进行再投资以实践企业的社会目标；④强调利害关系者而非股东，重视民主参与及企业化组织；⑤兼具经济与社会目标；⑥强调经济与社会创新；⑦体察市场法则；⑧经济持续性；⑨高度的财务自主性；⑩对未被满足的社会需求的回应；⑪是劳动力密集的活动。

美国和欧洲学者介绍了一些社会企业的定义（OECD，2003；Peattie and Morley，2008），见表 1-5。这些定义的共同特征有：社会企业处于市场与非营利组织的交界面（interface），是这两个部门的重叠部分。营利公司与市场紧密相连，其特征是财务绩效是底线，底线就是指最为关注的事情。非营利是根据没有分配限制的标准来界定。这个概念可以追溯到美国法律经济学家亨利·汉斯曼（Hansmann，1996）的非营利组织的诚信理论（trustworthiness theory）。对于财务绩效底线而言，绩效是相对容易测量的；在非营利组织中，绩效测量就变得不容易。

表 1-5　社会企业的定义

学者或组织	定义
Tracey 和 Jarvis（2007）	创新地融合社会福利逻辑与商业化逻辑，为社会问题提供了可持续的解决方式
Dacin 等（2010）	采用商业化的方法为社会问题提供创新的解决方式，发展过程中兼顾经济利益和社会价值的创造
Yunus 等（2010）	社会企业是没有亏损、没有分红的公司，完全致力于完成社会目标
欧洲委员会	社会企业介于传统私人领域和公共领域之间。尽管没有统一认可的定义，但社会企业的主要特征是社会目标与私人领域企业家精神的结合。社会企业关注于他们的业务，同时把盈余再投入到实现更大社会、社区目标的事务中
意大利政府	如果要被认可为社会企业，必须同时符合以下条件：①必须是私人组织；②必须以一种企业家方式提供社会所需产品和服务；③以追求公共利益，而不是私人利益为目标
伦敦社会企业	社会企业是为社会目的而经营的有竞争力的企业。它们通过建立市场份额和获利来寻求事业的成功，强调员工、客户和社区的长期利益，采取优秀的变革行为把人们和社区相结合一起为经济发展和社会收益而努力
OECD—地方经济和就业发展（local economic and employment development，LEED）项目	社会企业在 OECD 成员国中采取不同的法律形式，以企业家精神的方式追寻社会和经济目标。社会企业典型地致力于为弱势群体和社区提供社会服务和工作整合服务，不论在城市或农村地区。此外，社会企业也提供社区服务必需品，包括在教育、文化和环境领域
社会企业家协会	社会企业：任何组织，在任何部门，采取赚取收入战略来追求双重或三重底线，即是单独的（作为社会部门的企业）或者作为混合收入流的一部分，包括慈善贡献和公共部门津贴
Galera 和 Borzaga（2009）	社会企业的三个最显著的特征是追求社会目标、非营利分配限制、以开放和参与治理的模式给予利益相关者所有权和控制权而不是投资者
Short 等（2009）	通过创新性地实践解决社会问题、满足社会需要，不管是否具有营利目的
Zahra 等（2009）	通过创造新的组织形式或改变现有的组织实践来发现并开拓市场机会、提供创新性的产品和服务，从而满足社会需要

续表

学者或组织	定义
Young（2001）	社会企业是在市场上通过私人组织的运作方式来达到社会目标的
Chell（2007）	社会企业不断地创造和追求机会，不考虑受到当前资源的控制，通过不断地再投资到企业来确保其可持续能力和社会价值以创造财富
Mair 和 Martí（2006）	采用创新的方式整合各种资源、创造社会价值，满足社会需要或促进社会变革
Austin 等（2006）	具有创新性，是社会价值创造的过程；组织形式多样化，跨越非营利组织、商业组织和政府部门多个领域
Weerawardena 和 Mort（2006）	社会企业应该努力通过创新精神，整合资源，发挥企业永续的能力，来解决社会、环境和经济几个方面的问题，实现社会价值的创造。
Thompson 和 Doherty（2006）	社会企业简单地定义为寻求商业的办法解决社会问题的组织。它们需要与其他社会导向的组织区分开来，积极地为社区带来（有时是显著）利益，但不想成为或寻求成为“企业”
非营利企业协会（Virtue Ventures）	社会企业是以社会目标为目的一种商业企业——减轻或减少社会问题或市场失灵，在运作过程中表现为经济自律和创新性，同时以私人部门经营为决策机制来创造社会价值
伯明翰社会经济财团（Birmingham Social Economy Consortium）	社会企业是非营利组织，通过投入经济和贸易活动来寻求达成社会目的，有合法的结构以确保所有资产和累积的财富不为个人所拥有，以信托的方式关注企业社会目的的目标受益人，组织的结构体现出鼓励所有参与人的合作，并拥有平等的权利
Dart（2004）	社会企业有一种创造和支持社会价值的使命（不仅仅是私有价值），认知和不断地追求服务这种使命的新机会，致力于持续地创新、适应和学习的过程，没有受到手中当前资源的限制而大胆创新，展现出对所服务的赞助者和创造的成果的高度责任感
EMES	社会企业是非营利性的私人组织，提供直接与其使社区受益明确目标相关的商品或服务，它们依赖于集体动力，治理机构中包括不同类型的利益相关方，高度重视自主权，承担与其活动相关的经济风险
Crossan 等（2004）	社会企业是受社会使命、目的驱使的组织，采取经济商业模式达成社会目的
Mort 等（2003）	创业的社会使命；面对道德、利益等问题时，社会创业者的行为与目的保持一致；创造社会价值的机会感知和识别能力；社会创业者在推动进程的关键决策中具有创新性、行动超前性和风险承担能力
Pearce（2003）	社会企业是有社会目的的组织，为了达到社会目的（或至少部分）而进行贸易活动，对个人不分配利润，对社区进行投资，在组织治理方面体现出对支持者的民主，作为独立的组织承担明确支持者和广泛的社区的责任
Peattie 和 Morley（2008）	社会企业与其他组织的区别在于它同时具有两种属性：第一，在市场中销售商品和服务。所以社会企业是企业，而不是志愿组织或社区组织。第二，社会目标优先。社会企业的首要目标在市场经济的产出之外，而不是增加利润或谋求自我发展
Fosfuri 等（2016）	社会企业是需要平衡社会价值和商业价值可持续的混合组织
Chan 等（2017）	社会企业并不一定要实现商业盈利，而是通过外部捐助等多种渠道实现可持续发展，解决社会问题是唯一目标
英国贸易和工业部（Department of Trade and Industry）（DTI，2002）	社会企业是把社会目标放在首位的企业，其盈余主要用来再投资于经营活动或社会/社区，而不是为股东或所有者的利润最大化

续表

学者或组织	定义
Smallbone 等（2001）	竞争的企业，承认社会目的，并为此目的而贸易
Bates（2001）	简单讲，社会企业是通过贸易活动达成社会目的的组织，使用商业的工具和技术明确地达成社会目的……社会企业不是由其法律地位所定义而是由其特性所定义：所做的事情具有社会目的性，其使命是基于社会所有权和治理的形式，采用的是通过贸易活动获取利益的方法
Evans（2001）	社会企业试图获取利润，但运作不是基于个人的获利，运用其所创造的盈余去进一步完成社会目标，把人放在第一位，通过积极活动，寻求实践员工机会和其他社会、环境或社区利益
OECD（2003）	社会企业是介于公私部门间的组织，其主要形态为利用交易活动以达成目标及财政自主的非营利组织，除采取私营部门的企业技巧外，也具有非营利组织强烈社会使命的特质，社会企业的主要形态包含员工拥有的企业、储蓄互助会、合作社、社会合作社、社会公司、中型劳工市场组织、小区企业及慈善的贸易部门，其主要活动包含两个领域：训练及整合被劳动市场排斥的员工；传送个人及福利服务
Schuyler（1998）	社会企业家是强有力的理念的开拓者，他们是采取创新的方法来解决社会问题和其他问题的人，他们是先行者，能够以企业家的精神同时满足社区需要并得到更多财务上的支持
Dees（1998）	永不疲倦地追求新的机会来创立持久创造社会价值的事业；不断创新、修正和改进；不受当前资源稀缺限制大胆行动
罗伯特流浪者经济发展基金会（Roberts Foundation Homeless Economic Development Fund，1996）	社会企业成立的目的是对低收入群体创造经济发展机会，但同时必须满足财政收入的底线
非营利企业及自给小组（Non-Profit Enterprise and Self-sustainability Team，NESsT）	非营利组织运用种种企业或经济自给的方式来创造一些收入，以此来支撑它们的社会目标
中华人民共和国香港特别行政区政府	通常，一个社会企业是一种实现特定社会目标的商业，如提供服务或者社区需要的产品，为社会弱势群体创造就业和培训机会，保护环境，通过挣得的利润资助其他社会服务。社会企业的利润主要用于其追求的社会目标上的业务再投入，而不是在股东中分配。主要是期望“非牟利团体”，从事一盘“生意”，以达到提供社会某些需要的社会目的
澳大利亚阿德莱德中心（Adelaide Central Mission）①	集合一群人，利用基于市场的办法建立一家企业，以解决社会问题。它的特征是：创造力，商业，重群体而非个人利益。它是一种创造性的行为，使得社会、经济、服务业、教育、雇员或者其他群体从中受益
英国社会企业联盟（Social Enterprise UK，SEUK）	运用商业手段，实现社会目的
中国香港社会企业资源中心	社会企业不是纯粹的企业，也不是一般的社会服务。社会企业通过商业手法运作，赚取利润用以贡献社会。它们所得盈余用于扶助弱势社群、促进社区发展及社会企业本身的投资。它们重视社会价值，多于追求最大的企业盈利

① 转引自：蔡凌萍. 2010. 新的企业模式——社会企业初探. 天津大学硕士学位论文：8.

续表

学者或组织	定义
日本内阁府（2015）	指无论何种组织形态，包括营利性或非营利性的，以从民间市场获得收入为主，以社会问题的解决为事业主要目的的事业者。具体要素包括：企业利润主要用于再投资，股东的利润分配低于全部利润的 50%；事业性收入占组织整体收入的 50%以上；事业性收入中来自公共保险（医疗或护理保险等）的收入低于 50%，来自政府依托事业的收入低于 50%等
Bornstein（2004）	将“社会企业”界定为“无数受各种变革使命驱动，寻求解决社会问题的创新途径的总称”，是解决不为公共部门或商业手段所能回应的社会问题的有效途径
余晓敏等（2011）	受社会目标驱动的商务事业或经济活动，实现社会目的的商业活动
尼森（2014）	从经济标准和社会标准提出了一个社会企业的理想模式，指那些具有造福社会这一明确目标的组织，该类组织由公民团体自发组成，且资本投资者的物质利益往往有限。同时，极其重视自身的自治性，以及它们在实时变动的社会经济活动中所承担的经济风险
俞可平（2007）	社会企业是为以公益性社会服务为主要目标的企事业单位，运用市场手段解决社会问题、创造社会效益与经济效益共赢，体现了社会创新理念的新型组织形式
时立荣等（2014）	社会企业是一种以企业战略和社会目的为共同特征的性质双构性实体组织，它以社会性价值选择为目标，提供具有经济和公益双重功能的产品和服务
王名和朱晓红（2010）	一种介于公益与营利之间的企业形态，是社会公益与市场经济有机结合的产物，是一种表现为非营利组织和企业双重属性、双重特征的社会组织

谢家驹认为，“social enterprise”是指社会企业，“social entrepreneurship”则不太好翻译，大致意思是社会产业。后者除了包含前者之外，还包含如慈善团体、非政府组织等机构。戴维·伯恩斯坦在《如何改变世界：社会企业家与新思想的威力》一书里指出，很多人是社会企业家，但创办的并非都是社会企业。例如，全球领先的社会企业家培育组织阿育王，在全世界大概有 3000 个伙伴，粗略来讲，其中只有一半是社会企业。

中国台湾地区行政管理机构于 2014 年 9 月公布《社会企业行动方案》，使社会企业在台湾地区受到重视，但仍处于萌芽阶段，其中提出有关社会企业的说明兼采广义及狭义操作型定义，如表 1-6 所示。台湾经济事务主管部门的社会企业行动方案中，将社会企业定义为“解决特定社会问题为核心目标的创新企业组织，透过一般商业营运，而非捐赠的模式，在市场机制中自给自足。其不仅可以增加就业机会，也可以达到社会公益的目的，以平衡社会发展”。此外，台湾经济事务主管部门的社会企业行动方案，将社会企业定义为广义及狭义操作型。广义操作型定义，在组织特性上，同时追求社会与经济利益，以创造社会影响力为其主要目的，可以一般营利事业或非营利组织的形态存在，其公益目的的类型多元，包含关怀弱势、所在地发展、环境保护或公平贸易等。目前，台湾经济事务主管部门的立场是采用广义操作型，使社会企业以营利组织或非营利的形态存在。

表 1-6　台湾社会企业广义及狭义操作型定义

广义操作型定义	狭义操作型定义
指以商业模式解决特定社会或环境问题的组织，其所得盈余主要用于本身再投资，以持续解决该社会或者环境问题，而非单纯谋求出资人或所有者的最大利益	①组织章程应明确以社会关怀或解决社会问题为首要目的 ②每年会计年度终了，财务报表须经会计师查核验证，并应申报及公告其社会公益报告 ③组织当年度可分派盈余应至少有 30%保留用于社会公益目的不得分配

资料来源：《社会企业行动方案》（2014 年）

Short 等（2009）回顾社会创业有关的文献，认为社会企业包括了八个领域：①创业（如机会的发现、创造与运用及如何创造绩效与新市场的进入等）；②公共与非营利管理［如非营利组织如何减少社会问题（或病态）及辅助政府的行动，政府如何强化社区对社会议题、法规与规划的知晓］；③管理的社会议题（如组织与社区、公司治理、劳资关系、天然环境、人权、组织安全、公司社会责任等）；④创业与非营利的交集（如创造一个新的非营利组织来满足未被满足的社会需求）；⑤创业与管理的社会议题的交集（如公司社会创业、社区基础的创业）；⑥公共管理与非营利管理的社会议题的交集（如探讨现有非营利组织与公共部门的组织对社会政策与计划的执行）；⑦前述①、②、③的交集（如注重创造与平衡社会与经济的新价值，以有利于集体大众）；⑧环境背景（context）（如新生公司的出生率；文化、经济及市场的影响）。

从以上的研究文献可以看出，无论是社会企业或社会创业，都是不容易被定义的“现象”（Johnson，2000）。Cho（2006）认为“社会”这个内涵复杂的概念，虽然在理解“社会企业”或“社会创业”本质时，应扮演极重要的角色，可是大部分定义却往往着重在“企业”或“创业”概念，如创新、管理、获利能力等，而忽略了对“社会”概念进行定义。Cho 在其研究中还提醒，若是缺乏对“社会”的理解，会导致忽略社会与“企业”或“创业”之间可能存在的冲突。其更指出社会企业或创业家需要对他们行动或工作的“价值”面向有关键性的认识，只有这样才能确保其行动与社会目标一致。正如前述众多学者所提及的，社会企业或社会创业之所以是社会企业或创业，是因为它们肩负“社会”的使命，但在对这两个概念进行定义时却用“社会”来描述“社会”，对社会价值的本质和内容略而不谈，因而陷入一种套套逻辑式的定义。

一项关于欧洲的社会企业的比较研究表明，在不同国家，社会企业的意义、地位、政策和实际运营都有很大差异。一些国家，如比利时、芬兰、法国、意大利、波兰、西班牙和英国，它们已经采取了特殊的法律形式，而在其他国家，如瑞典，这些社会企业不得不遵循更普遍性的法规。总之，社会企业目前并无统一的定义，其定义随时间及地域而有不同。

第二章　社会企业的认证与类型

从英国到美国、从韩国到印度，全球都在掀起一股社会创业的热潮。众多社会创业者的亲身实践不仅推动了社会创业理论的发展，同时也留给我们许多值得借鉴的宝贵经验。

社会企业认证是对社会企业这一概念的操作化，设计一些可衡量的指标识别社会企业。王世强（2012b）认为，社会企业认证是促进社会企业发展的必要环节，同时也是一种国际发展趋势。一方面，需要明确“社会企业是什么不是什么”，认证让社会企业清楚“我是谁”，可以构建独特的品牌价值和提高建设能力。另一方面，认证让行业内人士明白“我们是谁”，是建立行业标杆、提高行业规范的重要方式。消费者可以更好地购买高质量、更丰富的产品与服务。对整个社会而言，社会企业认证能够在社会使命完成方面，引导社会资本朝社会性方向流动，激励民间力量积极解决社会问题。

第一节　社会企业相关概念的区分

社会企业是一种混合型组织，或被称为“正在兴起的第四部门”，既要与非营利组织竞争资源，又要与商业组织争夺市场，其组织边界容易模糊，公众难以形成清晰的认知。社会企业与营利组织抑或商业企业的边界在哪里？社会企业与企业慈善、企业社会责任是否一致或如何区分？为了更加清晰地理解社会企业的特征，很有必要对以上相关概念进行辨析。

一、社会企业与非营利组织

在政府、商业组织以外，志愿发起正式组织化的非营利组织，如基金会、协会、合作社，又称为第三部门、志愿部门。非营利组织不追求利益获取，而是通过非营利的独立精神表达社会概念，创造公共物品。中文的学术文献一般将其称为非营利组织，在党和政府的文献中称为社会组织，在对外交往中，使用非政府组织。这些不同称谓，主要是强调组织性质的不同侧面，非营利组织强调其非营利的一面，即与营利组织或企业组织的区别，非政府组织则强调非政府或民间性的一面，即与政府组织的区别。20 世纪 90 年代，在美国，非营利组织为降低募资的依赖性，鼓励创业家精神，在财务上自给自足以永续经营，展开营利的生意的风气尤甚，结果多不尽理想。其实非营利组织赚钱的现象早已存在，如大学、医院，新的现象是开启较多元的生意，但因非营利组织对财务报酬预期太高，对营利生意有着不切实际的乐观，其不仅在财务上少有获得，徒费珍贵人力与资源的付出，甚至在追求利益的过程中会破坏了社会使命的核心价值、所企求的共善。实际上，"非营利"的含义，并不是经济学意义上的无利润，更不是不讲经营之意，而是说这种组织的经营、运作目的不是将获取的利润用于个人分红，而是继续用于实现组织的使命。所以非营利组织的运作所需资金，除了来自政府、企业和个人的捐赠，也可能通过出售产品和提供服务来获得。简单讲就是，非营利组织可以盈利，但不能营利。

社会企业被认为是介于传统的政府部门、非营利组织和商业之间的中间部门，比政府更加有效率，比非营利部门更加具有可持续性和创造性，比商业企业更加慷慨（generously）。社会企业并非单是非营利部门或者社会经济的一个新发展，而是超越了这两个概念的一种新的组织形态。

"第三部门"（third sector）这一概念是由现代营销学的奠基人之一西奥多·莱维特（Theodore Levitt）在 1973 年提出的，是处于政府和私营企业之间的社会组织，强调其独立性，即与政府和私营企业的区别。相较于政府组织，它们是非政府组织；相对于营利组织，它们是非营利组织。萨拉蒙概括了第三部门的五个特征——有正式的组织形式（formal organization）、非政府性（nongovernmental）、非营利性（nonprofit-distributing）、自治性（self-governing）和志愿性（voluntary），这些特征成为判断第三部门的基本标准。社会经济（social economy）的概念最早由法国经济学家蒂埃里·让泰提出，是指以第三部门为主体，广泛吸纳失业者在社区服务和社会服务组织中就业的一种以社会效益最大化为使命的经济形态。社会经济包含非营利组织、社区组织和社会企业在内，社会企业只是其一部分。社会企业与它们有着本质上的区别（表 2-1），从一定程度上来说，社会企业是我国第三部门发展的必然趋势。

表 2-1　社会企业、社会经济与第三部门的比较

维度	社会企业	社会经济	第三部门
组织范围	有限定条件（利润最终用于社会目标）	各种作用的大量组织（社区服务与社会服务组织）	各种作用的大量组织（非政府组织、非营利组织）
组织类型	合作社、社区组织、慈善组织的商业机构等	合作社、社区企业、住房协会等团体	各种社团组织、慈善机构、社会福利机构及科研机构等
运行机制	商业运作，获取竞争优势	公平优先，兼顾效率	
目标聚焦	环境、社会需要	社会就业	公共管理

续表

维度	社会企业	社会经济	第三部门
状态	动态	静态	静态
生存机制	自给自足	政府支持	社会捐款与公益慈善
隶属关系	属第三部门	属第三部门	
创业（新）水平	最高	较高	一般

二、社会企业与企业慈善、企业社会责任

（一）社会企业与企业慈善

就企业慈善（corporate philanthropy）而言，从组织形态的角度，Young（2001）认为，社会企业是指营利企业运用部分资源，以促进社会事业，提升公共形象。从根本上来说，企业慈善组织（corporate-philanthropist organization）是商业企业，其底线是营利。作为一个以营利为目的的企业，企业慈善的设计是为了公司更加有效地运转。采取企业经营策略，企业慈善依据“开明的自利”（enlightened self-interest）准则运作。Smith（1996）也认为，企业慈善在本质上仍是赚取利润的企业，其所从事的慈善活动，如提供补助、鼓励公司员工担任义工，或与非营利组织共组合资企业（joint venture）等，皆只是企业的一种策略选择，故企业慈善乃是一种策略性慈善（strategic philanthropy）。换言之，企业所从事的慈善活动，就长期而言，对于员工生产力、公司产品的营销，以及提升公司的社会形象，皆将有所助益。

企业慈善最大的利益在于塑造企业的公共形象、强化商誉及大众对企业的认识程度，因为消费者对于企业慈善形象的认知，其间接效应在于增加对企业产品的购买意愿；而就非营利组织而言，企业慈善的主要诱因在于可以增加额外的资金，这些资金主要来自一些有声誉的企业，其认同某一些值得生产的善因，并且能够改善非营利组织未来的募款能力。因此，企业慈善捐赠是企业自愿将部分所得无偿捐献给社会的一种道德行为，企业慈善的内涵要小于企业社会责任，企业慈善可以看作企业社会责任行为的一部分。

（二）社会企业与企业社会责任

企业社会责任的概念最早于 1924 年由英国人 Oliver Sheldon 提出。Sheldon（1924）将企业主动履行社会责任的思想引入关于企业社会责任的定义和模型后并未立即引起广泛的讨论。企业社会责任的定义与社会企业一样，众说纷纭，

没有定论，有关企业社会责任的定义相当多，简言之，就是公司经营者是否应该把公司称为社会一份子，其决策需要顾及整个社会的利益。相比较而言，社会企业本身就是为制衡此种风险与影响而存在的企业，其作为并非是承担企业社会责任，而是其本身设定的目的、经营目标就必须是善尽社会责任，两者不可混为一谈。

企业社会责任自 20 世纪 70 年代以来才受到欧美的主流社会接受和推崇，原因在于经济全球化过程为世界带来巨大财富的同时，也带来了世界发展的不平衡。企业社会责任是指“在自愿的基础上，企业在它们的经营活动中纳入对社会和环境问题的关注，并能就这些问题与它们的利益相关者进行交流”。于 2005 年第三次修订的《中华人民共和国公司法》第五条规定“公司从事经营活动，必须遵守法律、行政法规，遵守社会公德、商业道德，诚实守信，接受政府和社会公众的监督，承担社会责任”，首次明确了企业社会责任的法律属性。

一般将企业社会责任的内容四阶层化，包括经济责任（economic responsibilities）、法律责任（legal responsibilities）、道德责任（ethic responsibilities）与慈善责任（philanthropic responsibilities）。经济责任表示企业制造商品、提供服务，以合理的价格销售；法律责任指企业服从相关的法规，在法律的监控下运作；道德责任与法律无关，在法律没有规范的缺漏中，企业遵守社会期待的道德操守，建立行为守则、加强内部监控、举办定期培训从而提升员工的道德标准，达到为更多人带来最大利益、最小伤害的目标；慈善责任是企业自愿、无条件地反馈社会。联合国为企业投资主体制定了基本准则——责任投资原则，这项原则已在 2006 年 4 月 27 日正式启动。

Aguilera 等（2007）认为，企业承担社会责任可分别从法律、经济和道德方面对企业有利。在法律方面，企业通过捐赠可获得税赋减免优惠；在经济方面，企业社会责任有利于企业建立正面的形象，赢得更多消费者的认同，并增进产品购买意愿；在道德方面，由于企业社会责任的正面效益，有助于全体员工建立“幸福企业”感，增加员工对于企业的向心力，减少员工流动率。也就是，企业社会责任本身可以认为是社会营销策略，为提高营利产生的行为，即以“开明的自利”作为经营准则。例如，在公司构架内成立义工队、将部分利润用作慈善用途。不过，即使加入社会因素，企业以最大利润为目标的本质也不变。而社会企业却是从一开始便以社会效益为核心目标，商业营运只是用来支持社会使命持续下去的方法。对社会企业来说，社会效益并非责任，而是使命和目标，是社会企业的核心所在。截至 2013 年，中国的央企实现了“企业社会责任报告”发布的全覆盖。然而在中国，社会责任这一术语比社会企业更为人所知。许多中国的大企业（包括国有和私营）开始接受企业社会责任的概念，其中一些甚至建立了企业社会责任部门。从某种程度上说，中国已经步入高度重视社会责任的新时代。党的十九大报告再次提出，要强化社会责任意识[①]。用习近平总书记的话说，“只有富有爱心的财富才是真正有意义的财富，只有积极承担社会责任的企业才是最有竞争力和生命力的企业”[②]。

有些企业领导认为，只要在自己的公司建立企业社会责任部门或捐款，这样公司就变成了社会企业。友成基金会 2008 年内刊把清华大学旁边的一家热狗店（因为它每年捐赠 20%的利润用于扶贫）作为社会企业的例子来报道，但这显然不符合社会企业定义。在中国要澄清这个概念，提高大家对社会企业的认识，仍然有很多工作要做。

创新是区分社会企业与其他组织的一个重要特质。企业社会责任不一定代表创新，实际上可能只是将企业实践与一些长期存在的标准结合起来（包括法律），从而缺乏创新性。

社会企业以实现社会目标为使命，它创造经济效益是为了完成这个使命，因此它至少将获得的一部分利益继续投入项目中，而不是都分给股东，企业社会责任则以实现私人目标和社会目标为使命。

社会企业与企业社会责任的竞争手段不同。按照企业社会责任的概念，企业社会责任的推动者意在通过企业社会责任来矫正过分逐利行为导致的社会问题。而社会企业虽然是以企业化管理方式经营，自负盈亏，企业最终以实现社会公益为目标，是市场运作与道德规范兼顾。基本准则方面是与目的联系密切的。关注的股东是一样的。社会企业与企业社会责任的比较参见表 2-2。

表 2-2　社会企业与企业社会责任的比较

比较	社会企业	企业社会责任
目的	解决社会问题，实现社会目标	企业为了维护企业形象，塑造企业品牌，或者为了规避法律风险
竞争手段	市场运作与道德规范兼顾	以声誉、形象、道德取胜
准则	营利所得用于社会目的	企业营利为前提下提高企业形象
股东	股东、当地社区、政府或范围更广的社会	股东、当地社区、政府或范围更广的社会

企业的经济价值与社会价值之间是相互推动、良性循环的，共享价值是新时代企业的本质目的，被定义为能增强企业竞争力的策略及运作模式，可同时提高和改善其业务所在地区的经济条件与社会条件。在过去，资本主义把商业对社会的贡献狭隘地视为利润、报酬、投资，以及其所带动的税收。衡量一个企业的成功，通常只需要看企业所花费的资金和所产生的商业利益。而共享价值的概念重

① http://sh.people.com.cn/n2/2018/0313/c134768-31338145.html。

② 习近平. 在网络安全和信息化工作座谈会上的讲话（2016 年 4 月 19 日）. 光明日报，2016-04-26（02）.

新证明了资本主义对商业的理解，为更好地使企业的成功和社会进步联系在一起，我们提供了许多方法来满足新需求，实现更高效率达成差异化，并且开拓广阔的市场。带有社会目标的企业利润，呈现出资本主义更高形式，最终创造出一个促进公司和社区繁荣的良性循环（Porter and Kramer，2011）。共享价值不是社会责任，不是慈善，甚至不是可持续发展，而是达成经济成功的新方式。企业社会责任理论是社会负责型企业产生的重要理论基础，也从另一个侧面为社会企业的产生提供了理论支持。

三、社会企业与国有企业、福利企业

在我国，国有企业和福利企业在组织形式上与社会企业较为相近。国有企业顾名思义是归国家所有的一种特殊企业，其资本全部或主要由国家的投入形成，具有营利和公益的特点。营利性表现为追求国有资产的保值和增值，利润上缴国家财政；公益性体现为实现调节国家经济的目标，是为了国民经济的总体和长远发展或者其他方面的国家和社会利益，政府的意志和利益决定了国有企业的行为。

我国的福利企业是集中安置残疾人就业的主要渠道，其在保障残疾人劳动权、平等参与权、营造有利于残疾人身心健康的就业环境、对残疾人集中管理、缓解社会矛盾、减轻公共财政压力、推动地方福利事业等方面发挥着重要作用。以2007年民政部印发的《福利企业资格认定办法》和财政部、国家税务总局联合出台的《财政部国家税务总局关于促进残疾人就业税收优惠政策的通知》为分界点，福利企业的资格认定和税收优惠政策发生了一些变化，标志着福利企业的发展进入新时期。福利企业从“国营和集体企业”的范围扩大到一切企业，且不再由“民政部设立的专门机构管理”。实际上，《福利企业资格认定办法》的出台，表明官方不再使用“特殊企业”一词对福利企业特别定位，把福利企业定位为商事企业。福利企业也具有经济性与社会性的双底线。考察福利企业的历史可知，福利企业具有社会性的底线。残疾人事业“由家庭承担转向由政府、家庭和社会共同分担”的责任转化是福利企业产生与存续的重要原因。因此，作为社会福利的一部分，完全依赖市场提供公益服务是不稳定的且带有风险的。某种程度上，政府通过税收优惠等政策对其进行扶持也是提供公益服务的一种形式。福利企业承担着本该由政府承担的部分责任——以企业运营形式来实现社会公益目标（残疾人就业的社会使命）。企业只是载体，残疾人福利为最终目标。

四、社会企业与社会资本

社会资本（social capital）是指社会上个人、团体、社区等不同层面的单位联系与合作，形成凹凸效应，通过互相辅助，共创一个平台及跨界别的联系，从而产生非金钱的资源，简单的如邻里间和睦相处、守望相助。

社会企业是通过营运来达成社会使命的机构或企业，当然企业也可以因为人际网络而产生凹凸效应，事半功倍，让各参与单位相互效力而进一步强化社会资本。例如，售卖公平贸易产品的社会企业，保障了生产者的利益，令消费者不会变相鼓励剥削原始生产者，同时促进社会和谐，创造更广泛概念的社会资本。也就是说，可以把“社会企业”理解为创造社会资本的工具，但社会资本并不一定通过社会企业去创造，其他的途径包括企业社会责任、公民教育，甚至良好的社会规划，但凡有益于社会跨界共融的也可以是积累社会资本的途径。

从个人企业家设立社会企业的经验来看，相比其他企业，社会资本毫无疑问在社会企业中所扮演的角色更为重要，主要有以下三个原因。

（1）社会资本与社会企业相匹配：社会企业多元目标结构的特征，不单与经济目标挂钩，同时它也与其他非经济目标的发展相关。事实上，很多社会企业都体现了其社会定位的一面，并且很大程度上进行了关系网建立及游说活动，这些行为不再是为了获得单纯的经济效益，同时产生了社会资本。这一社会资本的创造本身就可能是社会企业的目标。

（2）社会企业的多元利益相关者结构中，由利益相关者委员会代表不同类的群体，在社会企业内部、社会企业之间及其外部环境中促成多方联系。这种联系所产生的社会资本主要依靠两种途径：一是借助于多方利益相关者委员会通过成员间的内部联系；二是通过创建与外部环境之间的联系。

（3）志愿者的运用显示社会资本是如何在企业中被转化为其他资源的。

五、社会企业与社会创业

社会创业（social entrepreneurship）是指以财政可持续的创新方式解决社会问题的创业。社会创业是一种过程或行动，是使用创新手段和进行资源整合促进社会变革和解决社会需要的过程。社会企业可以被认为是从事社会创业活动的组织，或者说社会企业是社会创业活动的组织载体，而社会创业活动就是创办和运营社会企业的活动，是社会企业提供新产品和服务实现社会目标的过程。尤努斯和韦伯（2011）按照社会企业的社会动机学派的定义对这两者的关系进行了说明，社会创业是一个非常广泛的概念，任何对人们有帮助的创新举措都可以称为社会创业，这种创新举措可能是经济性的，也可能是非经济性的。为患者提供免费医药可以认为是社会创业的例证，也就是说社会企业是社会创业的一个子集。那些设计和经营社会企业的人都是社会创业家，但是并不是所有的社会创业家都致力于社会企业。

事实上，美国绝大部分非营利组织都运用某种“有偿服务”模式来弥补一部分运营成本，如私立学校和大学、医院、表演艺术团、博物馆等。据统计，在公共慈善组织（不包括宗教组织）的资金来源中，赚取的收入已经超过捐赠的收入。中国民办学校也基本是这样。但是过于强调商业化倾向的创收已经让人产生了该如何区分企业和创业的困惑。Dees 等（2001）提醒我们，“很多赚取收入的行为一点也不具备创业性质。例如，仅仅因为一家大型医院的礼品店和停车场的高额利润与病人支付的费用构成了创收的绝大部分，而赋予其社会创业美名的做法显然是非常荒唐的。不过，将创收作为社会创业的标准还是具有逻辑内涵的。高水平的创收时常不是由创新带来的，也不一定和高水平的社会影响有关系”。

六、社会企业与公益创投

公益创投（venture philanthropy）这个术语最早可以追溯到 20 世纪 60 年代的美国，但是直到 90 年代这个术语才开始变得流行起来，并引发了对于基金会高度参与的捐赠基金这种新模式的争辩。欧洲公益创投协会（European Venture Philanthropy Association，EVPA）给公益创投的定义是，旨在建立更加强大的社会组织，它通过向公益组织提供财务和非财务的支持，扩大组织的社会影响力。被支持的组织可以是慈善机构、社会企业或社会效益驱动型的商业，具体的组织形式以特定国家的法律和文化规范为准。一份由 Letts 等（1997）联合撰写的一篇发布在《哈佛商业评论》上的极具影响力的文章中，质疑了基金会采用风险投资的方式投资于社会目的型组织的机构是出于其自身需要而并非组织本身需要。风险投资理念的两个关键因素在于：首先，风险投资获得的是长期资金（一般三到五年）；其次，风险投资家会介入社会企业的战略管理，以实现社会效益的规模化。

20 世纪 90 年代以后，公益创投在欧美国家得到了飞速发展。2006 年中国大陆出现了最早的公益创投典型代表——“新公益伙伴”。2014 年底，国务院专门出台的《关于促进慈善事业健康发展的指导意见》中特别提到“地方政府和社会力量可通过实施公益创投等多种方式，为初创期慈善组织提供资金支持和能力建设服务”，第一次将“公益创投”写入政府文件，从公共政策层面肯定及明确了公益创投的发展方向。公益创投可以在一系列的组织类型中实现，如慈善组织、非营利组织、社会驱动型商业。图 2-1 显示了一系列拥有社会使命的组织，它们被公益创投组织划为“社会效益为先”或“只关注于社会效益”的组织（包括慈善组织、创造收入的社会企业和以社会效益驱动的商业机构），这些组织又被称为“社会目的型组织”。公益创投拥有 7 个关键特征，具体如下。

（1）高参与：公益创投家（venture philanthropists）亲自参与社会企业和非营利组织的管理。

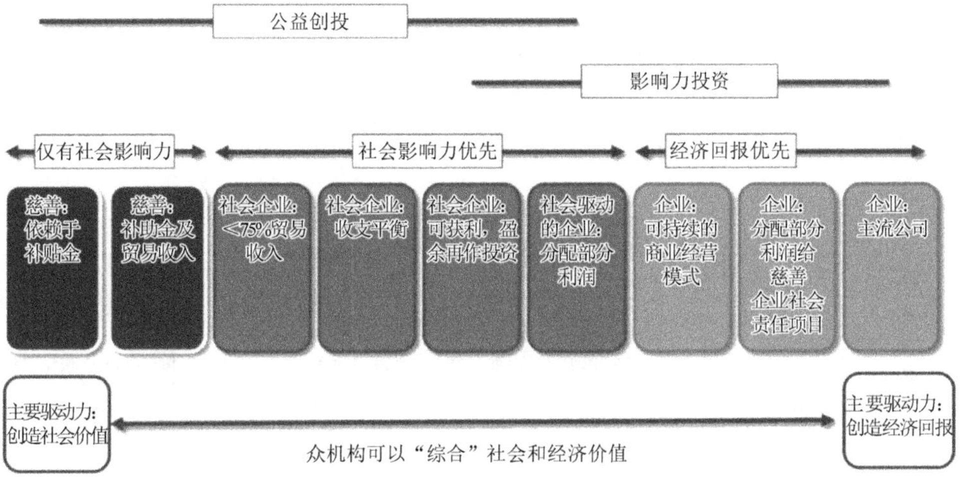

图 2-1　公益创投机构对社会目的型组织投资谱系

资料来源：Chadwick（2014）

（2）组织能力建设：公益创投家关注于建造投资组合整体的运营能力和长期有效性，而非资助单个项目。他们认识到资助核心运营成本来帮助组织实现更大社会影响力和培养投资组织的运营能力。

（3）长期支持：向有限数量的组织提供 3～5 年的支持，在被支持组织具备可持续的财务或运营能力时退出。

（4）非财务性支持：除了财务支持，公益创投家还提供增值服务，如战略规划、市场顾问，以及连接其他资源网络和潜在资助者的途径。

（5）纳入网络：帮助投资对象进入一些网络，让其接触到各种通常具有互补性的技能和资源。

（6）定制融资方案：正如在风险投资中一样，公益创投家采用投资策略为每一个组织制定最适宜的融资途径。公益创投家根据他们的使命和支持的资本类型，在可接受的投资回报范围内实现运营。

（7）绩效衡量：公益创投投资是基于绩效的，它强调好的商业计划、可衡量的成果、里程碑事件的实现、财务问责制度和管理竞争力。

公益创投为社会企业提供融资服务的新型融资模式，也是社会企业发展的助推器。公益创投并非对所有的社会企业都适用，正如风险资本并非始终适用于商业生命周期的所有阶段。一般而言，公益创投最适合于需要资本的注入来实现运营中“阶段性改变”的社会企业。对于一些社会企业来说，公益创投意味着提供资助将它们的运营模型复制到一个新的或是更加广泛定义的目标市场中。对于一些更加成熟的社会企业来说，公益创投资助可能在其组织运营不佳、期望重新设计核心战略或重构运营时是适用的。

七、社会企业与其他商业模式的比较

社会企业与其他商业模式的比较见表 2-3。

表 2-3　各种商业模式的比较

维度	商业企业	公益组织	社会企业
竞争焦点	价格与质量	道德	两者兼有
动机与目标	追求自我经济利益，以实现利润最大化	追求社会利益，以实现社会价值最大化	追求社会利益和经济利益，以实现社会抱负
绩效衡量	利润	社会责任	利润、社会、环境等
终极目标	企业发展	确保为社会做出贡献	以可持续的商业模式实现社会或环境目标
资本获取	资本按市场利率取得	捐款、补助	资本按低于市场利率取得，或是与捐款组合
劳动力获取	按等于或高于市场价格供给	志愿者	按低于市场价格供给，或是与志愿者的组合
受益方付出	按市场价格	零付出	按补贴价格支付，或零支付与市场价格支付相结合
运行性质	经营性	公益性	公益性+经营性
股东	股东	当地社区或范围更广的社会	股东、员工、当地社会或范围更广的社会
环境与社会	承担社会责任（边缘性）	核心使命	核心使命

从上面的分析可看出：①社会企业不是慈善机构，它同时具有社会性和商业性两个特征。②就社会企业的商业性而言，与一般企业并无分别。但成功的社会企业不但要自负盈亏，而且要进一步运用利润和盈余，达到“助人自助”的目的。③一家承担社会责任的公司不同于社会企业。有时公司承担的社会责任会成为一种“附加责任”，往往是为了缓解商业活动所带来的负面影响，而社会企业正在挑战这种商业模式，表明从事有道德的商业活动是出于内心的社会责任，而不是出于一种“附加责任”。④社会企业最大的特点是创新，这是区别于传统非营利组织的根本所在。社会企业必须不断创新，寻找市场空间，提供社会或某些群体所需要但又往往缺乏的服务，所以它们的创意可能比一般的企业要高。

第二节　社会企业标准的系统认证

英美社会企业均无特别的税收优惠，为什么英国和美国还要对它们进行社会企业认证，而且是非常严格的认证呢？社会企业认证的价值在哪里？答案是获得这个认证就可以获得社会对它们的认可，消费者对它们的认可。这种背书对社会企业的发展是非常有利的，美国和英国的消费者愿意进行道德消费。

一、社会企业立法和法律形式

由于各国历史传统和社会条件的差异和对社会企业的理解不同，创建的实体形式有不同取向。借鉴意大利学者卡法基（Cafaggi）和亚米切利（Iamiceli）对欧洲社会企业实体形式的分类，各国社会企业的实体形式可分为三种类型：一是合作社形式，是作为非营利组织的一种形式，如葡萄牙、西班牙、希腊、法国、波兰；二是公司形式，如英国、美国（州）、加拿大（州）。三是无特定法律形式，是在制定社会企业标准的基础上进行资格认定，如比利时、意大利、芬兰、立陶宛、拉脱维亚、韩国等六个国家。这些国家开展了社会企业立法或对法律进行修订（表 2-4）。

表 2-4　世界各国社会企业的立法

国家	法律	实体形式
意大利（1991 年）	No.381/1991 法律	社会合作社
比利时（1995 年）	修改《公司法典》	社会目的公司
葡萄牙（1998 年）	《社会团结合作社特别法》	社会团结合作社
西班牙（1999 年）	《社会倡议合作社法》	社会倡议合作社
希腊（1999 年）	《有限责任社会合作社法》	有限责任社会合作社
法国（2001 年）	No.47-1775 法律修改	集体利益合作社协会
芬兰（2003 年）	《社会企业法》	社会企业
拉脱维亚（2003 年）	《协会和基金会法》	社会企业
立陶宛（2004 年）	《社会企业法》	社会企业
意大利（2005 年）	《社会企业法》	社会企业
英国（2005 年）	《2005 年社区利益公司规定》	社区利益公司
波兰（2006 年）	《社会合作法》	社会合作社
韩国（2007 年）	《社会企业振兴法》	社会企业
美国（2008 年）	各州立法或修改法律	弹性目标公司等
加拿大（2012 年）	修改《商业公司法》	社区贡献公司

资料来源：王世强（2016）

韩国规定使用“社会企业”名称的只能是经官方认定的组织，禁止其他组织使用，但其他国家并不禁止。根据对各国社会企业立法的考察，各国政府主要从组织目标、收入来源、利润分配、资产处置、治理结构等五个维度对社会企业进行认证（表 2-5）。

表 2-5　社会企业的官方认定标准

维度	具体指标	代表国家	举例
组织目标	以为弱势群体创造工作机会为目标	芬兰、波兰、希腊、立陶宛、西班牙、葡萄牙等国	芬兰的社会企业针对的是残疾人和长期失业者两类弱势群体，如果一个社会企业 30%的工作岗位提供给以上群体，政府就会给予补助
	以广泛的社会利益为目标	英国、比利时、法国、拉脱维亚等国	英国规定社区利益公司应在章程中明确追求公众和社区利益的目标，“社区”可以包括英国或其他地区的社区或人群，或者是一个可定义的部门或人群，任何个人构成的群体都可以成为一个社区
收入来源	规定收入来自商业活动的比例	意大利、芬兰、立陶宛、韩国等国	意大利社会企业的主要活动是生产商品和服务，规定商业收入应占总收入的 70%以上
	规定社会企业应进行商业活动	英国、希腊等国	英国规定社区利益公司的主要活动是生产和销售商品或服务
利润分配	不允许利润分配	意大利、拉脱维亚、西班牙、波兰、葡萄牙等国	意大利禁止社会企业的股东和管理者直接或间接分配利润（除合作社以外）
	限定利润分配的最高比例	英国、法国、韩国等国	英国规定了社区利益公司股东利润分配的最高上限，每股分红的最高上限是 20%，利润分配的累计总额不能超过可分配利润总额的 35%
	利润分配不受限制	芬兰、美国部分州等	芬兰的社会企业可以自由分配利润而且不受限制
资产处置	资产归社会所有	英国等国	英国规定社区利益公司遵循资产锁定（asset lock）原则，资产只能用于社区目的，注销后须由其他遵循资产锁定原则的使命相同的结构（如社区利益公司、慈善组织等）接管，并用于社区用途
	可以分配一定比例	波兰、韩国等国	波兰规定社会合作社 20%的剩余资产可以用来分配
	资产自由处置	法国、西班牙、葡萄牙、希腊、立陶宛、美国等国	
治理结构	民主式的治理结构	法国、韩国、希腊、比利时等国	法国的集体利益合作社协会中，员工和受益人必须在董事会中有代表
	公司式的治理结构	英国、美国等国	英国社会企业的法律框架是建立在原有的公司法律基础之上的

通过对这五个维度的考察，可以判定各个国家对社会企业的定位，这也反映出当前各国对社会企业定位的分歧。社会企业是介于非营利组织和商业企业之间的混合型组织，政府在对社会企业进行定位时，需要在这两个端点之间确定一个

位置。其结果是，有些国家（如英国），社会企业更接近非营利组织；另一些国家（如美国），社会企业更接近于商业企业。这体现了各国对社会企业的不同认识和立法初衷。但目前来看，大多数国家对社会企业的定位更偏向于非营利组织一端，认定标准也体现出了鲜明的非营利特点。

二、韩国对社会企业的立法界定

2007 年 1 月，韩国制定了《社会企业振兴法》(*Social Enterprise Promotion Act*, SEPA)，同时颁布了实施规则，为亚洲推动社会企业立法第一个国家。当时政府制定法律的背景，一个是创造可持续的工作岗位，另一个是为很多市民团体或地区的公共主体提供支持。韩国社会企业不是一般名词，是严格的法律概念用语。该法的目的在于期望通过“扩张社会服务、创造新工作机会”的方式，促进社会整合与提升国民生活品质。韩国社会企业还必须获得认证，社会企业需要有一定的组织形式，即法人组织。要实现社会效益，利益相关者参与决策，超过 2/3 的利润用于社会。

为解决亚洲金融危机所产生的大量非固定薪酬制工作（non-salaried job）问题，韩国在 2012 年修正《社会企业振兴法》，并由社会企业促进院（Korea Social Enterprise Promotion Agency）负责社会企业的认证，而且为提高对社会企业的扶持效率，韩国建立了社会企业认证制度，对社会企业进行有选择性的、集中式的扶持。依该法第 8 条的规定，将社会企业分为八大认证指标，包含：①独立自主的组织；②必须是雇用支薪员工的商业活动；③组织主要目标在于实现社会目的；④应包含利益团体参与决策；⑤盈收来自商业活动，且至少 50%用于支付服务及生产的总劳动力成本；⑥应有组织章程及规定；⑦依商业法设立的公司或有限合伙公司，会计年度的可分配利润至少有 2/3 以上，必须用于社会目标；⑧其他依总统令颁布的运作准则。此种强制性的认证方式，搭配较为具体的认证指标，与其他国家采取志愿性、较广义的认证指标有明显的区别。韩国社会企业的规模都不大，约 95%的社会企业雇员人数少于 100 人，尽管如此，韩国社会企业在近年来已经取得了显著的发展，社会企业的数量增长很快。到 2018 年，韩国社会企业组织共计有 2123 家，比 2007 年立法初期的 55 家增长了 37 倍多，并且已达成立法之初政府所设立的社会企业达 1000 家的目标。

韩国社会企业的特点主要表现为三个方面：一是严格定义社会企业类型，仅限于可创造弱势者就业机会的社会企业放宽社会企业组织形态，如公司法人、非营利组织、社团法人、财团法人、合作社均可申请成为社会企业。二是《社会企业振兴法》的立法模式为认证型立法，在法律中明文规定“社会企业”此名称仅限于符合法规要件的企业使用，符合《社会企业振兴法》第 7 条者才可被认证为社会企业。而《社会企业振兴法》第 7 条又订有两个要件：其一，须符合该法第 8 条的认证要件及程序，并获得劳动部的认证（Minister of Employment and Labor）；其二，若劳动部欲授予前项要件的认证，其须将个案提交至雇佣政策委员会（the Employment Policy Council）审议。因此，一个企业是否能被认证为合法的社会企业仍须检视是否符合同法第 8 条的八大认证要件。三是获得社会企业促进院授予的认证标章者可根据《社会企业振兴法》的规定享受非常广泛的优惠和扶持，如设立及运营社会企业所需的经营补助及社会保险费补助、培养社会企业专业人才的费用、获得政府的优先采购、业务活动中的税费减免优惠及为社会提供服务过程中的资金补贴等（金仁仙，2006）。四是盈余分派有一定限额。虽然韩国有明确法律条文规定社会企业的类型，却也因此局限了社会企业发展多样性的可能性。

政府过度主导社会企业的发展环境，反而会造成社会企业过度依赖政府补助，甚至造成企业为取得政府在财务方面的援助而刻意遵从、顺应法律条文的内容，进而影响韩国社会企业多元化的发展，并局限其竞争力。对韩国来说，如何取得政府主导及民间提倡的平衡，以降低政府补助的角色、减少社会企业对政府资金的依赖度，是未来需要面对的课题。

三、我国社会企业的认定

目前，国际上已有 22 个国家具备较完整的社会企业认证体系，部分欧洲、北美国家则有多个认证模式。关于社会企业的概念和认证标准，其实还处于一种模糊不清的状态，各国都没有形成统一认识。与此同时，我国不仅缺乏相关的认证标准，也没有权威部门或组织对社会企业进行“认证”。因此，社会企业在国内没有明确的法律地位和过多的政策扶持。实际上，社会企业概念的模糊和标准上的欠规范，不仅不利于为社会企业营造独立的发展环境，也容易使外界对社会企业的认知出现偏差。

在政策方面，社会企业主要面临法律地位模糊、政策工具缺乏依据等问题。适当的政策支持系统对社会企业整体发展至关重要，而且政策介入才使其具备合法性。但社会企业是一个相当宽广的概念，又具备双重底线特质，这无疑加重了法制化困难，导致社会地位模糊，只能在现实环境中寻找法律地位。社会企业如果以非营利组织成立，可能缺少融资工具；如果以公司成立，又可能切断来自政府的补助；如果交叉运作，又需承担额外的管理成本，以及可能造成负面观感。法律地位模糊问题，不仅削弱了政策支持基础，也为社会企业蒙上了一层阴影。

我国目前没有社会企业法律形式，社会企业在我国只能以不同的形式存在，可以是公司、合伙企业、民办非企业单位和福利企业等。2017 年 3 月 15 日第十二届全国人民代表大会第五次会议通过了《中华人民共和国民法总则》(以下简称《民法总则》)，其将民事主体分为自然人、法人和非法人组织，而法人的分类则有三种：营利法人、非营利法人和特别法人（比较见表 2-6）。

表 2-6 民事主体的分类

民事主体	细分	概念	类型
法人	营利法人	以取得利润并分配给股东等出资人为目的成立的法人	有限责任公司、股份有限公司和其他企业法人等
	非营利法人	为公益目的或者其他非营利目的成立，不向出资人、设立人或者会员分配所取得利润的法人	事业单位、社会团体、基金会、社会服务机构等
	特别法人	是指机关法人、农村集体经济组织法人、城镇农村的合作经济组织法人、基层群众性自治组织法人	
非法人组织	是不具有法人资格，但是能够依法以自己的名义从事民事活动的组织		个人独资企业、合伙企业、不具有法人资格的专业服务机构等
自然人	公民个体		

资料来源：根据相关法律制作

营利法人以营利为首要目的，并且营业利润是为了分配给股东或出资人，而不是用作其他用途。显然，社会企业不能是营利法人。社会企业同时具有公益性和营利性，不能满足非营利法人的特征。

从《民法总则》法律条款结构来看，将营利法人和非营利法人对立起来，非此即彼，也将不同的组织形式对应于不同的主体的资格，却忽视了社会企业的存在。虽然此次立法给予了某些非营利组织法人身份，如事业单位和基金会，但社会企业不同于非营利组织。《民法总则》是未来民法典的总则，后续相关立法都会在《民法总则》的框架内，立法意义非常重大。然而，《民法总则》对社会企业缺乏定位，使得在实践中被广泛接受、迅速发展且有助于解决社会问题的社会企业在发展过程中不仅缺少法律的支持，还被限制了发展的空间，不得不说，这是此次立法有所欠缺的地方。

在我国现有的各种法律形式组织中，能够符合以上标准的主要是民办非企业单位中比较商业化的那部分。民办非企业单位是改革开放以来我国社会经济转型产生的新事物。对于它的命名也经过讨论与争辩。最终在 1998 年出台《民办非企业单位登记管理暂行条例》第二条给了一个明确的规定，“本条例所称民办非企业单位，是指企业事业单位、社会团体和其他社会力量以及公民个人利用非国有资产举办的，从事非营利性社会服务活动的社会组织”。民办非企业单位分为教育、卫生、科技、文化、劳动、民政、体育、中介服务和法律服务等十大类，如各类民办学校、医院、文艺团体、科研院所、体育场馆、职业培训中心、福利院、人才交流中心等。从其活动范围不难发现，社会目的性是民办非企业单位的重要属性。在广东等地，为老年人、残疾人、孤儿和弃婴等特殊群体提供养护、康复、托管等服务的民办非企业单位，民政部门会发给“民办社会福利机构”证件。但在现实中，一些所谓的民办非企业单位，如民办医院、民办学校或培训机构，营利倾向十分明显，跟企业区别不大。同时，民办非企业单位又面临诸多的政策限制，严重束缚其发展。如出资人不享有任何财产权利；不能分红；没有贷款资格；不能设立分支机构；几乎不能免税等。虽然它遵循自主管理、自主发展、自我约束的原则，也在服务中收取费用、雇用员工、支付报酬，与企业存在相同或相近的地方，但它的自主原则是活动原则，而不是经营原则。这可以将民办非企业单位的目标锁定在社会服务上，而非追求投资者利润的最大化。因此近年来“民非”制度饱受非议，要求改革的呼声越来越高。

由于社会企业采取市场化的营利模式与民办非企业单位要求不符，按现行的法律制度社会企业不能取得非营利性企业的税收优惠地位，其在市场竞争中没有优势。

2016年的一个标志性事件是社会企业立法动议贯穿《慈善法》立法过程的始终：在立法启动之前，国内某知名研究机构的慈善法专家建议稿中将社会企业作为单独一章；在草案征求意见过程中，社会各界要求增加社会企业相关条款的建议也多次出现；在最终表决时，也有人大代表呼吁慈善法应该包含社会企业的内容（李庆，2016）。《慈善法》正式以“社会服务机构”的称谓取代了原来的“民办非企业单位”，从一个比较难理解的名称改为一个更符合机构特点的名称。公开募捐资格也不再仅限于公募基金会或慈善会享有了，而是登记或认定满两年的慈善组织符合一定的条件就可以取得。在整部法律中，捐赠、项目、投资和活动这些方面都体现了开放的趋势。目前，民政部已经在进行《民办非企业单位登记管理条例》的修订工作，准备将民办非企业单位更名为“社会组织”，《社会组织登记管理条例（草案征求意见稿）》规定“社会组织不得从事营利性经营活动”，尽管在意见稿中关注了社会企业的最新理论与实践成果，但是在理念及具体规则方面当前还有很多有争议的地方，尚无定论。

《民法总则》和《慈善法》都没有规定社会企业的民事主体资格，这使得在确定哪些是社会企业，哪些不是社会企业时没有相关法律依据，在此种情况下，实行社会企业的认证是必要的和可行的。

目前，在中国已经有多套社会企业认证体系。2014年，广东顺德社会创新中心启动《顺德区社会企业培育孵化支援计划》，开始了社会企业认证在中国的“破冰”之旅，于2015年3月进行了第一批社会企业认证工作。截至2018年底，顺德通过三次认定共认证社会企业20家，服务领域涵盖助残、环保、公共安全、文化教育、社区营造、国际交流等。顺德区已将推动社会企业发展列入区国民经济和社会发展第十三个五年规划纲要。随后，中国慈展会（China Charity Fair，CCF）发布《中国慈展会社会企业认证办法（试行）》。2018 年，北京社会企业发展促进会出台《北京市社会企业认证办法（试行）》，成都市工商行政管理局印发《成都市社会企业评审认定管理工作试行办法》。

中国慈展会社会企业认证（CCF Social Enterprise Certification）是中国首个由民间出台的全国性的社会企业认证办法，于 2014 年 9 月启动。深圳市社创星社会企业发展促进中心是中国慈展会社会企业认证的执行机构，在第三届时，深圳国际公益学院公益金融与社会创新中心加入执行工作。2015～2018 年，全国累计有 1351 家企业和机构申报认证，其中通过认证有 239 家机构，涵盖环保、无障碍服务、社区发展、公益金融、养老、教育、弱势群体就业、农业、扶贫、互联网、公共安全、妇女权益等 14 个社会领域。认证的核心标准为：①正式登记注册并独立运作一年以上，且全职受薪团队不少于 3 人的企业或社会组织；②企业或社会组织的章程有具体明确的社会目标，治理结构有社会目标优先的机制性设计；③解决社会问题的方式具有创新性；④创新性解决社会问题清晰可测量。

中国慈展会社会企业认证办公室和成都市工商行政管理局探索通过合作方式，开展成都市 2018 年首届社会企业评审认证工作。按照“申请、受理（初审）、辅导、中审、认证”的具体流程，开展成都 2018 年度社会企业评审认证工作。具体认证流程见图 2-2。获得认证的社会企业除享受中国慈展会 2018 年社会企业相应的认证后续服务外，还将享受成都市本地政策支持和相关后续服务，包括：将

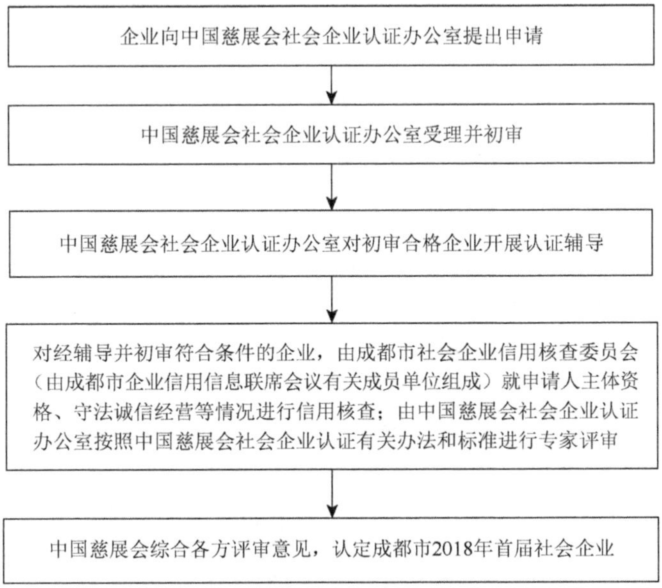

图 2-2　中国慈展会社会企业认证流程

通过“信用中国（四川成都）”网站对外公示，并可享受政府出台的相关政策支持；可使用“社会企业”字样作为企业名称中的经营特点，向企业登记机关申请名称变更登记；放宽社会企业住所和经营场所分离登记条件，允许企业住所和经营场所分离登记，实行“一址多照”“一照多址”；放宽社会企业经营范围登记及其他服务。

2017 年度中国慈展会社会企业认证企业中，金牌社企 10 家，中国好社企 58 家，社会企业 38 家，涵盖领域包括养老、教育、青少年关爱、环保、无障碍、农村发展等 14 个社会服务领域（具体情况见表 2-7）。

表 2-7　2017 年中国慈展会社会企业认证企业情况

项目	成立 1～3 年	成立 4～6 年	成立 7～10 年	成立 11 年及以上	合计
数量/家	50	28	19	9	106
注册类型	有限责任公司和股份有限公司等，不包括个体工商户		社会组织类型（含民办非企业单位和社会团体，不包括基金会）		
数量/家	60		46		106
服务领域	无障碍服务（就业、康复、赋能）	养老	青少年儿童（教育）	互联网、社区发展、文化保育、农村发展等	
数量/家	18	14	13	61	106
地域分析	广东省	北京市	江苏省、四川省	其他	
数量/家	34	13	各 8	43	106

资料来源：《2017 年中国慈展会社会企业认证发布报告》，http://www.chinadevelopmentbrief.org.cn/news-20637.html

中国慈展会社会企业认证目前不收取任何费用，并且获得认证的社会企业可以得到相应支持和福利。①资金支持：优先获得中国慈展会“社创合伙人计划”和社会价值投资人的资金资助。②智力支持：优先参与社会企业国际考察活动，获得由第三方专业机构免费提供的法律、营销、注册、审计、设计等方面的服务。③社群支持：获得认证即成为中国慈展会会员，可优先加入“社创圈”[①]。④场地与 Logo 支持：优先进驻中国慈展会社创基地，可将中国慈展会社会企业认证 Logo 用于宣传、产品包装等。⑤宣传支持：帮助社会企业提高媒体曝光率、公众认知度和社会影响力。[②]

从中国慈展会社会企业认证制度的出台，到与地方政府合作推出的优惠政策以及行政保障，无疑为我国社会主义企业法律规制建设进行了有益的探讨。但是，该认证不具有法律地位，难以解决我国社会企业发展的根本问题。

① “社创圈”即中国社会企业家社群。

② 资料来源于《中国慈展会社会企业认证手册（2017）》。

四、欧洲几个主要国家的社会企业的活动领域

（一）英国

英国社会企业最早可追溯到 1884 年罗奇代尔公平先锋社，发展到 20 世纪 90 年代，该合作社已经拥有 600 万名会员和 4000 多家贸易社。英国政府向来支持社会企业的发展，认为社会企业有助于解决失业、歧视、社会排挤、低教育水平、居住环境恶劣、高犯罪率等一系列弱势群体面临的问题，并致力于推动建立一个强大、永续及社会融合的经济体系。

英国的社会企业分为四种：社区利益公司（Community Interest Corporations，CICs），专门为社会企业设置的商业模式（但法律并不要求所有的社会企业都必须在这一模式下登记）；工业与储蓄协会；担保有限责任公司；慈善组织身份的组织结构。根据英国政府 2010 年的统计，大约有 6.2 万家社会企业，年收入达到 320 亿英镑，就业人数占企业部门的 5%，每年对国内生产总值的贡献是 84 亿英镑，大约占英国国内生产总值的 1%（刘禹松，2017）。到 2015 年，英国约有 7 万家社会企业，雇用了超过 200 万员工，对英国经济的贡献超过 240 亿英镑。

社区利益公司本质上属于非营利公司，即企业活动的宗旨是为社区成员谋福利。社区利益公司必须在章程中说明所欲追求的社会目标、必须遵守资产锁定原则并受到监管人的监督，以下简要说明英国社区利益公司的三大规范重点。

1. 社区利益测试

社区利益测试（community interest test）的目的是检验社区利益公司开展的活动是否是为了社区利益。要成为社区利益公司，公司必须通过社区利益测试，公司的经营者必须详细地说明公司要如何实现社区目的、具体行动为何，发起人须签订“社会利益报告书”（community interest statement），并在报告书中说明公司如何运用营运所获得的盈余，并且要经过独立专责机关——监管人的审核才能成为社区利益公司。

2. 资产锁定原则

资产锁定原则并非限制公司将资产用于交易活动中，而是确保社区利益公司的资产确实用在回馈社会上，避免以低于市场的价格来处理公司资产，限制股东盈余分派的上限，赋予社区利益公司董事义务确保公司获取合乎市场价值的资产利润，将资产合理、透明地运用在社区公益上。整体而言，借由此原则与监管人的监督可避免“董事名为行使职权，实为利益输送”。此原则下的具体要求大致包

括：①公司的盈余有一部分不能分给股东，至少要有 65%是用于再投资公司或用于当初公司所设定的社区利益。②公司把资产出卖或赠与他人时，对象必须也是跟社区利益公司一样资产被锁定的对象；或者，对象是一般营利的公司，但是出卖行为符合社会目的，并且是以市场上的公平价格进行买卖。③公司面临解散时，剩下的财产必须转让给其他还存在、没有解散的社区利益公司，不可以移转给该解散公司的股东或公司成员，以确保社会目的继续延续。

3. 受监管人的监督管理

监管人被赋予监督社区利益公司的权力，来维持社会对于社区利益公司的期待，确保社区利益公司的活动都是为了帮助特定居民、老人等群体，也必须确保社区利益公司遵守上述的资产锁定原则，并且有权调查社区利益公司内部事务，甚至可以决定社区利益公司经理人的薪酬、开除董事或关闭公司。社区利益公司发行信用债券、借款、分配股利上限、减资及资产分配之行为，均须符合监管人所设立的标准。

英国财政部（Her Majesty's Treasury，2013）认为社区利益公司涵盖了社会企业混合价值的解释，是英国社会企业部门的一个十分有意义的设计。自 2005 年以来，社区利益公司已经比其他任何社会企业实体增长得都要快，使营利性实体可以追求社会使命，而不用害怕被起诉违反信托责任，从而实现财务回报最大化。欧洲的不少其他国家也在积极尝试这一做法。2010 年，历史上第一个社会影响力债券（social impact bond，SIB）在英国出现。所以，英国的社区利益公司法规运用公民参与的方式确立社区利益公司，同时以严格的法律规范来引导社会企业的发展，这种弹性的设定方式可以使社会企业在更广泛的范围内提供社区服务，满足社区内公民的需求。

英国社会企业联盟 2017 年《商业的未来：社会企业现状调研》报告显示，自 2005 年起，英国已经超过 13 000 家社区利益公司登记注册，近年来平均每年新增 2000 多家社区利益公司，且增长幅度逐年上升，这一增长在很大程度上归功于社区利益公司的灵活性。监管人期待未来此增长趋势延续至 2026 年，社区利益公司数量可望突破 30 000 家。

（二）法国

根据 1992 年《提供工作整合机制的社会企业宪章》（*The Charter of Work Integration Social Enterprise*），工作整合机制的社会企业（work integration social enterprise）的特征包含：①团体就业，雇用长期失业的弱势人员；②社会目的，提供短暂的工作契约及职业训练，让这些人员得以回归劳动市场，并强化他们作为公民的能力，而这些活动必须可以清楚界定，以利于评估其绩效；③运作情境，提供工作整合机制的社会企业生产产品及服务，这些活动依据与市场机制相同的规则、权利及专业运作的方式，其形态可以是公共或私人有限公司、非营利社团、合作社或其他，其主要收入来源为销售的产品及服务；④支持《提供工作整合机制的社会企业宪章》。（郑胜分，2005）

20 世纪 90 年代，欧洲各国开始探索社会创新之路。集体利益合作社（société coopérative d'intérêt collectif，SCIC）是社会企业在法国的最初形态，也是社会企业的法定形式。SCIC 主要由社会合作社发展而来，本身表现了社会合作社由企业方式运作，并且有社会目标这样一种形式，但是因为该机构有很大的灵活空间和低费用需要，所以法国大多数社会企业以 SCIC 方式注册。根据 2001 年相关法案的界定，SCIC 是从事社会公共利益的服务或产品的提供，是有社会效益的多元社会机构。该机构采取多股东结构，受益者和雇员都有代表参与，当地的政府也可以为机构提供资源和参与运营决策。2014 年 7 月，法国立法部门引入了《社会经济和社会融合法》，通过三个层面对法国原有组织法进行修订。首先，对社会经济融合（social and solidarity-based economy）进行了精确的界定和范围说明。其次，法律引入“社会融合经济企业”，这类组织形式可以归为法国的新型社会企业。最后，这一框架修订了法国的《合作社法》，主要涉及会员方面的规定。该法案将行会组织、合作社、互助组织以及基金会等包括到“社会经济”这一概念中。2013 年，按欧盟标准定义的社会企业法国仅有 28 000 家，其中只有 315 家是公益社会合作社。

（三）意大利

意大利社会企业最主要的解释概念为“社会合作社”（social cooperatives），在 1991 年通过 381 法案（Law 381），确立社会合作社的法律地位。根据 381 法案的规定，必须是有社会服务部门的合作社才可称为社会合作社，在形态上分为 A 及 B 两种类型：A 型社会合作社由专业工作者所组成，负责管理社会、医疗及教育服务，这些组织提供不同类型的团体服务，如老人、未成年人、残障人士、吸毒成瘾者、流浪者及来自欧盟以外的新移民，主要活动是参与契约外包；B 型社会合作社则重视如何将弱势族群整合入劳动力市场，强调本身的中介帮助弱势者工作，包括辅导就业和创业。每一个 B 型合作社弱势群体就业至少占 30%，若符合此条件，政府给予免缴社会保险税等优惠和补贴。

而在《社会合作社法》通过后，意大利在 2005 年又通过《社会企业法》，也是首度将“社会企业”一词作为正式的法律名称。只要该机构符合以下条件，便可称为社会企业：有机构法人；持续地提供有社会效益的产品和服务，并且将公共利益的目标放在私人利润最大化之前；可产生利润（利润在收入百分比中应不少于 70%），但不可把利润分配给成员或拥有者，利润必须被重新投入社会利益追求的目标，或是用于增加机构本身资产。

此外，社会企业须注重一些管理原则，如透明、开放、参与式决策等。与社会合作社相比，社会企业的法定形态涵盖范围更广泛，包含：福利、健康、社会关怀、教育指导与职业训练、环境与生态保护、发展文化传统、社会观光、学院与学院后教育、研究与传递文化服务、额外课程训练、支持社会企业等。

目前在意大利共约有 12 000 家社会合作社，雇员约 40 万人，其中约有 34 000 人属于弱势族群；相较于合作社，依法成立的社会企业则约有 1500 家。由此可见，社会合作社仍是意大利最主要的社会企业类型。

法律对社会合作社的类型、条件以及可获得的政策和税务帮助都有详细的规定，使得优惠政策能够让合作社凭借成员的缴费和收费活动实现财政独立。这些社会合作社以解决劳动力市场问题和部分社会公共服务提供的问题为主要目标，对意大利的福利部门也加强了补充作用。

（四）德国①

德国社会企业的分类最早可追溯到 19 世纪德意志帝国颁布的德国民法典（Civil Law Code）上，至今德国仍沿用此分类形式。到 20 世纪 70 年代便开始有社会企业的运作，德国在第二次世界大战之后形成的特殊的社会经济体制使得社会企业成为一种新兴组织。后来民主德国与联邦德国合并导致大量失业问题，政府又删减预算以节约社会福利，这些因素成为社会企业蓬勃发展的助力。德国社会企业以四种组织类型运作：基金会（Stiftungen）、协会（Vereinen）、合作社（Genossenschaften）和有限责任公司（GmbHs）。

第一类型为基金会，是用来支持社会目标的一种组织形式，但是它较常用来募款、累积资产，而非用来从事经济活动。基金会提供社会企业财务和各种资源，如知名的阿育王和 Schwab 基金会，支持德国社会企业的发展。

第二类型是协会，其从事的非商业活动必须符合追求公益的要求，通过基金、会费、捐款所得来支援活动。协会可分为享有税务优惠的目的事业（Zweckbetrieb）和正常纳税的经营体系。所得未达 45 000 欧元的协会可登记为目的事业，享有免税优惠，所得超过基准的则纳税。

第三类型为合作社，是一个有社会目标，从事商业经济活动的主体，但很难衡量合作本身追求的是经济目标或是社会目标。合作社最早在 1889 年的时候就已经出现，当时成立的目标是增强会员如小型经营者、商人和农民的经济事业，团结以促进经济活动。为了简化小型社会企业的管理工作，德国司法部于 2013 年针

① 陈钰艳. 2018. 德国社会企业 Dialogue Social Enterprise 的国际化策略. 辅仁管理评论（社会企业专刊），25（1）：63-82.

对合作社制定新草案，使更多新成立的社会企业适用以合作社的形式立案登记。

第四类型是有限责任公司，最早出现在 1892 年，此组织由商业法管辖，进行商业活动，对国家有税务责任。以公共利益为设立宗旨的有限责任公司享有所得税和交易税的优惠。目前德国有多少社会企业是以有限责任公司的形式存在，并没有详细的数据。德国“对话社会企业”（Dialogue Social Enterprise）属于第四种类型——有限责任公司。

直至 2013 年，德国政府才于志愿服务支持法（Ehrenamtsstärkungsgesetz）中新增公益有限责任公司（gemeinnützige GmbH，gGmbH）的公司形态，并给予该类型公司享受免征企业所得税和交易税的优惠，借以推动社会企业。德国社会企业机制是以可持续经营为目标，具有三项特色：①强调社会福利市场：德国是以社会部门准市场（quasi-markets）为运作基础的已开发社会福利国家，德国复兴信贷银行（Kreditanstalt fuer Wiederaufbau，KfW）于 2013 年指出，准市场的概念是社会企业长期稳定经营的关键。②连锁网络系统：通过连锁的网络系统能提供更完善的社会福利服务，进而与国际接轨。③国际化：德国社会企业有 15%的社会企业属于国际层级，可跨国在不同文化、制度下运作。

德国的社会企业类型可分为基金会、协会、合作社及有限责任公司等四个类别，是在法律上较常使用的类型；而农业类型的社会企业则多使用合作社与有限公司。德国属于社会福利国家，由国家对公民所有福利负责，因此社会企业在德国仍然是一个持续被讨论的话题。虽然在德国政府并没有通过法律去定义社会企业，但在实务上却保留了弹性，使社会企业能在符合社会人文等条件下获得充分发展。

（五）芬兰

2013 年，芬兰颁布了《社会企业法》（*Act on Social Enterprises* 1351/2013），将社会企业局限在工作整合领域，导致社会企业被认为只是工作整合型社会企业。社会企业应该满足以下条件：①一家为残疾人和长期失业者提供就业机会的企业。②一家市场导向企业，有自己的产品或服务。③雇用的员工中至少有 30%是残疾人员；或者在企业的所有员工中，至少有 30%的残疾人或长期失业者［这些人就相当于被安置员工（placed employee）］。④不管他们的生产能力如何，支付给这些员工的工资要与完全劳动能力人所处的行业领域适用的集体协议标准相同。同时，对于社会企业中安置的残疾人或长期失业者，地方政府机构会给企业主相应的工资补贴，但是这种工资补贴要设定时限，如长期失业者的工资补贴通常不超过 1 年。待残疾人和长期失业者转换为企业内安置员工时，政府将不再提供补贴。法律对社会企业的利润分配未做限制，这有别于其他国家合作社形式的社会企业。2013 年，芬兰有工作整合型社会企业 164 家，工作整合型社会企业是由国家法律规定的社会企业，要求进行登记并有补贴，作为解决残疾人和长期失业者的就业问题的一项有效措施，取得了一定的成效。

（六）比利时

比利时的社会企业是指社会目的公司（social-purpose enterprise，société à finalité sociale，SFS）。1995 年 4 月对《公司法典》进行修订，设立了“社会目的公司”，对于社会企业的立法来讲是标志性的事件，其于 1996 年生效，其立法目的在于：鼓励非营利组织实践更严格的金融管理政策，以及为金融业者（特别是公家机构）提供健全组织目的的再保证。

不仅公司，合作社、非营利组织、投资者所拥有的组织都可以被认证，只要该组织清楚界定其社会目的，明确提出利益分派政策，并将员工纳入公司治理架构，以及公司不只是为其成员、股东的利益而努力即可。以下为比利时社会目的公司的主要认证条件：①企业合伙人应同意仅追求有限的利润，并限制股东的利润分配。组织明确描述社会目标，以及描述实现社会目标的方式，应将社会使命镶嵌于组织章程中，且组织不得借此目标间接分派利益给合伙人。②社会目的公司在员工权益上着墨颇多，组织应允许员工参与组织的资本分配（capital share）、公司治理，组织应制定特殊规定及程序，必须承诺任何员工工作满一年，就可以成为企业的合伙人。另外，也应制定相关程序保障员工不会被与企业间的雇用契约所拘束。③在组织年度常务会中，任何人的投票权都不得超过总投票数的 1/10，若有合伙人成为员工，则该比例为 1/20。④企业清算之后，剩余财产必须以符合社会目的的方式分派（如剩余财产赠与其他社会目的公司）。

五、美国社会企业的四种类型

美国目前虽然没有统一或制式规范社会企业的模式，但是各州都已经纷纷通过立法促进社会企业的发展及管理，美国在法律架构上大致上有四种法定社会企业组织的规范类型，包括低获利有限责任公司（low-profit limited liability company，L3C）、共益公司（benefit corporation）、弹性目的公司（flexible purpose corporation，FPC）及社会目的公司（social purpose company，SPC）。

（一）低获利有限责任公司

2008 年 5 月，美国佛蒙特州修正了本州《有限责任公司法》，增设新的法律实体的社会企业组织，即低获利有限责任公司，以此解决使用公司法人或慈善组织定位社会企业的难题。低获利有限责任公司以一种新的路径去实现社会使命，它是非营利组织与营利组织的混合体，被称为“具有非营利灵魂的营利性组织”。低获利有限责任公司得到发展是因为美国近年来有限责任公司盛行，各州的有限责任公司法最大的特色为：属任意性/原则性条款（enabling/default statutes），股东间的权利义务关系可通过契约自行决定，留下相当弹性的发展空间，由于有限责任公司制度设计相当宽松，有心的慈善机构及律师便开始思考进而设计低获利有限责任公司的架构，并推动立法，在有限责任公司法下加入新类别——低获利有限责任公司，除有法律特别规定外，低获利有限责任公司应适用有限责任公司的相关规范。大致上，低获利有限责任公司在创立时须具备：①公益性；②非营利性（如该公司没有显著的目的是产生收入或财产增值）；③不能从事政治性活动或游说活动。低获利有限责任公司必须具备以上三种特质才能在税法上享有租税优惠。

与非营利组织不同，低获利有限责任公司可以向所有者或投资者分配收益。当然，考虑到社会使命的属性，回报可能比其他的营利组织投资低。低获利有限责任公司计划在企业中吸引私人投资和慈善资本，旨在提供社会福利。比如，对基金会而言，在低获利有限责任公司做项目投资更容易。尽管基金会成立的初衷是资助非营利组织，但是在某些情况下它们可以进行项目投资。项目投资带有产生社会效益的目的，符合且能够完成基金会的使命。但最终，低获利有限责任公司较之有限责任公司，并无实质性的优越性，其形态就逐渐失去活力。在2008～2011年，有九个州实施了低获利有限责任公司立法，大部分都遵循佛蒙特州的初始立法模式。

（二）共益公司

在中国，人们把 benefit corporation 译作“共益公司”，这源于资中筠先生在其著作《财富的责任与资本主义演变：美国百年公益发展的启示》中的翻译，将其置于汉语语境中，含义是追求商业利益与社会影响力的双重使命。共益公司是指主流的营利企业，在照顾股东利益的同时，兼顾其他股东的利益，通过其核心业务及能力，创造对社会或环境生态正面的价值。共益公司与社会企业“不是一件事情”。如果说后者是以“商业手段解决社会问题”，前者就是用“社会化手段解决商业问题”。尽管两者都关注那些介乎公益与商业之间的新型机构，彼此间有交集，但一个以社会目的为依归，一个基于必须营利的商业，侧重点各有不同。共益公司的目的须“增进一般公共利益”，此目的是附加在原公司法所规定的目的中，因此追求利润的目标可以与公益目的共存。共益公司最重要的技术性规范，是要求公司每年要制作符合第三方标准（the third-party standard）的年度公益报告（annual public benefit report），以符合社会责任事务的对外透明性。而共益公司的董事在考量公司最大利益时，除了公司股东利益外，也应考量员工、劳动力、特定受益的利益相关者、社区、当地与全球环境、公司长短期利益等。

然而，美国州法规并非要求共益公司董事须把社会利益摆在优先考量顺位

（prioritization），仅是将股东利益最大化的考量中和掉（neutralize）。

另外，有些州法规定共益公司应指定共益董事（benefit director），并指定共益经理人（benefit officer），以伊利诺伊州为例，共益董事须为独立董事，基本职权为在年度公益报告中出具意见书，陈述公司在各大层面上，其行为是否与一般公共利益或特定公共利益一致，以及陈述公司董事及经理人是否遵循公共利益义务。在免责条件上，共益董事就其职务上作为或不作为不负个人责任，除非该作为或不作为构成自我交易（self-dealing）、故意不当行为（willful misconduct）或故意违法（a knowing violation of law）。

当社会企业发展到一定程度时，概念的标准化就显得有必要，它有利于这个行业得到公众的认可和政府的支持，促进这个行业的发展。2007 年，非营利组织共益实验室（B Lab）推出了 B 型企业认证（B corporation certification）体系，口号是“商业向善”（business as a force for good），提出了一套成为“好公司”的评估认证体系。它存在的主旨是：以实现公共利益为企业目标。用一个类比，B 型企业认证之于企业，正如 LEED 认证之于绿色建筑体、公平贸易（fair trade）认证之于咖啡豆。B 型企业需要关注整个商业生态里的各方利益，如消费者、供应商、合作方、环境、员工等。当然，如果一个企业能真正在意这些方面，也更能留住人才和获得用户的认可。

B Lab 除了 B 型企业认证以外，也致力于推动 B 型企业的立法，之所以称为共益公司而非 B 型企业，是因为共益公司的社会利益成果应遵循民间公证机构制定的第三方标准，但此民间机构未必为 B Lab，相对地，也有取得 B Lab 认证但并未依共益公司法设立的公司。认证共益公司与共益公司会经常出现，也很容易引起混淆，尽管有很多共同之处，但是也有一些根本性的不同（表 2-8）。

表 2-8　认证共益公司与共益公司的不同

要求	认证共益公司	共益公司
责任	负责人需要考虑决策对股东和利益相关者产生的影响	与认证共益公司相同
透明	须公开发布报告，根据第三方标准来评估企业整体影响力	与认证共益公司相同
绩效	经 B Lab 认证	企业自行发布
持续性证明	每两年重审一次	不需要
支持	可以得到 B Lab 的多样化服务和支持	没有 B Lab 的支持
可获得性	全球任何一家私人企业都可以	一些国家（或美国的一些州）通过了共益公司法
费用	年度认证费用为 500～25 000 美元，依营业额规模收费	美国各州的文件费用通常是 70～200 美元不等

资料来源：霍尼曼（2017）

2010 年 4 月美国马里兰州首先通过了共益公司法例。如果说低获利有限责任公司是有限责任公司的衍生，共益公司则是一个变化了的股份有限公司（C Cororation，简称 C 类公司）。但 B 型企业不同于 C 类公司，它的目的是实现公共利益，董事会要考虑业务决策对环境、客户、社区和员工的影响。B 型企业也是一种以营利为目的的组织，不具有免税地位。

B Lab 开始游说美国各州政府陆续通过《共益公司法》，鼓励更多企业申请为共益公司，并且志愿性地参与 B 型企业认证，在满分 200 分内至少达到 80 分，且需符合透明度、合法性及签署分享共同目标的承诺，即可取得 B 型企业认证标章。B 型企业完成认证还须签署正式的同意书，内容主要包含：认证有效期为 2 年，之后需重新认证；必须符合 B 型企业的绩效要求；必须是合法登记的组织；每年随机抽检 10%的 B 型企业组织验证；年度认证费用 500～25 000 美元，依营业额规模收费。B 型企业认证指标依照公司规模及企业类别，有 130～180 个评估细项，归纳为五个方面，包含：①员工效益，考虑所有利害关系人，而非仅限于股东；②社区效益，社会目的效益需符合透明度标准；③环境效益，环境目的效益需符合透明度标准；④长期效益，组织发展需建立与政府永续性政策一致的方针；⑤核心效益，符合更高的法律及责信标准。

benefit corporation 和 B 型企业都是共益公司，benefit corporation（针对美国境内公司）是指一种受美国法律保护的公司类型，B 型企业（针对美国境外公司）是一种需要审核的认证，全球营利公司皆可申请。截至 2017 年 4 月，美国已有 972 家共益公司，这些企业聚在一起，并非自娱自乐，它们以社群的力量推动了当地政府的立法，在美国有 32 个州立法通过。截至 2020 年 3 月，我国有 16 家企业通过认证。仅仅几年的时间，从无到有，B 型企业认证体系证明了自身的优势所在，也为社会企业界带来了认证的曙光。下面介绍 B 型企业在何种程度上满足了社会企业的需求。

（1）追求公共利益。与低获利有限责任公司不同，立法不要求 B 型企业的社会目标超过利润目标，而是鼓励社会企业在追求利润的同时，追求环境效益和社会效益。整体上，B 型企业必须致力于追求一般公共利益。除了一般公共利益，B 型企业也可以选择追求“特殊公共利益”：向低收入个人或社区提供福利产品或服务，创造经济机会，保护环境，改善人类健康，促进艺术、科学与知识进步，加快资本流向公共利益实体等。总体而言，B 型企业只是承担社会责任的企业。但董事会在决策中应考虑不同利益相关者，如股东、员工、消费者、社区的利益。

（2）高透明度和第三方标准。B 型企业具有较高的透明度，并实行严格的问责机制。第三方标准是用以定义、报告与评量公益的标准，且应符合完整（comprehensive）、独立（independent）、可信（credible）、透明（transparent）等要件。

（三）弹性目的公司

弹性目的公司可以是被公开发行公司或是闭锁型公司（closely held corporation，是指股东人数甚寡，且股权流通性很低的公司），2011 年加利福尼亚州通过弹性目的公司立法。弹性目的公司在其公司名称上必须冠有“弹性目的公司”一词。这一法律形式的重点在于弹性目的公司必须为了以下单一或多个目的而设立，并体现在其公司章程中：①一项或多项传统非营利公益组织从事的慈善的或公共目的的活动；②活动目的在于为弹性目的公司的员工、供应商、客户和债权人、社区和社会及环境带来积极的短期或长期的影响，减少不利的短期或长期的影响。

以上这两大目的赋予弹性目的公司实质的裁量权去选择该公司的设立目的，并赋予该公司章程弹性以彰显其特色。除了上述的强制规定外，弹性目的公司也可采用一些任意条款，因此富有弹性，如限定股东资格、限制弹性目的公司经营的业务范围、对于普通股或特定种类持股设定较高表决门槛等。然而，加利福尼亚州在 2015 年 1 月将过去的弹性目的公司更名为社会目的公司。目前美国已经没有所谓的弹性目的公司。

（四）社会目的公司

社会目的公司在组织上必须积极推广关于下列项目的长、短期活动：①公司的员工、供应商或顾客；②在本地、在国内或全球性的弱势社群；③环境。与典型的共益公司相比，社会目的公司的一个重要特点是法律并没有对社会目的公司的社会目的行为进行限定，而是让每个社会目的公司的创始人和股东自己决定，这给了企业很大的选择余地。

社会目的公司被赋予较多的弹性，社会目的公司董事可享有裁量权去选择社会和环保目的是否在所有情况下都凌驾于利润追求之上。社会目的公司董事也享有有限责任，当董事为了追求上述社会公益而无法最大化股东利益时，得免除其责任。

尽管上述这些形态在州立法层面受到欢迎，但社会企业采用的速度非常缓慢，大多数州管理办公室并没保留针对这些形态使用的具体信息，因此无法精准定位造成该问题的具体原因。然而，可分析的数据并不显示任何乐观之处。一份 2016 年的报告显示，2008 年低获利有限责任公司实施以来，仅有 4500 个组织使用了上述提起的特殊形态的构架，部分原因来自这些法律形态自身存在的缺陷。它们没有解决社会企业为了获得融资所面临的信任问题，也没有化解如何确定和发展目的的优先性的困局，同时也没有提供可靠的执法方法。

六、国外社会企业的特点

（一）共同特征

各个国家的社会企业虽然在“身份”认定和活动领域之间有一些差异，但是这些社会企业在创造价值的过程中也体现出一些综合的特征。社会企业的共同特征见表 2-9。

表 2-9　社会企业的特征

方面	内涵
企业导向（enterprise orientation）	直接参与市场中的产品生产或服务提供，从事实际交易，并从交易中去获取利益
社会目的（social aims）	具有明确的社会目的，包括创造工作机会、培训或提供本地服务；其伦理价值在于地方能力的建立，对于地方和社会环境或经济拥有部分影响力
社会所有者（social ownership）	是一个独立自主的组织，以利益相关者（包括雇员、使用者、顾客、地方社区团体和社会投资者）或是信托人的参与为基础，行使治理权和所有权，利润分配给利益相关方或作为社区福利

资料来源：Shaw（2004）

Virtue Ventures LLC 创立者和负责人 Kim Alter 对社会企业的综合特征从九个方面进行归纳：①运用商业手段和方法达到社会目标；②融合社会和商业的资本和管理方法；③创造社会和经济价值；④从商业活动中获得收益来支持社会项目；⑤由市场驱动同时由使命引导；⑥同时衡量财务绩效和社会影响；⑦在提供公共产品的过程中满足经济目标；⑧从无约束收入中享受财务上的自由；⑨在达成使命的过程中融入商业战略。

所以，无论社会企业采取什么样的法律形式，在社会实践中，社会企业始终以“社会目标”为目标，以“商业运营”为手段的模式都已获得了国际上的广泛认可和采纳，即便部分国家在法律上还没有专门为社会企业立法，但实际上也在通过税收优惠、政府补贴及政府契约外包的方式鼓励社会企业的成长。

（二）差异

对于社会企业的特征，在承认共性的前提下，也需要注意社会企业成长的背景及在特定的背景下所形成的差异特征。

欧洲社会企业在刚开始发展时，其法律地位比较偏向社团及合作社，但是这些形式无法完全符合社会企业的特征，因为社会企业更偏向社会性与强调生产性。1996 年欧洲委员会成立 EMES，EMES 致力于重新诠释社会企业的原始内涵：由一群公民首创；权利不是以资本所有权为基础；牵涉受活动影响的人们的参与；有限的利润分配；施惠于社区的清楚目标。欧洲委员会认为社会企业是合作社与非营利组织的交叉点，其中合作社包含劳动者合作社及使用者合作社，非营利组织包含生产型非营利组织及倡议型非营利组织，而社会企业偏向劳动者合作社与生产型非营利组织的混合体。具体类型包含两种：一是重新整合失业者和重新发展被忽略地区的企业；二是在传统领域（家庭照顾、老人照顾等）和那些响应新需求的领域中，如补救性教育、扫盲课堂和房地产保障方面，为更大范围的社区提供商品和服务的企业。

美国社会企业最主要的组织特质在于“类商业”活动（Austin，2000），也就是“福利市场化”（marketization of welfare），具体指将市场形态关系引入社会福利领域。福利市场化包含两种可能的解释，首先，是指营利性厂商进入“社会市场”（social market）；其次，则是用以解释非营利组织从事商业活动，而成为非营利厂商的过程。所以美国社会企业包含两种趋势，即企业的非营利化与非营利组织的商业化。对此两种趋势，Young（2001）认为，其一为企业慈善，其二为非营利组织的商业化，而依据此两种界定方式，社会企业乃是介于慈善和企业连续体中的组织，并可区分成三种组织形态：企业慈善、社会目的组织及两者之间的混合组织。而对于混合组织的内涵研究，则以 Dees（1998）所提出的“社会企业光谱”最有代表性，Dees 依据主要利害关系人与非营利组织的关系，将社会企业区分成三个类型，包含纯慈善的、混合的及纯商业的社会企业。

总之，社会企业是非营利组织与财务自主的发展模式，在组织发展过程中，非营利组织学习企业部门的市场运作方式，寻求经济的发展，且在这样的基础上，更积极地推动原本组织公益的使命。社会企业在于以商业行为支持组织使命的运作，创造更大的社会公益价值。营利是一个工具而非目的，社会公益的实践才是社会企业的最终目的。

嘉信理财集团的两位执行总监艾金顿（Elkington）和哈根提（Hartigan）在他们的著作《1 个理想×10 种创新=社会企业是门好主意》（*The Power of Unreasonable People*：*How Social Entrepreneurs Create Markets that Change the World*）中指出：“社会企业的根本特点在于，为满足社会需求而以直截了当的行动引发范式转移。”在商业领域，这正是创造性破坏的目标。约瑟夫·熊彼特用“创造性破坏”这一词语指代超乎寻常的创新带来的系统变革或转化。在熊彼特的理论中，创新破坏了对旧系统的需求，就像汽车取代了马、电脑取代了打字机等。

七、国外社会企业与社会创业的理论研究视角

社会企业因为社会供需的缺口应运而生，进而驱使社会创业家发现、评估与

利用此机会创立新的组织。Perrini 和 Vurro（2006）认为社会创业是一个广泛应用多项社会资源元素的社会创业程序，包括了环境、社会、创业家、创业（含创新）、组织（社会企业）、社会福利与社会变革等。Austin 等（2006）、Wei-Skillern 等（2007）所发展的社会创业架构包括机会、人员、资本、社会价值主张（为前三者的交集）及环境（又包括政治、法律、社会文化、人口统计、税赋、总体经济）。

Austin 等（2006）认为可以运用 PCDO（people，context，deal，opportunity；人，语境，处理，机会）模式描述社会创业与商业创业的不同。司徒达贤（1999）则提出 CORPS（clients，operations，resources，participants，services；客户，运作，资源，参与，服务）模式为非营利组织的经营管理模式。创业（过程）与创业家、社会、企业、政府及其他非营利组织、利益关系人等有关，而这些要素不只是相互影响，也均会受到体制环境的影响。本书特别将环境因素聚焦于制度环境（包括了政治、法律、文化、教育、大众与专业媒体），根据制度理论，制度会影响厂商的行为，同样会影响社会创业与社会企业的行为（DiMaggio，1988），但是反过来创业及创业家可以引发制度的变革，产生制度创业（institutional entrepreneurship）。另外，从生态观点，也认为制度环境会影响新公司的成立。

Maguire 等（2004）指出制度创业就是创业家运用资源转变既有的制度或创造一个新的制度，他们研究加拿大的艾滋病治疗推广，发现制度创业包括了三个重要活动：①占据一个主体的位置，取得合法性并连接不同的利益相关者；②通过辩论与政治协商的手段，整合各种论点，将新的实务理论化（theorization）；③经由新实务连接到利益相关者的日常作业与价值，使新的实务制度化。Mair 和 Martí（2006）也说明尤努斯创立格莱珉银行就是一种制度创业，他们认为制度创业家可以改变规范、制度与结构。

社会创业与社会企业均以社会效益（社会缺口）为重，因为创业与企业的行为属于社会系统的一部分，是和社会（或社区）彼此镶嵌在一起的，社会学的建构理论（structuration theory）（Giddens，1984）中说明了代理者与社会结构的二元性（duality），二者是相互镶嵌、相互影响的（Mair and Martí，2006）。创业是一种社会建构，不仅包括组织的层次，还包含了族群与社区层次，环境的变迁、创业家的适应能力及两者的互动，影响组织、族群、社区的成功与失败。Jack 等（2008）探讨了社会网络理论在创业中的作用，以及网络的特性及其演化、关系、社会资本、策略性结盟、国际化等课题；Mair 和 Martí（2006）指出，社会学中的社会运动（social movements）研究可以了解社会企业家带动社会变革的动机，而社会运动中所运用的群众动员、抗议、协商等战术也可以为社会企业家所运用。因此，除了政治学外，许多社会学的理论可以用在研究与解释社会创业与社会企业中（Reynolds，1991；Short et al.，2009）。

在社会价值的创造与维护方面，政府与非营利组织扮演着重要的角色，它们可能是彼此竞争或互补的角色，同样也影响社会创业与社会企业的活动，政府也是建立政治与法令体制环境的主体。Ireland 和 Webb（2007）指出从政治科学的观点，可以将政策制定者视为创业家，也可将公共政策视为创业的体制界线，此外公共政策的创新与扩散、治理的体系建立等，对创业的影响是值得重视的。Short 等（2009）也指出社会创业受到不同的国家劳工政策、失业率、长期结构性失业的影响，国家的政治结构也影响社会竞争或合作的倾向。

社会创业家的行为与创业过程，可以运用传统的心理学（Shaver and Scott，1991）、社会心理学、认知心理学的理论来研究，其课题包括了社会认知、态度、归因、自我、知觉、决策制定、知识呈现、学习与认知发展等。对于社会创业与社会企业的管理，现有的战略管理、组织行为、市场营销、财务及会计、作业管理等研究，都对社会创业与社会企业的管理有所贡献（Ireland and Webb，2007；Short et al.，2009）。此外，除了社会学、经济学，人类学、法律社会学的理论发展也对社会创业与社会企业实践及理论有所贡献。社会、企业、创业与创新的基本要素与关联如图 2-3 所示。

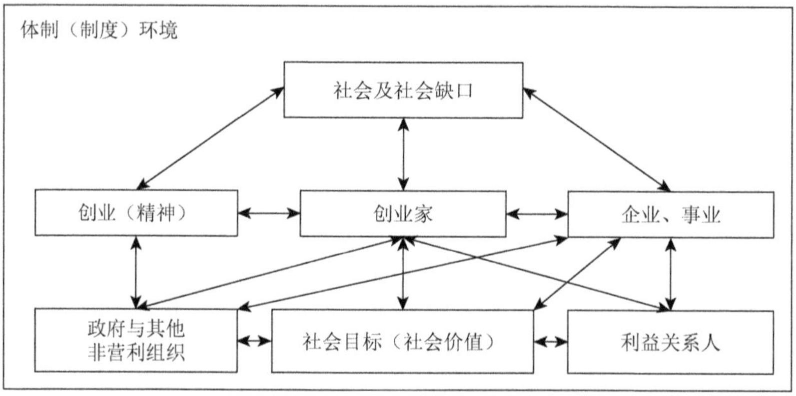

图 2-3　社会、企业、创业与创新的基本要素与关联

在 Short 等（2009）、Ireland 和 Webb（2007）、Lewin 和 Volberda（1999）及 Keupp 和 Gassmann（2009）的研究文献基础上，本书整合前述观点，整理成表 2-10 的说明架构。表 2-10 显示不同领域的理论可以应用在社会创业与社会企业的研究中，并且显示社会创业与社会企业是一个跨领域的范畴，必须用更广泛的视野来研究，用以增强社会财富与社会价值的创造。此外，必须强调的是，经济社会学、社会心理学等跨领域的理论观点运用，将更有助于社会创业与社会企业的理论发展与进步，进而达成社会科学的社会使命。

表 2-10　社会创业与社会企业不同领域的理论研究视角

社会企业的要素	研究主题	可能的研究问题	理论基础
1. 策略与创业	社会与经济价值的创造	1. 何种创业策略使社会创业更有效地创造社会价值？ 2. 个人与团队有何特质能有效地创造社会价值？ 3. 价值创造中社会创业领导者的领导角色为何？ 4. 社会企业如何产生？其影响因素为何？	1. 产业经济学理论、Mintzberg（1988）策略的十个学派 2. 高阶管理团队理论、目标设定理论 3. 领导理论、角色理论 4. 族群生态理论、交易成本理论、市场不均衡理论、功能论、冲突论
2. 创造力、想象力与机会	机会创造与发现	1. 社会创业家独特的经验是否有助于其创造机会？ 2. 社会创业家运用机会发现的程序是否和商业创业家相同？ 3. 社会创业家有何人格特质使其容易对机会产生机警性？	1. 机会创造理论 2. 机会发现理论 3. 人格特质理论、机会辨识理论
3. 风险与不确定性	风险倾向与社会创业	1. 社会创业家对风险的倾向如何？ 2. 在不确定的环境下如何做决策？ 3. 何种因素影响社会创业家愿意冒较大的风险？	1. 展望理论 2. 认知理论、决策理论 3. 代理理论
4. 创新	社会创业与社会企业的创新管理	1. 社会创业家是否会制造出破坏性的创新？ 2. 有哪些因素影响社会创业家与社会企业采用渐进式或革命式的变革管理？ 3. 如何开发新的产品与服务？如何扩散？ 4. 如何管理制度创新与有效传递服务给顾客？	1. 破坏性创新理论、价值创新理论 2. 生命周期理论、组织演化理论 3. 营销理论、创新扩散理论 4. 生产作业管理理论、关系管理理论
5. 变革	社会创业与社会企业的变革程序	社会企业如何应对环境的变化？进行变革的过程为何？	资源依赖理论、动态能力理论、权变理论、组织学习理论、演化理论
6. 资源	社会企业有形与无形资源的取得与累积	1. 社会企业如何取得有形与无形资源？ 2. 如何建立核心能力？如何建立竞争优势？	1. 社会网络理论、社会交换理论、财务理论 2. 资源基础理论、知识基础理论、动态能力理论、财产权理论
8. 组织治理	社会企业的治理	1. 社会企业的组织如何设计与管理？为何会有相同的组织设计（同形）？ 2. 如何进行适当的信息披露？	1. 代理理论、忠仆理论、交易成本理论、体制理论、组织理论、利益相关者理论 2. 会计理论
9. 创业与经济增长	创业与社会企业如何促使经济增长	1. 何种因素孕育社会创业并使其增进经济增长？ 2. 不同的经济制度对社会创业与社会企业有何影响？	1. 经济发展理论、体制理论、经济社会学理论 2. 体制理论、经济社会学理论
10. 创业与社会	社会创业与社会企业对社会的影响	社会创业与社会企业对社会的影响如何？反之，社会又如何影响创业？	建构理论、社会运动理论、冲突理论、批判理论、体制理论
11. 创业与文化	文化对社会创业与社会企业的影响	不同的国家、种族文化、区域文化是否影响社会创业行为？反之，社会创业与社会企业又如何影响文化？	文化人类学理论、文化创新理论、体制理论
12. 创业与政治	政策的制定及法律的规范对社会创业与社会企业的影响	法律环境与政府政策制定如何影响社会创业？反之，社会创业与社会企业又如何影响政府法令与政策？	政治科学理论、谈判理论、契约理论、法律社会学、体制理论、政策创新扩散理论

第三节　社会企业经营模式的分类

闫加伟（2010）提出社会企业的运作模式主要有：第一，自己开辟公益项目自己运作，通过收费、拉赞助，有一些盈余；第二，企业通过商业手法赚取利润，将所得盈余用于扶助弱势群体、促进社区发展等公益项目；第三，社会企业开展中介服务，向企业销售推广公益项目，企业购买这些项目获得能提升企业社会形象等的回报，这是一个“双赢”的模式。林吉郎（2006）将香港社会企业分为商业模式、合作社模式及社区经济模式三种类型，商业模式为非政府团体成立，负责社会企业的管理及运作；合作社模式是由一群合作社社员负责社会企业的管理及运作；社区经济模式主要强调社区参与及发展。林吉郎（2010）认为社会企业经营的模式相当多元，社会企业为解决社会问题或是增进公共利益，可以不断获利，或是持续成长的机构、单位，或是事业体，主要有创投、资源/服务平台、小区经营、微额借贷、庇护型事业体、品牌延伸、服务弱势/特殊族群、相同族群互助经营、不同族群互助经营。表 2-11 系统地梳理了社会企业经营的类型。

表 2-11　社会企业经营的类型分析

组织或学者	分类的角度	类型
Fowler（2000）	组织性质的角度	1. 综合性社会企业 2. “重新诠释”（re-interpreted）的社会企业 3. 辅助性社会企业
SEL（Social Enterprise London，2002）	英国社会企业划分：组织性质的角度	1. 员工所有的企业（employee-owned business） 2. 储蓄互助会（credit union） 3. 消费合作社（co-operative） 4. 联合发展组织（development trusts） 5. 社区事业（community businesses） 6. 社会工厂（social firm） 7. 劳工市场中介方案（组织）（intermediate labor market projects） 8. 公益组织的附属企业（trading arm of harities）
陈金贵（2002）	台湾非营利组织事业化的类型：运作模式的角度	1. 向受益人收费型 2. 贩卖商品型 3. 庇护工场对外营业型 4. 以资源回收方式赚取费用型 5. 向第三者收费型 6. 直接经营事业型 7. 运用组织声誉收取赠款型 8. 办理与任务相关的各种方案型
林吉郎（2006）	发展起源的角度	1. 企业模式 2. 合作社模式 3. 社区经营模式

续表

组织或学者	分类的角度	类型
官有垣（2007）	台湾社会企业的类型：组织性质的角度	1. 积极性就业促进型 2. 地方社区发展型 3. 服务提供与产品销售型 4. 公益创投的独立企业型 5. 社会合作社
Alter（2007）	从组织动机导向角度	1. 使命中心型（mission-centric） 2. 使命相关型（mission-related） 3. 使命无关型（mission-unrelated）
李雪莹（2008）	台湾社会企业经营模式	1. 创投 2. 资源或服务平台 3. 社区经营 4. 微型借贷 5. 庇护型事业 6. 品牌延伸 7. 服务弱势或特殊族群 8. 相同群组互助经营 9. 不同族群互助经营
台湾社会企业创新创业学会	发展起源的角度	1. 非营利组织事业投资 2. 企业社会化转型 3. 社区互助团体 4. 合作经营组织 5. 社会创业
公平贸易事业社会经济发展办公室（台湾）	组织性质的角度	1. 社区经济模式 2. 合作经济模式 3. 工作整合模式
涂瑞德（2012）	台湾社会企业：法律地位分类的角度	1. 有限责任公司 2. 股份有限公司 3. 基金会 4. 协会 5. 合作社
陈欣和黄旻露（2008）	社会使命的角度	1. 社区需求纽带式 2. 利益分享扶助式 3. 内部捐赠式 4. 人力开发式 5. 社区利益循环式
康健（2008）	组织性质的角度	1. 民间组织 2. 合作社 3. 社会福利企业 4. 社区服务中心
哈佛大学社会企业发展中心	组织性质的角度	1. 非营利组织 2. 带有社会目的的私人公司 3. 对社区有贡献的企业组织
陈锦棠（2012）	运作模式角度	1. 附属单位模式 2. 社区企业模式 3. 合作社模式 4. 中小企业模式 5. 跳蚤市场模式

续表

组织或学者	分类的角度	类型
余晓敏等（2011）	发展使命的角度	1. 就业整合类 2. 消除贫困类 3. 社区发展类 4. 教育促进类 5. 社会服务类 6. 合作经济类
张强和余晓敏（2009）	运作模式	1. 产品生产与经营 2. 提供有偿服务 3. 就业整合 4. 政府购买服务 5. 企业联盟 6. 公益创投 7. 合作社

斯坦福大学商学院社会企业家精神发展中心认为社会企业是一种解决社会需求的创新途径，使用传统的商业手段来创造社会价值，并认为社会企业包括三种领域：运用组织资源以创造性方式处理社会议题的营利机构；帮助个人开办微型企业的非营利组织；非营利组织致力为自己的方案创造经济价值或是为其服务的人口创造就业或训练的机会。

社会企业只有采用适合的运营模式，才能不仅创造社会价值，还能维持较好的经营业绩。通过对社会企业的经营模式进行深入探讨，试图建构一个可供社会企业参考的经营模式。

使命无关型社会企业也称外部式社会企业。商业活动与社会使命无关。使命无关型社会企业具有分离性，商业活动产生的收入仅用于支付社会项目成本和运营费用。使命无关型社会企业，商业活动与社会项目分离，两者没有交叉，商业活动仅作为融资战略，为社会项目提供资金支持。下面以使命无关型社会企业为例进行说明。

使命无关型社会企业——格莱珉达能

经过 20 多年的试验，到 2006 年，以格莱珉银行为中心，尤努斯已经发展了 25 个组织，这些组织统一被称为格莱珉公司群（Grameen Family of Companies），格莱珉公司群致力于向穷人提供一系列广泛的物品和服务，包括信贷、医疗保健、电子通信、互联网服务等。这些组织都以社会企业的理念建立，并先后实现靠企业利润滚动持续发展。

以格莱珉达能（Grameen-Danone）生产酸奶为例。达能善于生产酸奶，但这是一种非常特别的酸奶。格莱珉达能致力于解决儿童营养不良的问题。孟加拉国人口结构非常年轻，有 1.5 亿人口，50%的儿童营养不良。而这其中部分人的情况非常糟糕。儿童营养不良对国家影响重大，因为营养不良会阻碍儿童的身体与智力发育，从而影响国家人才发展。在酸奶中加入微量元素——维生素、铁、锌等，并以非常低的价格出售，孩子们非常喜欢。如果一个孩子每周喝两杯这样的酸奶，持续 8～9 个月，就能获得所必需的全部微量元素，也能健康活泼地成长。公司的股东可以拿到他们的投资，但不会获得利润。

通过与法国的酸奶制造商达能（Danone）合作，格莱珉为孟加拉国的儿童提供了一款穷人都能买得起的强化酸奶。格莱珉和达能紧密合作，在酸奶实验室和当地集市里研究各种配方。在当地的集市上，孟加拉国的传统酸奶被储存在泥罐里，无须冷藏。没有冷藏，达能无法确保产品味道和口感的一致性，因为只有冷藏才能保住达能食品的精髓。但由于孟加拉国的大部分农村缺电严重，冷藏并不现实。因此，格莱珉和达能设计了一种依靠“格莱珉妇女”的销售体系。这些格莱珉银行的借款者本来生活在格莱珉服务覆盖的农村，她们销售酸奶，将酸奶从工厂迅速递送到消费者手中。酸奶可以帮助贫困儿童预防可能由营养不良引发的疾病。同时，酸奶厂房存在也为当地带来其他好处。生产厂房使用的牛奶是由当地的农民提供的，这给他们增加了收入来源。当地妇女也可以由销售酸奶而赚取佣金。由达能培训的当地人员利用工厂及其分销渠道，为当地的农村经济带来了更多的活力。此后，尤努斯继续推广社会企业的联合冒险事业，其合作者包括英特尔、阿迪达斯、巴斯夫公司等。

第三章 基于智力资本的社会企业创新流程

社会企业发展已经成为欧美国家和地区主流世界的显学，被称为一种改变世界的新经济模式。20 世纪 90 年代开始，我国进入了急剧变化的社会转型期，面临着就业压力大、贫富差距扩大、可持续发展受到资源和环境的严厉约束、农民失地引起的社会矛盾加剧、三大民生问题（住房难、看病难、求学难）等挑战，由于市场失灵、政府低效、公民力量单薄、非政府组织和非营利组织服务范围有限，我们需要发展大量的社会企业这种新兴的社会组织以一种新的、更为积极的运作模式解决以上社会问题。社会企业的源头主要有两个：一是社会服务机构加入商业元素，称为社会企业；二是商业机构履行社会责任，规模越来越大，最后由社会责任部门发展成独立的社会企业。

从事智力资本（intellectual capital，IC）研究的许多学者（Bontis，1998；Roos et al.，1997）把智力资本分为相互作用的三个维度，分别为人力资本（human capital）、结构资本（structural capital）和关系资本（relational capital）。Kong（2007）认为在非营利情景下，智力资本概念与其他如资源依赖理论和平衡计分卡（balanced score card，BSC）等战略管理概念相比更为有效，智力资本是非营利组织为获得持久的战略优势需要开发的一种重要资源，提出智力资本概念可以运用到非营利组织的研究中。

第一节 基于智力资本的社会企业运营模式分析

一、社会企业中的人力资本

社会企业家拥有独特的知识，特别是通过特殊的信息收集方法，能够吸引潜在的员工或志愿者努力构建更为有效的组织，获取未来发展的财务资本。社会企业家的领导技能和专业知识影响战略选择、组织设计，最终影响组织绩效。但是更为重要的是社会企业家认为创新和抓住市场的机会是社会企业得以持续的基础。社会企业家的领导技能和知识是促进创新的关键的人力资本。具备了社会、实物和金融资本之后，社会企业家要让项目得以启动还需要找到合适的人才。如果在这个阶段只有创始人来运作的话，那项目就会遇到瓶颈：它将没有足够合适的人手有效地运用这些资本。因此，要运行这些项目需要招募更多的核心人员来启动项目并使之进一步发展下去，从而创造产品，提供服务。非营利组织的领导更倾向民主，主要依靠组织成员从高层到低层（如雇员和志愿者）的知识、技能、经验和创新来完成目标。如果现存知识能够通过自上而下和自下而上的沟通相互作用就可能开发出新知识。基于智力资本的社会企业运营模式如图 3-1 所示。

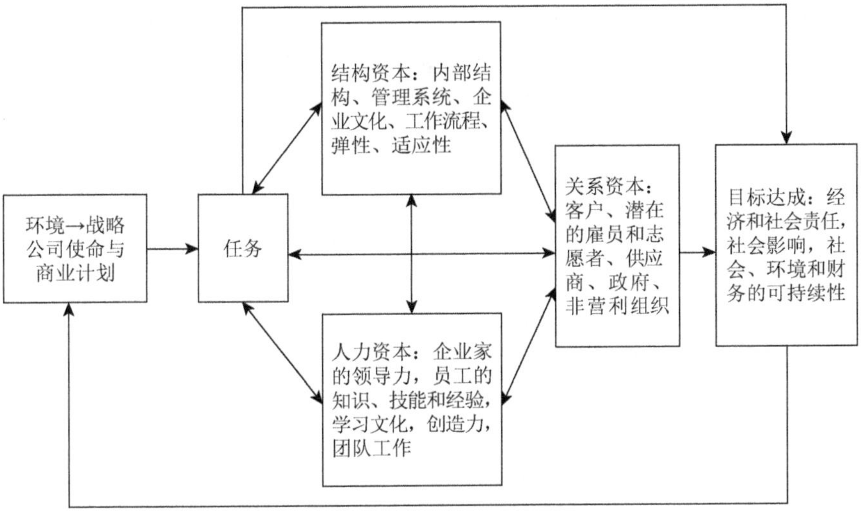

图 3-1　基于智力资本的社会企业运营模式

二、社会企业中的结构资本

结构资本是在组织战略开发中支持创新的构架。这是因为结构资本能帮助人力资本和关系资本放大和提升价值，这样就增加组织整体智力资本（Edvinsson，1997；Mouritsen and Koleva，2004）。个体离开组织就可以利用他的经验、技能、隐性知识进行创造和创新。另外，关系资本存在于组织的外部很难进行管理、复制和控制。不像人力资本和关系资本，结构资本能够为组织所拥有并为进行交易提供平台。这是因为一些智力资本受到法律的保护就成为组织的知识产权。因此，结构资本表示存在于组织中的知识。此外，当组织的文化支持新思想时组织为寻找创新的思想更可能增强自由的程度。因此，结构资本在社会和商业活动中通过组织学习和知识创造引导创新，以帮助社会企业创造组织价值。随着项目的发展，社会企业的规模日益扩大，变得越来越复杂。因此，在管理上也需要进行相应的调整和加强，此外还需要更强大的财务系统和法律方面的支持。随着更多员工的加入，员工管理将变得更为复杂。在这个阶段，项目所需要的是发展结构资本：一个更为正规化的管理结构，财务系统及与合作伙伴之间的关系更为牢固。

三、社会企业中的关系资本

外部关系是社会企业的关键，由于组织在动态环境下运作，外部的利益相关者是多元团队。不像传统的非营利组织，社会企业不仅依赖政府拨款和捐赠，而且为完成社会使命需要客户和消费者。社会企业更需要考虑外部关系，主要有政府委托人（代理机构）、传统的非营利组织、商业企业、潜在的雇员和志愿者、客户和终端用户。如果社会企业想要寻求与政府合作或者得到政府的帮助，那么与政府搞好关系就很有必要。Hamori（2003）、Martin de Holan 和 Phillips（2004）认为，未来的员工和志愿者更愿意参加有较好声誉的非营利组织。Chetkovich 和 Frumkin（2003）也认为客户常常选择慈善的产品和服务而不是私人企业的，因为相信做善事会得到好报。

社会企业的资金常常来自拨款和捐赠，像产品和服务的交易一样，关系资本成为组织的关键。也就是，社会企业的外部利益相关者拥有组织就能够增加知识以获取竞争优势。此外，组织关系常常涉及组织知识的交换。例如，组织不断地与不同行业之间的组织相互作用就更可能产生新思想和新实践。因此，社会企业和外部利益相关者之间的知识频繁交换（就是高层次的关系资本）有助于在创新流程中创造新知识以挑战现存知识。

总之，智力资本三个构成部分通过平衡现存的和未来智力资源的使用来帮助社会企业创造价值。特别是在高度竞争的动态环境下，这对社会企业更为重要。

四、社会企业促进创新的智力资本概念框架

通过分析智力资本三个构成部分之间的知识流动与外在的环境互动有利于社会企业家关注资源，并为社会企业提供如何寻求最大化运用资源的创新指南。

智力资本三个构成部分之间的相互作用、相互影响可能在社会企业中产生创新思想。外部变革的推动者在超越组织边界以构建合法的创新中可以发挥重要作用。这是因为大部分员工都意识到了更好地了解组织外部的利益相关者（客户和外部伙伴、朋友或媒体）的重要性，因此，外部利益相关者的意见在某种程度上有助于组织创新的形成。基于智力资本的社会企业创新流程如图 3-2 所示。

在社会企业方面，外部变革推动着客户、商业伙伴、志愿者、捐助者或媒体。他们有关社会企业的意见可能有利于提高成员组织创新的集体知识（或人力资本）。换句话说，就是知识从关系资本转移到人力资本。当社会企业成员在开发新产品或服务的创新流程中使用有关他们共同了解的外部利益相关者所需要的集体知识时，那么知识就从人力资本转移到结构资本。当新产品或服务做广告时，产

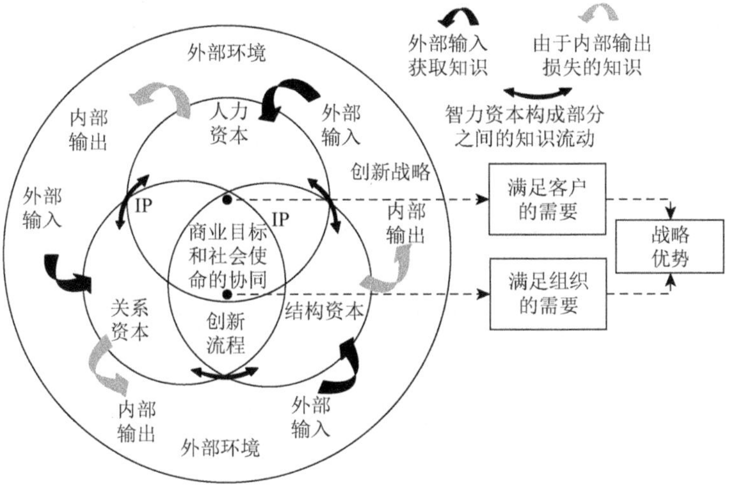

图 3-2 基于智力资本的社会企业创新流程

IP：innovation processes，创新流程

品或服务的知识及有关组织的知识就可能构成知识转移的形式，也就是从结构资本转移到关系资本。

来自外部的新知识无论是隐性的还是显性的，在组织创新过程中都起着重要的作用。从外部资源获得的新知识在图 3-2 中表示为“外部输入”。例如，与外部利益相关者新建立的关系是由于最近开发的服务领域，就可以被视为一种外部输入的关系资本。然而，外部输入的新知识也出现在人力资本和结构资本。外部输入的人力资本可以包括新员工和志愿者招募所带来的新的技术和经验。从利益组织与公共领域组织获得的新颖管理理念引致新的政策与流程，可以视为一种结构资本的外部输入。

Martin de Holan 和 Phillips（2004）认为，只要组织产生新知识，它就可能同时产生过期或不想要的知识。当管理过时的知识很费成本时，管理者必须有学习新知识的技能，并忘记不想要的知识（Martin，2000；Sirmon et al.，2007）。因此，成功的社会企业应该放弃过期或不想要的知识，这也适用于这三种类型的资本。换句话说，组织拥有高水平的吸收能力能够有效地管理知识的流动，激励创新的结果（Escribano et al.，2009）。智力资本概念框架帮助社会企业家通过“内部输出”删除过期或不想要的知识。从战略的观点来看，内部知识可能会在有意或无意中失去（Kong and Prior，2008）。一些故意减少知识的例子包括抛弃过时的用户手册、终止与合作伙伴的联盟或重塑一个新的组织形象。然而，志愿者员工流失（不是解雇）是无意中知识损失的例子。

在智力资本概念框架中，智力资本三个构成部分之间是相互作用的，知识的流动和知识的“外部输入”“内部输出”有助于社会企业家不断挑战自己的现状和传统，缓和社会问题和改善公共福利。社会企业要能清除过时的和不需要的知识，在创新过程中制定获取知识的计划或评估知识领域的弱点。这将为社会企业家提供对智力资源的最新理解，有助于在创新过程中更好地进行决策。

组织不是在真空中，而是与环境相互作用。外部环境是社会企业完成职能的关键。外部环境包括全球金融危机、在线支付的技术变革、2001 年美国“9 • 11”恐怖袭击事件、2008 年的中国汶川地震等。朱晓红（2008）分析了中国青年创业国际计划在汶川地震后把创业项目引入灾区重建，扶助灾区青年创业，认为这种创业扶助模式是社会企业模式的成功运作。

外部环境对组织来讲既是机会也是威胁（Weihrich，1982）。对于社会企业，外部环境可能会立即增加需求，对慈善活动的需求给组织资源带来巨大的压力，或者为社会企业提高效能创造机会。尽管外在的影响环境可能不是社会企业经常看到的，但其对社会企业的影响是深远的。Sull（2005）认为主要的机会和威胁经常是偶然出现的，在危机期间常常是采取积极的行动。社会企业依靠组织能力来抓住市场机会、生产新的产品或服务。Sull（2005）认为领导者必须探索未来，并对异常现象保持警惕和关注潜在的机会或威胁。因此，当机会与威胁出现时，组织将在最好的位置面对威胁的挑战或集中资源抓住机会。智力资本概念框架也强调社会企业外部的环境。在智力资本概念框架中，分析外部环境可以使社会企业家充分认识组织应对未来挑战所需要的能力。智力资本的战略开发和管理强调智力资本三个部分的平衡，要求社会企业家不断地再思考、再设计、再认知和评价组织内价值创造的智力资源（Klein，1998）。智力资本体现了智力资源内外部的综合观点，嵌入在人事、组织惯例和网络关系中，智力资本概念框架有利于社会企业较好地理解组织的内外部问题，也有利于理解社会企业方面的智力资本及其构成。本书只提出一个概念性框架，还需要今后进行实证方面的研究。

对于传统商业企业而言，财务或商业指标，如股价、收益率或者是市场份额等为它们提供了目标和方向，但在社会企业里，指导目标是由其使命所决定的。使命就像一面旗帜，使所有的员工、客户、支持者在组织的物质基础和提供的服务都刚刚起步时就能结合在一起。

第二节　社会创业模型

一、意向形成过程模型

Mair 和 Noboa（2006）认为，社会创业是社会企业家进行社会创业活动和创办社会事业相结合的过程，是通过创造性地整合和利用资源来开创创业机会以持续增进社会福利的实践活动。他们从创业意向形成视角来研究社会创业的一般流程，提出意向形成过程模型，如图 3-3 所示。

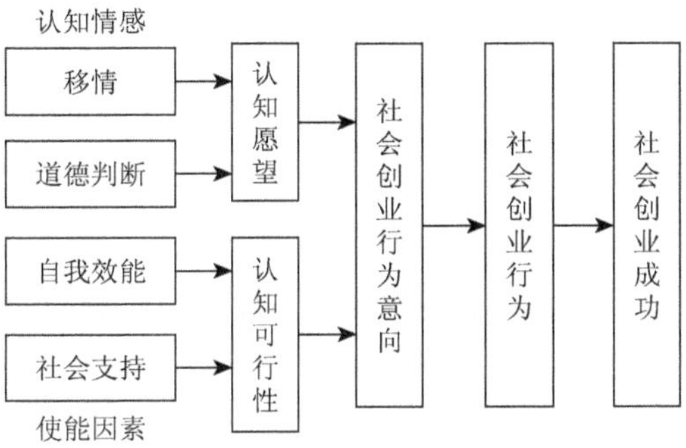

图 3-3　社会创业意向形成过程模型

该模型通过设定参数，运用系统方法来选取社会企业家的适合人选，通过分析创业者人选的个体因素来研究社会创业意向的形成机理，这是第一个揭示社会创业意向形成过程的模型，为建模研究社会创业过程奠定了基础。在这个模型中，社会企业家的创业意向受到社会企业家自身认知的创业愿望和可行性的影响。社会企业家的创业愿望认知受其感情（移情）和认知态度（道德判断）的影响，而其认知的创业可行性则受制于使能因素（自我效能和社会支持）。这个模型告诉我们，社会创业意向形成是一个多阶段过程，受到个人认知等因素的影响。政府和决策者可分析社会企业家的社会创业各个影响因素并采取有针对性的激励，促进社会发展和增加社会福利。

二、社会创业机会发展二阶段模型

Guclu 等（2002）提出，公益创业中的机会倾向于创造，而不是发现。他们写道："尽管那些说法很流行，但诱人的创业机会不会来敲完全成形的门。它们在那里也不是像丢失的财宝那样，等待着幸运的人或目击者发现。相反，它们不得不在一个动态的、有创造力的、充满谋略的过程中想象、设计和提炼出来。"他们认为，机会的创造和开发过程中不仅需要灵感（inspiration）、洞察力（insight）和想象力（imagination），还融合了研究（research）、逻辑（logic）和分析（analysis）。据此，他们构建了一个基于机会识别、创造和发展的社会创业机会发展二阶段模型，如图 3-4 所示。

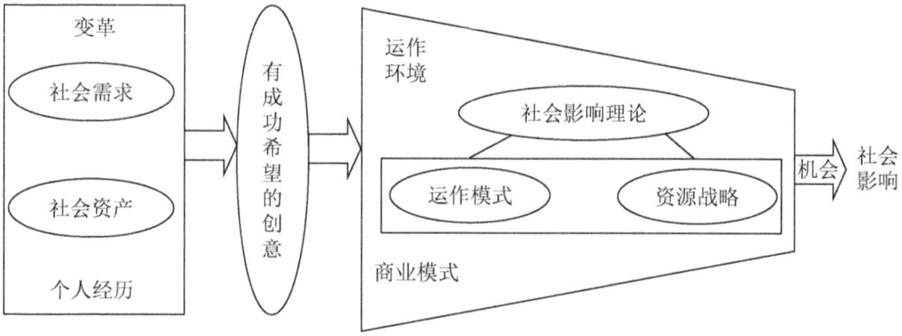

图 3-4　社会创业机会发展二阶段模型

资料来源：Guclu 等（2002）

在这个模型中，社会创业的机会创造过程分为如下两个阶段。

第一阶段，社会创业者形成有前景的创意。社会创业者产生有成功希望的创意要受到下列因素的影响。

（1）个人经历。通常是激发创意的前提基础。

（2）社会需求（social need）。个人经历是有价值的，毕竟是有限制或者是具备异质性的，可靠的社会创业想法是对社会真正需求的及时响应。这里的社会需求主要是指社会现实和社会满意之间的鸿沟（gap）。

（3）社会资产（social assets）。社会资产是产生有成功希望的创意的支撑。社会创业者已有的有形或无形资产可以引导那些前景性创意的进一步发展，但是社会创业者不能基于已有的一些资源，要不断地开拓新的社会资产。

（4）变革。变革可以创造一些新的社会需求与资产，可以开拓一些新的可能性，从而促使社会创业者去产生一些新的前景性创意。

只有当社会创业者采取机会导向型思维模式，并积极寻求引发重要社会影响的新的可能机会时，个人经历、社会需求、社会资产和变革这四个因素才有可能刺激产生前景性创意。

第二阶段，社会创业者把这个创意发展成一个诱人的机会，这是取得社会创业成功的关键环节。然而机会发展又会受到运作环境、商业模式、资源战略、运作模式等因素的影响。可以说，社会创业者就是在经济、政治和文化等环境因素的影响下，选择合适的资源战略和运作模式，实现社会创业的终极目的。

这个模型清楚地描述了美国进行一场成功社会创业的过程，它给我们的启示是：决定一个前景性创意是否值得投入使其转化成机会时，社会创业者要清晰地阐明令人信服的社会影响与社会价值以及可行的商业模式。此外，发展一个可行的商业模式需要设计一个有效的经营模式，并打造一个可行的资源战略，以上这些要素必须有机匹配在一起，并且社会创业者有意识在特定的环境中去运作。最后，还要考虑社会创业者自身的因素，如个人承诺、以往资历和年龄。当所有这些元素都是可行的并且统一到一起时，社会创业成功机会才会比较高，才能为社会创造价值并产生积极影响。

三、基于机会识别和评估的社会创业过程模型

正确地识别和评估创业机会是社会创业的起点和关键成功因素之一。在Robinson（2006）的基于机会识别和评估的社会创业过程模型（图 3-5）中，社会创业活动是一个逐步发现机会并克服各种障碍的过程，如果这个过程中的一个环节或要素出现偏差，那么社会创业的最终结果就会偏离初始目标。了解为谁服务是确保服务效率和真正产生重要社会影响的关键因素。

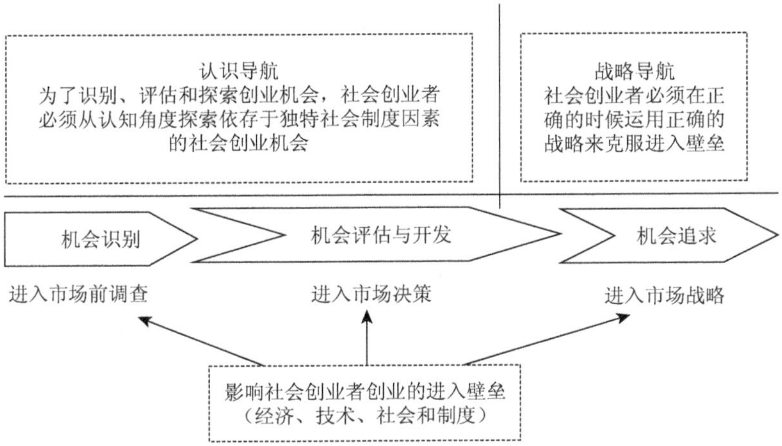

图 3-5　基于机会识别和评估的社会创业过程模型

该模型中，Robinson 认为，社会创业的机会存在于现实之中，但并不是每个人都能感知的。具体原因为：社会创业机会是独特地嵌入在社会市场结构中的，并且社会市场高度受正式的与非正式的社会制度因素影响。一些人认为这些因素对个体产生了进入壁垒（如经济进入壁垒、社会关系进入壁垒、制度进入壁垒、文化进入壁垒等）。社会创业者通过不断地探索来克服通常由市场和社会因素造成的进入壁垒，最终运用社会创业战略来解决社会问题。最后，社会创业者能否发现机会取决于个人以往的经验和工作经历，以及他们想进入市场和社区的特征。

罗宾逊的研究发现主要体现在三个方面：成功的社会创业者总是从他们最熟悉的社会与制度环境中识别和发现社会创业机会；当成功的社会创业者评估能够

创立社会企业的社会创业机会时，他们总是考虑社会与制度因素；在探索与开发新的创业机会时，成功的社会创业者总是直接考虑适应并满足那些嵌入到独特市场和社区中的社会与制度因素。

四、创新使命模型

Weerawardena 和 Mort（2006）根据社会学的扎根理论（grounded theory）和案例研究提出了全新视角的创新使命模型，如图 3-6 所示。在该模型中，社会创业的三个核心要素是前瞻性、风险管理和创新性；而社会创业的核心约束要素是环境（environment）、社会使命（social mission）和可持续性（sustainability）。但是这个模型对于三个核心要素和三个核心约束都没有进行深入系统的研究和度量。整个模型提出的要素除了社会使命，其余五个要素都是创业自身所具有的要素。

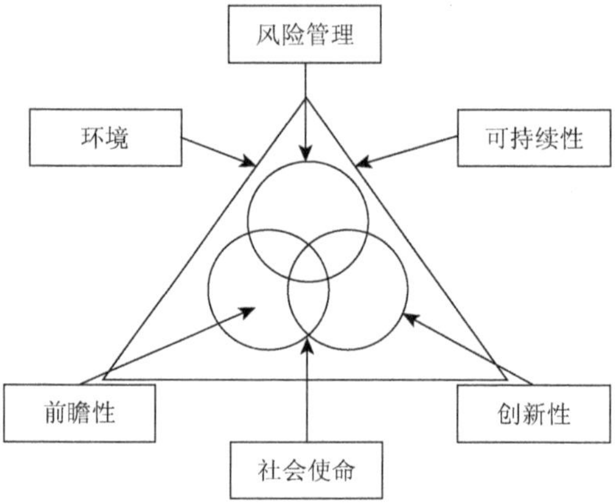

图 3-6　Weerawardena 和 Mort 的创新使命模型

五、社会企业的运作模式

运作模式是根据社会企业的财务和社会目标、使命、市场动态、客户需求或能力，以及法律环境来设计的。运作模式不应与组织或法律结构的描述相混淆。相反，它们说明了用于创造社会价值（可衡量的影响）和经济价值（收入）的配置，并且可以平等地应用于机构、项目或服务提供。对于社会企业如何运作还没有达成共识，从相关文献来看，Alter（2007）所提倡的模式最有代表性，该模式包含基础模式（fundamental models）、联合模式（combining models）和增强模式（enhanced models），其中基础模式有九种次模式（表 3-1），而联合模式和增强模式都是基础模式演变而来。现就三种模式逐一进行介绍。

1. 基础模式

基础模式所包括的九种次模式如表 3-1 所示。

表 3-1　社会企业的常见运作模式

模式	说明	举例
企业家支持模式（entrepreneur support del）	为目标人群（通常是弱势群体）提供产品或培养能力，使其通过出售产品或服务提高收入	小额贷款、咨询和技术支持
市场中介模式（market intermediary model）	购买目标人群（通常是弱势群体）的产品或服务，在市场上出售	供销合作社（marketing supply cooperatives）
就业模式（employment model）	为目标人群（通常是弱势群体）提供工作机会或职业培训，在市场上出售他们的产品或服务	支持残疾人及青年就业（如园艺、网吧、书店、面包店、修理厂等）
服务收费模式（fee-for-service model）	在政府和市场失灵的领域提供收费的新颖的社会服务，包括教育、医疗、养老等领域	老年人互助式的养老服务
低收入客户市场模式（low-income client as market model）	以低收入人群为目标客户，提供物美价廉的产品和服务	医疗保健、公共设施使用
合作社模式（cooperative model）	为合作社成员提供诸如市场信息、技术支持、集体谈判、大宗采购、获取产品/服务、市场进入等服务	批量采购、集体谈判、农业合作社、信用合作社
市场联动模式（market linkage model）	通过提供市场信息和市场调研等服务，使目标人群（通常是弱势群体）和市场联系起来	进出口、市场研究和中介服务
服务补贴模式（service subsidization model）	通过为较高收入人群提供收费服务来补贴为低收入人群提供性质类似但免费的服务	咨询、教育、物流、就业培训
组织支持模式（organizational support model）	通过开办营利性企业和非营利性机构（两者往往提供性质不同的服务），用前者在市场上销售产品或服务所获得的收入支持后者的社会目标	类似于服务补贴——依靠营利性资产获利，从而对非营利活动进行补贴

1）企业家支持模式

社会企业为目标人群（自我雇用的个体或企业）提供商业支持和金融服务，目标人群再向开放市场（open market）提供产品和服务，以此获取收入。社会企业通过对客户提供服务获取收入，用以支付相关的项目成本和运营开支。产生盈余时，社会企业可以为客户提供健康教育、保险等辅助服务。

企业家支持模式往往可以形成一个嵌入式社会企业：社会项目即商业活动。而该社会企业的使命是通过支持企业家的创业活动使他们获取收入。企业家支持模式的优点在于能够吸引大量客户，用自我融资模式实现可持续发展。商业活动以使命为中心的性质也有助于社会企业始终坚持社会价值的最终目标。但这种模式的缺点在于其应用范围是狭窄和有限的，只适用于经济发展组织或就业创业支持项目。此外，由于企业家支持模式的客户主要为弱势群体，组织生存能力受限。

现实中，经济发展组织，包括小额信贷机构、中小企业（small and medium enterprise，SME）和商业发展服务（business development service，BDS）项目，都采用企业家支持模式。应用这种模式的常见企业类型有：金融机构、管理咨询、专业服务（会计、法律和市场信息）、支持企业家的技术和产品。

2）市场中介模式

社会企业的市场中介模式为其目标人群或“客户”，即小生产者（个人、公司或合作社）提供产品开发、市场准入和信贷服务。社会企业服务为客户生产的产品增加价值。市场中介要么直接购买客户生产的产品，要么接受委托，然后在利润率较高的市场加价销售产品。

社会企业通过销售客户生产的产品来实现财务自给自足。收入用于支付企业的运营费用，并支付为客户提供产品开发、营销和信贷服务的项目成本。

供销合作社、公平贸易、农业和手工业组织等经常采用社会企业的市场中介模式。应用这种模式的常见企业类型有：市场营销组织、消费品公司、或销售加工食品或农产品的公司。

3）就业模式

社会企业的就业模式为其目标人群或“客户”提供就业机会和职业培训。“客户”指的是就业障碍较大的人群，如残疾人、无家可归者、边缘青少年和刑满释放人员。该组织经营雇用其“客户”的企业，并在开放市场上销售其产品或服务。就业模式通常是嵌入的：社会项目是企业，它的使命是为客户创造就业机会。为员工提供的社会支持服务，如“工作指导”、软技能培训、物理治疗、心理健康咨询或过渡性住房等，都融入了企业模式，为客户创造了良好的工作环境。社会企业通过销售产品和服务实现财务自给自足。收入用于支付与业务相关的标准运营费用和雇用客户产生的额外社会成本。

社会企业要采用该模式，前提是工作机会的恰当性及其商业上的可行性。通常此类组织会根据雇员群体的情况改良工作环境，或缩短工作时间。就业模式的缺点在于，客户多为弱势群体，会在一定程度上影响组织的生存能力。此外，就业模式社会企业与私营企业在市场上的竞争造成效率低下，也使这类社会企业的生存面临挑战。

现实中，就业模式被广泛用于残疾人组织和青年组织，以及为低收入妇女、吸毒康复者、以前无家可归的人以及接受工作的人提供福利的社会服务组织。常见的类型有：清洁公司、网吧、书店、旧货店、面包店、修理厂等。最受欢迎的职业是清洁和景观公司、咖啡馆、书店、旧货店、信使服务、面包房、木工和机械维修。中国计划经济下的福利企业与此类模式类似。

4）服务收费模式

社会企业商业化其社会服务，或者直接销售给目标人群，如个人、企业、社区，或者间接卖给第三方。社会企业通过收取服务费来实现财政自给自足，盈余（净收入）可以用来补贴其他社会项目。按服务付费的模式通常是嵌入的：社会项目是商业活动，它的使命是在其工作的部门提供社会服务，如卫生或教育。而该社会企业的使命是为客户提供优质低价的服务。社会企业通过收取服务费用实现财政自给。这些收入被用于支付提供服务的费用和业务费用，如与社会服务商业化相关的营销费用。

服务收费模式的优点是易于实施，但这同时也是它的缺点。许多组织仅仅将服务收费作为一种创收方式，而不是作为一个可扩展的商业业务。即使作为一个业务经营，许多服务收费活动产生的经济利益，也未能支付其服务的成本，更不用说自给自足。企业家支持模式也面临这一问题，原因在于目标人群缺乏资金，无法支付服务费。而当服务收费模式在经济上获得成功时，组织的逐利倾向会使其使命与利润发生冲突。

现实中，服务收费模式是非营利组织中最常用的社会企业模式之一。会员制组织和行业协会、学校、博物馆、医院和诊所是按服务收费的典型社会企业。

5）低收入客户市场模式

低收入客户市场模式的社会企业是服务收费模式的一个变种，是将目标人群或“客户”视为一个销售商品或服务的市场。这种模式的重点是为贫穷和低收入的客户提供产品和服务，价格、分销、产品特性等阻碍了这个市场的进入。产品和服务的例子可能包括：卫生保健（疫苗接种、处方药、眼科手术）和卫生保健产品（碘盐、肥皂、眼镜、助听器、女性卫生用品）、公用事业服务（电力、生物质和水）等。

该模式目标人群的低收入客户也被描述为生活在“金字塔底层”的人。这是对主要生活在发展中国家、年人均收入低于 1500 美元购买力平价（purchasing power parity，PPP）的 40 亿人的社会经济名称，每天挣不到 5 美元，处于这一收入阶层的人无法实现批量购买的经济效益，而且具有讽刺意味的是，他们可能要比中等收入的消费者多支付 30%的产品和服务费用。

社会项目通过提供产品和服务来增加客户的健康、教育、生活质量和机会，从而嵌入到活动中。收入来自产品销售，用于支付运营成本、营销和分销成本。然而，由于“低收入客户市场模式”所关注的目标人群收入较低，实现财务可行性可能具有挑战性。社会企业必须依靠发展创意分销系统，降低生产和营销成本，实现高运营效率，将创意收益市场交叉补贴给需要补贴的市场。卫生、教育、技术和公共事业经常使用这种模式。

6）合作社模式

社会企业的合作社模式通过成员服务直接为目标人群或“客户”——合作成员——提供益处：市场信息、技术援助/推广服务，集体讨价还价的能力，经济批量购买，获取产品和服务，获得外部为成员生产的市场产品和服务，等等。合作社成员通常是同一个产品组的小生产商或是对获得资本或医疗保健具有共同需要的某一社区成员。合作社成员是合作社的主要股东，他们用自己的时间、金钱、产品、劳动力等资源投资合作社，同时收获收入、就业或服务等福利。

合作社模式是嵌入的社会契约：社会项目是商业活动。合作社的使命是为会员提供服务。通过向其成员（客户）以及商业市场销售其产品和服务来实现财务自给自足。合作社用收入来支付与向其成员提供服务有关的费用，盈余可用于补贴成员的服务。

合作社模式社会企业包括销售其成员产品的农业销售合作社，而农业供应合作社则向农业生产过程提供投入。公平贸易组织经常与农业和商品生产者拥有的合作社合作，主要是咖啡、可可、酒、茶，以及非农业产品和手工艺品。

7）市场联动模式

社会企业的市场联动模式促进了目标人群（小生产者、当地公司和合作社）与外部市场之间的贸易关系。社会企业扮演着经纪人的角色，将买家和生产者联系起来，反之亦然，并为这项服务收取费用。出售市场信息和寻求服务是市场联动模式中常见的第二种类型的业务。与市场中介模式不同，这类社会企业不销售或营销客户的产品，而是将客户与市场联系起来。

市场联动模式既可以形成嵌入式社会企业，也可以形成整合式社会企业。如果社会企业的使命是连接客户与市场，并且其社会项目支持这一目标，市场联动模式形成的社会企业是嵌入式的；社会项目即商业活动。如果社会企业商业化其社会服务，收入用于补贴其他客户服务，市场联动模式形成的社会企业则是整合式的。与其他运营模式不同，市场联动模式的客户大多是有经济实力的私营部门，因而，社会企业生存能力较强。但这也在一定程度上限制了这个模式的应用范围。

许多行业协会、合作社、私营部门的合作者和商业发展项目采用社会企业的市场联动模式。社会企业类型包括进出口、市场调研和中介服务。

8）服务补贴模式

社会企业的服务补贴模式：社会企业向外部市场销售产品或提供服务，产生的收入用于补贴其社会项目，满足目标人群的需求。

服务补贴模式往往可以形成一个整合式社会企业：商业活动和公益项目交叉，共同分担成本、资产、运营、收入和经常性的项目价值。商业活动主要用于公益项目的融资机制，盈利收入主要用于补贴或全部支持组织的社会服务。

实施服务补贴模式的社会企业经营许多不同类型的业务，然而，大多数利用他们的有形资产（建筑、土地或设备）或无形资产（方法、技术、关系或品牌）作为企业活动的基础。核心社会服务的商业化导致企业活动本质上接近组织的社会项目，并可能增强使命；然而，利用有形资产向公众出售可能会导致企业与组织的社会项目非常不同。在财务方面，企业受益于杠杆化和成本分摊关系，并提供不受限制的收入流来“补贴”或完全资助一个或多个社会服务。服务补贴是最常见的社会企业类型之一，因为它几乎可以应用于任何非营利组织。如果服务补贴模式的盈利能力足够大，能够给母公司带来收入，那么它就有可能成长为一种组织支持模式。但是，一个组织采用这种形式，必须能清楚地界定自己提供的社会服务，并且能通过外部市场的产品销售和服务提供赚取显著的收入。

服务补贴模式的优点在于其可以广泛应用于各种类型的组织，常见的类型有咨询、教育、物流、就业培训等。利用建筑物、设备、土地、员工、计算机等有形资产的，可以兴办大量利用基础设施和资本资产的企业：租赁、物业管理、产品零售；复印、运输或印刷服务等。

9）组织支持模式

社会企业的组织支持模式是向外部市场、企业或公众销售产品和服务。在某些情况下，目标人群或“客户”就是客户。组织支持模式通常是商业活动与社会项目是分离的，来自社会企业的净收入提供了一个资金流来支付社会项目成本和非营利性母公司的运营费用。虽然组织支持模式可能具有社会属性，但利润而非社会影响是这类社会企业的前提。因此，社会企业根据财务优势选择商业活动，而这些商业活动并不一定与组织的社会使命相关。

这种社会企业模式是作为组织的一种融资机制而创建的，通常是作为非营利性母公司拥有的子公司（非营利性或营利性实体）而构建的。此模式的成功示例涵盖了母组织的全部或大部分预算。与服务补贴模式类似，组织支持模式实际上可以实现利用其资产的任何类型的业务。这种模式在西方各部门的非营利组织中很常见。尽管商业活动与组织使命无关，但组织的收入大部分来源于商业活动，所以商业业务必须高度有利可图。缺点是，组织支持模式也存在使命与利润的冲突，并且更加严重。所以这一模式最好由业务娴熟的组织来运行。

2. 组合模式

社会企业组合运作模式，在商业市场和社会部门抓住机会。组合是一种通过开拓新市场或创建新企业来实现社会影响最大化和收入多样化的战略。在实践中，大多数有经验的社会企业都会组合模式——很少有社会企业运营模式以其纯粹的形式存在。运营模式就像可以被安排以最好地实现组织的财务和社会目标的积木。又可分为以下几种：①复合模式（complex model），即包括两个或多个运作模式。②混合模式（mixed model）。许多非营利组织运行多单元（混合）操作，每个都有不同的社会项目、财务目标、市场机会和资金结构。混合模式中的每个单元可能与目标人群、社会部门、任务、市场或核心竞争力相关。例如，一个博物馆，除了教育艺术展览，可能有一个营利性的商品目录业务和高补贴的研究和收购操作。

3. 增强模式

增强模式是通过各种合作方式减少社会企业化过程中的障碍，强化社会企业运营，又可分为：①特许经营模式（franchise model），即一个组织可以特许它的“已证明的社会企业模式”并且出售给其他的非营利组织，作为它们的活动来运作。特许经营模式有助于组织降低市场风险和门槛，能在短期内达成社会服务目标，而社会企业也可以通过特许经营模式扩大社会影响力。比如，“黑暗中对话”。②“私营-非营利伙伴”模式（private-nonprofit partnership model），即在一个营利公司和一个非营利组织之间，混合了互惠的商业伙伴关系或合资关系。在这种模式中，非营利组织可以减少研发和管理成本，有助于建立品牌和市场营销并能从中获得商业收益，而企业可从中实现企业社会责任，并获得实践企业社会责任所带来的好处，如降低各种控制成本，有助于维持与社区良好的关系以及开发潜在客户与市场。总的来说，从上述复杂的模式可见，社会企业超越了传统非营利组织的活动领域，社会企业不仅服务于健康、慈善、教育等传统领域，同样开展直接创造就业与发展经济的活动。

社会企业的运营模式还有很多可能性，无论哪一种，都离不开两点：社会关怀和企业家精神。很多社会企业源于慈善组织举办的实体，但是这些优秀的社会企业首先必须是一个优秀的企业，而不是靠好心运作的组织。例如，《大问题》杂志社是全英国最好的杂志社之一，优秀的企业管理经验使得它们得以生存下去。社会企业的创办者很清楚，人们可以当作做慈善光顾你一次，但是不可能靠好心维系组织生存。所以，社会企业家不仅需要关心社会问题，还需要拥有企业家的创新精神，以及比企业家更优秀的管理水平。也曾经有人试图学习《大问题》杂志社的模式，用办杂志的方式救助失业者，但是杂志没有人买，慈善目的也就无从谈起了。

第三节　社会创业的使命

对于组织的商业化或营利行为，最常面临的是社会使命与营利目标的纠葛，总认为非营利组织若强调企业精神与财务回报，会造成使命与属性的扭曲，甚至因此失去志愿者的认同。其实“mission”可有两种意涵，即使命与任务，使命是非营利组织凝聚力与反映社会需求的长期目标，而任务是可以有阶段性的。阶段性任务可视为达成组织长期目标的手段，只要掌握盈余不分配、利益不得归自然人的限制，将商业运用在公益性的非营利组织上，以获取需要的资源并非不道德的事。再者，公益创投与社会企业的商业行为，其主要精神在于价值的创造，也就是将捐款或资金作有效且最大化的运用，以减少社会问题（如失业问题）及社会资源的支出。因此，非营利机构的商业行为，大多只能自给自足，并无盈余过多的“赚钱”顾虑，也就无须担心商业行为导致志愿者流失。

至于非营利组织与其从业人员，若能在一开始就确立自给自足的目标，不以补助款为主要来源，并在每一个阶段做好价值澄清与使命维护，而不是等到经费见绌才思考商业化，应该不会产生挣扎与疑虑。诚如由罗伯特基金会（Roberts Foundation）所赞助的团体表示：“我们的目的并不是完全财务回收，我们只是希望借由我们所做的投资，为社会创造更多的机会。”非营利组织的从业人员应建立正确且开放的观念，来顺应此趋势。

社会大众的爱心与捐献就像是水资源，若无法有效掌控，则有泛滥或枯竭之虞，因而有水库的建立。而基金会就是非营利组织的大水库。无论社会大众或非营利组织，都必须把握“做好事”就要“把事做好”的原则，拒绝不切实际的构想和寻求一个最佳构想一样重要。非营利事业的经营，不能只靠一副好心肠，运用公益创投与社会企业概念，资金不再是单向的捐赠与赞助，追求财务回报，再以财务的回报投入社会目的活动与服务，获得社会回报，这样才形成良性循环，将爱心创造最高的价值，组织才具有可持续经营的条件。

在组织中，使命是组织效能的基石，也能让所有组织参与者（包括领导者、创建者和顾客）清晰地了解组织的目标。一个将使命作为绩效标准的组织，将使内部的所有成员都能一同参与决策；另外，清晰的使命也能促使组织上下一同分担责任。不仅如此，使命还能用来吸引资源、制定战略以及鼓励人们勇于做出承诺。主要从以下五个方面定义社会企业的使命。

（1）使命可能是基本的定义性的观念：由于人们的承诺和热忱可围绕组织使命构建，目标使组织运营的目的得以清晰表达。它使每位成员都拥有进步感和成就感。

（2）使命必须和他人共同制定和分享：一个伟大的使命所建立的有效率组织的领导者必须是一个人与人共同分享目标的“传教士”。组织使命修订时，成员要一同参与这一过程，因为组织里参与的人越多，越能提升使命的重要性和组织的效率。

（3）使命要随外部环境的变化而调整：改变必须恰到好处。组织的领导者要有改变使命的心理准备，一旦需要，就要有行动。

（4）没有行动的使命是毫无意义的：德鲁克曾说过，企业家总是在探索机会。一个理想的使命能赋予社会企业一个强而有力的创新机会，相反，没有计划和协调行动的使命充其量只是个好主意而已。

（5）使命和行动能改变世界：社会企业的唯一目的在于将最好的创意、最佳的心灵和资源结合在一起，对人们的生活和社会产生重大影响。资源虽然有限，但使命能够提供坚持下去的力量。

我们可以从社会问题方面寻找社会企业发展的使命。只要我们有爱心，真正关心社会，就会发现大量的社会问题，很多社会问题是共有的。2015 年 9 月联合国大会通过了《改变我们的世界：2030 年可持续发展议程》，提出了国际社会消除贫困、实现可持续发展社会的 17 个目标（Sustainable Development Goals，SDGs）。议程建立在“一个都不能少”的原则基础上，强调实现所有人可持续发展的整体方案。2016 年签署的《巴黎协定》就是这份纲要的其中一个项目。这 17 项可持续发展目标大部分涉及社会问题，具体如下。

目标 1：在全世界消除一切形式的贫穷。

目标 2：消除饥饿，实现粮食安全，改善营养和促进可持续农业。

目标 3：让不同年龄段的所有的人都过上健康的生活，提高他们的安康。

目标 4：提供包容和公平的优质教育，让全民终身享有学习机会。

目标 5：实现性别平等，增强所有妇女和女孩的权能。

目标 6：为所有人提供水和环境卫生并对其进行可持续管理。

目标 7：每个人都能获得价廉、可靠和可持续的现代化能源。

目标 8：促进持久、包容性的可持续经济增长，促进充分的生产性就业，促进人人有体面工作。

目标 9：建造有抵御灾害能力的基础设施，促进包容性的可持续工业化，推动创新。

目标 10：减少国家内部和国家之间的不平等。

目标 11：建设包容、安全、有抵御灾害能力的可持续城市和人类住区。

目标 12：采用可持续的消费和生产模式。

目标 13：采取紧急行动应对气候变化及其影响。

目标 14：养护和可持续利用海洋和海洋资源以促进可持续发展。

目标 15：保护、恢复和促进可持续利用陆地生态系统，可持续地管理森林，防治荒漠化，制止和扭转土地退化，阻止生物多样性的丧失。

目标 16：创建和平、包容的社会以促进可持续发展，让所有人都能诉诸司法，在各级建立有效、负责和包容的机构。

目标 17：加强执行手段，恢复可持续发展全球伙伴关系的活力。

以上为联合国千年发展目标。可持续发展原本包括经济、社会和环保三个方面，现在社会企业把社会问题和环保问题统称为社会问题，也就是广义的社会问题。所以，很多社会企业的案例实际涉及的是环保问题和可持续发展问题。我们可以登录联合国经济和社会事务部的网站详细阅读以上 17 个目标，对社会问题有更详细的了解，也可以根据本国的国情，寻找更具体的社会问题。中国经济发展的不均衡出现了很多相对和绝对的贫困群体以及相应的社会问题，地域的巨大的差异和发展的不均衡，使得这些问题更加复杂。中国常见的社会问题有：贫困问题；环保问题；食物浪费问题；精神健康问题；孤寡老人、空巢老人问题；偏远地区儿童亲情或心理问题；恶劣气候问题；残疾人就业问题。

第四节　识别社会创业的机会

机会识别是社会创业过程中的第一个阶段，也是最重要的一个阶段。正如在格莱珉银行的案例中，一位社会企业家发现了一个创造社会价值潜力的机会，接着，他调集资源，承担所有风险去追求机会，然后，他重新评估机会，使其得以可持续发展。没有机会的识别或创造作为第一步，其他都是空谈。

创业机会的两种哲学观：发现说和创造说。发现说建立在这种假设的基础上，即机会是客观现实，不依赖于机警、技巧或幸运且能发现机会的企业家而存在。这种观点认为，机会是由市场或公司不完美引起的外部冲击而形成的，它们客观存在，为“埋藏的财富”等待发现和开采。外部冲击的例子包括技术变革、顾客偏好、政策法规、社会人口统计学等。创造说是假设机会并非独立于企业家而存在，而是通过社会建设制定出来的，它们通过企业家和环境之间的制定过程而形成。也就是说，没有企业家行为，机会就不存在。

其实，发现说和创造说应该是结合起来，才能够更好地理解机会。发现说适用于创业过程始于机会识别的情况，而创造说则适用于企业家与环境之间的意会过程导致机会产生的情况。发现说强调追求机会与资源无关，而创造说则注重当前掌握什么就能做什么。总而言之，一些机会是被发现的，而另一些都是被创造的。

管理大师彼得·德鲁克提出的识别创造性机会的七个来源：①意想不到的事情（the unexpected）——意想不到的成功，意想不到的失败，意想不到的事件和外部变化；②不协调的现象（incongruities）——实际情况与人们的主观判断或通常认识不一致；③过程需要（process need）——过程中存在“薄弱环节”或“缺失环节”，处于过程中的人们都知道；④产业结构或市场的变革；⑤人口统计学的变化（人口的变化）；⑥认知、意义和情绪上的变化；⑦科学或非科学领域的新知识。

在社会创业的背景下，机会的定义缺乏相当程度的共识。一些人定义机会为“不同于现在的未来理想状态，并相信这种状态的实现是可能的”（表 3-2）。其他人则界定机会为“一种利用市场的效率，在不饱和市场提供创造社会价值的革新产品或服务的可行情况”。还有人提出机会表现为社会问题或没有满足的社会需求。

表 3-2　社会创业机会的定义

提出者	定义
Austin 等（2006）	不同于现在的未来理想状态，并相信这种状态的实现是可能的
Guclu 等（2002）	机会具有产生积极社会效果的潜力，证明是值得花时间、精力和金钱去认真追求的
Clarkin 等（2012）	一种利用市场的效率，在不饱和市场提供创造社会价值的革新产品或服务的可行情况
Monllor（2010）	社会企业家利用市场机会创造社会价值

在继承和发展经济学家约瑟夫·熊彼特的思想的基础上，迪斯发现了社会创业中七种类型的创新机会。

（1）一种新的或者改良的产品或项目。例如格莱珉银行的小额贷款项目，穷人申请小额贷款无须抵押。

（2）引进一种新的或改进了的战略或经营方法，作为一种复制其项目的战略，某些非营利组织中社会特许权的实践符合这一类型。

（3）进入了一个新市场，为未满足的需求提供服务。例如，格莱珉银行在美国开办了分行，为那些传统上不能从常规银行体系中获得贷款的人提供贷款。

（4）利用新的供应和劳动力资源。《街头新闻》，一家在纽约市出版的街头报纸，雇用无家可归者来写作、生产和销售报纸。

（5）通过并购、资产重组、联盟和其他的契约协议来建立新公司和新组织结构。

（6）以顾客、消费者、供应商、投资者和雇员一起设计合约的新条款。

（7）开发一种新的融资结构。

（一）创意生成

在这个阶段，一个有前景的创意生成源于三个重要因素：社会需求、社会资产和模式识别的相互作用。

人们现在想要或需要，或者至少是可能想要或需要的那些事物就是服务吗？在社会企业家开始创业过程之前回答这个问题显得很重要。著名心理学家亚伯拉罕·马斯洛提供我们一个非常简单的方法去了解这个问题的重要性，同时，这种方式也是指引我们进行社会创业创造性过程的实用工具。马斯洛需求的七个层次：生理需求（physiological needs）、安全需求（safety needs）、归属与爱的需求（belongingness and love needs）、自尊需求（self-esteem needs），认知的需求（need to know）、审美的需求（aesthetic needs）、自我实现需求（self-actualization needs）（表 3-3）。马斯洛认为，各层需求之间不但有高低之分，而且有前后顺序之别；只有低一层需求获得满足之后，高一层的需求才会产生，就像生物的进化一样。

表 3-3　马斯洛需求层次及社会企业可能关注点示例

马斯洛需求层次	定义	社会企业可能关注点示例
生理需求	指维持生存及延续种族的需求	营养均衡
安全需求	指受到保护与免于遭受威胁从而获得安全的需求	无家可归者、弱势人员的就业
归属与爱的需求	指被人接纳、爱护、关注、鼓励及支持等的需求	社区服务项目
自尊需求	指获取并维护个人自尊心的一切需求	授权项目
认知的需求	指对己、对人、对事物变化有所理解的需求	学术项目
审美的需求	指欣赏美好的事物，并希望周边的事物有秩序、有结构、顺自然、循真理等心理需求	文化创意产业、手工艺
自我实现需求	指在精神上臻于真善美合一人生境界的需求，亦即个人所有需求或理想全部实现的需求	学校奖学金

显然，每一层次的需求都可以激发社会企业家的创意，关注的焦点放在食品的需求、提高安全保障水平、培育共同的社区、增强自尊心、完善教育、增加审美经验，帮助人们发挥潜力以及让人们学会为他人服务等。对于社会企业家来说，马斯洛的需求层次理论的意义在于，它指出了社会需求或潜在社会需求的存在与否取决于底层的需求是否已经得到满足、如何得到满足。这一点可以解释为什么完美的创意并不总是可行的机会，因此也不是富有生产力的社会创新。

关于社会创业机会的发现和创造，罗宾逊（Robinson，2006）确定出以下比较常见的模式：一是从他们自认为熟悉的社会和体制环境里，成功的社会企业家能够发现创业的机会；二是在对创业机会进行评估时，成功的社会企业家会考虑到社会和体制方面的因素；三是社会企业家直接解决社会和体制问题，他们把消除社会或体制方面的障碍作为自己的企业的目标。

从需求出发，找对问题。能源、教育、弱势就业等社会问题，牵涉范畴往往巨大得像座冰山。如何找出核心的问题症结点，便是重要的第一步。以早产儿问题为例，在发展中国家诞生的早产儿，常因医疗服务与设备不足而面临保温的问题。许多国际援助组织与慈善家捐赠了上百万台平均造价 2 万美元（约为 12.42 万元人民币）的保温箱，却面临当地没有足够的资源维护和修理，或是电力供应不稳定的状况，导致保温箱无法充分发挥效用。由四位斯坦福大学学生组成的 Embrace 团队，在进行田野调查后，了解了当地人的需求与问题所在，于是设计出一个类似睡袋的保温袋。这种保温袋无须组装拆卸，携带方便而且使用简单，消毒后还可重复使用，每个成本约为 25 美元（约为 155 元人民币），不到传统保温箱成本的 1%，有效弥补了发展中国家医疗设备的不足。Embrace 团队采用社会企业的运作方式，分为两个独立但有联系的实体。非营利部分（主要是通过非政府组织合作伙伴，向最贫困地区捐赠产品，并建立婴儿保健体系），新的营利部分——Embrace 创新（专注于销售产品和研发工作），与非营利部分签订收入分享协议。

（二）机会评估

一个机会被识别或者创造出来，下一步就是评估这一机会的收益或成本，并决定是否继续。表 3-4 为机会评估的三个标准。

表 3-4　机会评估的三个标准

社会价值潜力			
增加值	高		低
战略任务	服务/产品与使命一致的社会价值	⟷	服务/产品创造社会价值，但与使命关系脱节或间接
实现结果	服务/产品将导致使用者行为、习惯或满意程度产生明显的改变	⟷	服务/产品将导致使用者行为、习惯或满意程度产生最小改变或与改变无直接联系
伙伴关系或战略联盟	与其他组织的伙伴关系会产生协同效果及增加出现预期成果的机会	⟷	服务/产品改变的潜力不大，从伙伴或战略联盟中获得的机会不大
组织效益	成功的服务/产品将会提高或创造积极的社区知觉或组织政治支持	⟷	不成功的服务/产品将对组织的社区知觉或组织政治支持产生负面影响
市场潜力			
需求	高		低
使用者的需求	社会需求和机会之窗有开启的迹象	⟷	没有信息或其他迹象显示社会的需求，或机会之窗关闭
使用者的欲望	有使用者感兴趣或其他社区提供相同服务的迹象	⟷	没有信息或其他迹象显示使用者有明确的兴趣，其他社区提供相同服务明显减少
投资者的兴趣	有投资者感兴趣的迹象，或有市场和政府契约的明显趋势	⟷	没有信息、其他迹象显示投资者对类似的服务感兴趣
市场份额	显示出开放市场，几乎没有竞争	⟷	具有高度竞争性市场的迹象，或没有信息或其他迹象显示有竞争或参与市场的兴趣
可持续发展潜力			
资金需求	高		低
创意开发	研发资源取用方便	⟷	资金、人力、时间、资源捉襟见肘
启动	启动成本低或容易获得资金	⟷	启动成本高或资金缺乏
成本-效益比	相对高边际公共利益而言，总项目成本低	⟷	相对低边际公共利益而言，总成本高
组织能力	董事会、员工、志愿者等人力资源能力是现成的且与潜在服务或项目一致	⟷	现有的董事会、员工、志愿者之间能力缺失
潜在收入	目标人群有潜在的收入或有付费的能力和意愿	⟷	目标人群几乎没有可支配的收入或显示出支付最少费用的能力和意愿
组织能力	内部结构、空间、技术等井然有序并可因新服务或扩展服务而调整	⟷	内部结构受限或为支持新机会需大量升级
投资者的兴趣	创立人有三到五年投入的兴趣	⟷	投资者兴趣不明或三到五年内投资兴趣下降

评估是一个不断修订的、不精确的观念判断和提炼的过程，并不单纯是个判断及决定对错的工具，使用以上表格进行评估还可以提供机会潜力高低的排序，它并不能提供一套成功的科学公式。

将有潜力的创意转化成富有吸引力的机会是社会创业取得成功的关键环节。心理学家拉塔纳的社会影响理论是商业模式形成的理论基础，同时也决定着该模式的社会影响力与社会价值。在机会发展模式中，机会发展分析框架包含商业模式、运作环境、运作模式以及资源战略等要素，在政治、经济、文化等宏观环境影响下，社会企业创业者须有恰当选择才能达成创业目的。

沙克拉·扎赫拉（Shaker Zahra）及其同事为评估社会创业机会提出了五项标准：①普遍性。机会的普遍性是指机会旨在解决的社会需求在多大程度上是普遍存在的或突出的。②相关性。机会的相关性是指机会的突出性与企业家及其个人经历、专业知识、技巧、资源和人口统计学特征之间的匹配度。③紧迫性。机会的紧迫性是指其难于预测（如自然灾害的情况），一件不可预测的事情产生一种紧迫感，造成机会窗口，以及时的行为解决一种特殊的社会需求。④易达性。机会的易达性是指通过传统的福利机制，如政府和慈善事业来解决社会需求的可感知的困难水平。当机会在某种程度上无法利用传统的福利机制时，就会为社会企业家寻求创新方案创造细分市场。⑤激进性。机会的激进性是指一项重大创新或社会变革必须解决某一特殊问题的程度。当机会到了激进和创新的程度时，创业组织和其他现有组织区分开来。

第五节　规划商业获利模式

将自己想促成的社会正向改变定调后，如何从中找出获利模式就是关键。需要针对项目或组织的目标市场（客户群体）、产品服务、组织架构、人力资源、营销运营、财务管理、资源（资金）募集与使用等方面做出商业规划，并将信息完整、清楚、易懂地呈现在商业计划书中，作为实现招募伙伴、寻求合作、募集资金等目标的重要工具。

活用社会创新思维，设计产品服务。社会企业要兼顾社会与财务价值的创造，与纯商业企业和纯公益组织比起来，又多了一层难度。也因为一个社会问题牵涉层面极广，在创业初期，建议集中精力与资源在能将组织价值和主张传递给顾客与受益者的商业活动上，确认每一个产品、服务，都能体现组织愿景、使命等社会改变模式，也就是具有“社会要素”（social component）的产品或服务，如此所制定的策略会更有效益（表 3-5）。

表 3-5　具备社会要素的四种产品/服务类型

类型	说明	社会企业实例
（1）采购特定群体的产品服务	产品或服务的制作者为较缺乏资源或信息的群体，如小农、妇女、失学青少年、身心障碍者等，借助建立公平、对等的贸易关系授权给生产者，改善生产者所处的环境、经济与社会发展状况	欣耕工坊
（2）创造特定群体的工作机会	通过设计创新的就业机制或职业种类，使原本较不易获得就业机会的群体能拥有支持性、稳定度高的工作环境，不仅能获得工作机会，也能培养自己的专业技能	深圳残友集团 “黑暗中对话” 旭平兔业 北京富平学校
（3）提供满足社会或环境需要的产品、服务	组织提供付费服务或产品，可回应社会或环境需要（可能是未被充分满足的现有需求，或因社会变动而产生的新需求），且能产生营收作为组织持续经营的收入来源	格莱珉银行小额信贷 海口市博学生态村
（4）通过研发使资源得到有效运用	运用科学技术，更有效地整合、运用以往闲置或废弃的资源，减少地球资源的消耗	善淘网

资料来源：根据社企流（2015）整理

怎样的创新会被称为“社会创新”？它与一般创新有何不同？斯坦福大学慈善与社会创新中心所出版的《斯坦福社会创新评论》（*Stanford Social Innovation Review*）形容它是：“提出一种新颖方法解决某项社会问题，与旧方法相比更有效率，具公正性与持续性，而且产生的价值由社会大众共享，而非由少数个人独占。”社会创新的成果，可以是软件（服务）或硬件（产品），这些软硬件有可能带来利润。而用商业手法实践社会创新的组织，便称为“社会企业”。

（一）进行市场调查

市场调查和产品（服务）设计相辅相成，组织或个人先进行哪个步骤并不相同。有些创业者会先设计出产品（服务）雏形后，一边调查市场，一边修正产品（服务）；有些创业者则先接触、观察到某一市场，累积一定知识与经验后才开始研发产品（服务）。

市场调查能帮助创业者或团队了解外在环境。常见的调查方式有问卷调查、焦点访谈、文献探讨等。

市场调查做得详细，不仅可帮助持续修正产品（服务），找到竞争优势，也是组织在制定运营或营销策略时的重要参考。

市场调查可通过初级研究（primary research）和次级研究（secondary research）来取得所需信息。初级研究是直接依据第一手的原始资料，如通过问卷调查、焦点小组访谈而取得的信息，可帮助调查者了解目标受众的特质、需求等重要信息。次级研究则是依据期刊论文、政府统计数据等现有信息获得衍生的间接资料，可帮助调查者了解目标受众的规模、结构、趋势等大方向。

（二）掌握利益相关者

在市场调查过程中，创业者或团队也会对利益相关者（stakeholders）有更清楚的认识。利益相关者指的是在组织运营过程中，能影响组织或被组织影响的团体或个人，包括员工、顾客、竞争者、供应商、渠道、股东、政府、社会大众等。

与一般企业相比，社会企业涉及的利益相关者较广泛、复杂，且不像商业企业以满足单一利益相关者的最大利益为目的（如公司以为股东谋取最大利益为目标），社会企业需在与各种利益相关者的互动中取得平衡，界定并分类各种利益相关者，以及他们各自的需求与优先考量点，这样才能更有效地掌握各群体之间的关系并制定价值主张。

（三）界定目标受众

再好的商品，若没有群众支持也是枉然。如何明确界定产品或服务能否满足群众需求，以及通过市场调查，证明自己的组织是最有能力提供此项产品或服务的人，也是不可小觑的工作。

在社会企业领域，一个组织常要和消费者、使用者、受益者等不同类型的利益相关者沟通，消费者与使用者可能是不同的群体，或在差别化定价的策略下有多种消费者，因此在讨论谁会支持组织的产品或服务时，以目标受众（target audience）取代目标客户（target customer）来讨论。

针对产品或服务的不同爱好者，组织应该发展出不同的价值主张（value proposition）并进行沟通。例如，英国净水科学家皮查德发明了具有纳米专利、可挡下所有微生物污染源的救命水壶，售价比市面上的过滤水壶高了十倍。因此他运用市场差异化的策略，根据不同群众的需求来推销救命水壶。在发展中国家，他从“急难救助”的利基点开始，销售水壶给国际援助慈善团体（如无国界医生）、政府与军事单位（如联合国维和部队）等。在发达国家，他将水壶推广到家庭使用、预防灾难、休闲旅游等个人消费群体中，提倡“买产品也买保障”。对目标受众掌握得越清楚，越有助于设计产品（服务）、理清价值主张与制定营销策略。通过市场调查，掌握以下目标受众的信息（以救命水壶为例）：规模（如 50 万人、1000 个组织等）；结构（是否需再细分受众为几个类别，如国际援助组织和户外运动者）；趋势（如规模持续增长）；特质（如平均年龄层、平均消费水平、性别比例等）；需求（如需要干净饮用水）。

（四）确立价值主张

价值主张指的是组织产品或服务能带给目标受众的价值，也就是能满足受众的何种需求。而一个社会企业的价值主张，也要能与其社会模式、商业模式的策略与目标相符合。价值主张可分为具有价格竞争优势的“效率型”、提供独特产品（服务）或具领导地位的“创新型”、与客户群建立亲近关系的“情感型”三类。

调查分析市场竞争者的价值主张，也能够帮助自己的项目或组织建立具有识别度的独特卖点，以及制定有效的营销策略。例如，当市场中其他竞争者都聚焦在其产品、服务的低价时，如何让自己的产品、服务具有创新或情感型价值，进而吸引受众的目光与支持，就是关键。

第四章　社会企业家的特征与形成机制

为了创造重大和持久的变革，社会企业家首先必须理解并经常性地改变导致问题并使问题延续的社会系统。

——迪斯

大力发展社会企业就需要社会企业家。当然，不是每一个人都能成为社会企业家的，但社会企业家是一类特殊的道德高尚的组织领导者，中国需要一批社会企业家来探索共同建造和谐社会的新途径。

两个世纪前法国经济学家让·巴迪斯特·萨伊创造出“企业家”这个词，意为“从事者”（undertake），指那些“将经济资源从较低利用的领域转入有更高生产力和更高产出的领域的人们”。熊彼特则描述为：重大的经济进步所需要的“创造性的破坏”之源。

社会企业家的突出代表人物是创设了“穷人银行”（banking for the poor）的诺贝尔和平奖获得者尤努斯。在中国也出现了一大批的社会企业家，如为解决残疾人就业组建深圳残友集团的郑卫宁、多背一公斤的余志海、中国兔王任旭平、“黑暗中对话（香港）”的创办者张瑞霖等。2017 年 2 月 21 日，北京星展基金会和社会企业研究中心发布的社会企业调研报告显示，大量在社会企业中承担高级管理职务的女性占 48%；社会企业家学历较高（70%以上本科学历）；社会企业家认为社会企业应认证占 42%，近 62%的社会企业家认为需要社会企业立法。

第一节　社会企业家的定义

最先提出社会企业家的概念，突破性地把企业家理论拓展到社会领域的学者是阿育王的创立者 Bill Drayton，该概念在 20 世纪 80 年代早期被提出，借以指代那些拥有企业家的激情与专注并致力于解决社会问题的企业家，他结合了德鲁克和史蒂文森（Stevenson）所提出的企业家理论，提出“企业家不应当只关注企业利润或经济的发展，而更应当关心社会的发展，能够以企业家精神为依托推动整个社会走上新的发展轨迹”，他通常被认为是现代社会创业的先驱。这种着眼于社会的企业家称为“social entrepreneur”（社会企业家），谢家驹（2008）认为这种翻译并不合适，理由有两点：第一，“entrepreneur”多翻译为“企业家”或“创业者”。能称得上“家”，表示有了相当成就，但“创业者”则没有这个意思，刚创业的人可以称作“entrepreneur”。第二，“社会企业家”中的“社会”一词是用来形容企业家的，但由于“社会企业”这个名词已被广泛地使用，人们听到社会企业家，可能会误以为是搞社会企业的人。“social entrepreneur”可以指创办社会企业的人，但不一定是。

对社会企业及社会企业家应当有全面和合理的认知。“entrepreneur”这个词是从法语引进的名词，这个名词英语的意思就是“从中获利的中间人”（the middle-man who takes），法语的前缀“entre”意思是英语的“between”，而词根“preneurus”就是英语的“taker”。在汉语里被很多人翻译为“企业家”，而汉语里的“企业家”往往缺乏英语概念里所包含的创新、价值创建、承担风险、追求机会等特点。当人们谈论企业家（entrepreneur）的时候，通常所指的是一个商人。“entrepreneurship”（翻译为企业家精神或创业）这个概念由奥地利政治经济学家约瑟夫·熊彼特引入社会科学，从此被商学院奉为对付各种恶行和灾难，如传统企业结构的刚性和科层制。在中文更多强调营利和赚钱能力多于创新或创造力。20 世纪后期，德鲁克和史蒂文森从企业家作为推动经济进步的催化剂和改革者角度，把企业家概念从纯粹经济领域界定中解脱出来。德鲁克（1989）认为企业家并不是要去引起变革，而是要开发变革创造出来的机遇。史蒂文森在继承德鲁克理论的同时对企业家概念追加了另一要素不受已有资源限制的应变力。他认为在这种对机遇的追求中企业家是“足智多谋”的，他们不受“当前资源的限制一往无前地追寻机遇”。

对于社会企业家有许多不同的诠释方式，社会企业家可能是指某些人将企业家引导到福利创造上（Blair，1997）；也可能是指个人发起的社会创新及变革（Drucker，1985；Leadbeater，1997）；还可指个人在机会的激励下采取一种创新途径及资源与契约的创意使用，以满足国家福利系统所无法提供的需求（Thompson et al.，2000）。

Martin 和 Osberg（2007）在对比有关商业企业家精神和社会企业家精神的定义后认为，两者之间重要的区别在于“价值主张”。与商业企业家关注提供新产品或服务的服务性市场不同，社会企业家并不为他们的投资者或他们本身追求收益。他们认为社会企业家精神是：①识别一个稳定的但不公正的均衡，它们导致排斥、边缘化，或一部分人的苦难，这些人缺少改变这种均衡的方法；②识别一个机会和发展出一个新的社会价值主张来挑战这种均衡；③形成一个新的、稳定的均衡来缓解目标团体的痛苦，通过围绕新的平衡，模仿和创造一个稳定的生态系统以确保目标群体和普遍社会有一个更好的未来。

Young（1986）认为，社会企业家并不热衷于简单的日常管理或一般的组织决策行为，他们是创新者，目标是建立新的组织，发展和推行新的流程和方法，组织和扩大新的服务。他把社会企业家分为七种“纯原类型”（pure types），每一类型都是一种特征和动机的组合，包括：艺术家型（artist）、专家型（professional）、信仰型（believer）、搜寻型（searcher）、独立型（independent）、保守型（conserver）、权力追求型（power seeker）。前述分类提供了社会企业家不同形态，但究竟如何称为“成功的社会企业家”，没有定论。罗伯特基金会提出了“新社会企业家”（new social entrepreneur）的概念，让具有社会工作、社区发展或企业背景的管理者，通过社会企业的创建，为身处于主流经济外的社会边缘人提供就业与发展的机会。Bornstein（2004）将社会企业家誉为“不安分的人”，他们沉迷于各种力求解决重大问题的奇思妙想，他们在“追求自己的愿景时永不安分，永不放弃，直到把他们的理念传遍世界每一个角落”。他还通过对 8 个国家 10 位公益领袖的采访，提供了典型、具体直观的实例，可以帮助社会创业者建立并运作社会企业，总结了通过四种实践和六种成功社会企业家的品质来实现这类革新型组织。表 4-1 是不同组织与学者对社会企业与社会企业家的定义。

表 4-1　社会企业家的定义

来源	定义
Zadek 和 Thake（1997）	社会企业家受社会正义所驱使。他们寻求改善人们的生活质量的方法，目的是获得好的解决方案，以使经济、组织、社会和环境可持续发展
Boschee（1998）	社会企业家为通过营利策略去追求一种社会目的的人，社会企业家是不以营利为主的管理者，他们在关注市场的同时，没有忘记自己的使命，他们在某种程度上平衡了道德义务和营利动机，而这种平衡是一切活动的中心和灵魂
Dees（1998）	社会企业家在社会领域充当改革推动者角色，这些人有如下特征：第一，持有一种信念去创造并维护社会价值而不是个人的价值；第二，能发现并坚持不懈地追求新的机会以完成这种使命；第三，能够不断地创新、调整和学习，以使社会企业不断地持续发展；第四，能勇敢地采取行动而不受限于目前现有的资源；第五，对其所服务的对象和获得成果高度负责
Bontis（1998）	把社会企业家说成是“具有伟大思想的开拓者”。他们有能力提出创造性的解决方案，具有强烈的道德意识，并能全身心地投入为实现他们的社会变革愿景的奋斗之中
Schuyler（1998）	把企业家形容为：拥有社会改革愿景和经济资源支持他们的理念的个人
Prabhu（1999）	社会企业家的领导人（social entrepreneurial leadership）可以被定义为创建和管理创新创业组织的人或其主要任务是社会变革和开发他们的客户群体的人
Reis（1999）	社会企业家为了社会、经济和社区的发展通过创新和利用财务资源创造社会价值
Thompson 等（2000）	知道哪里有满足一些政府福利制度尚未满足需求的机会，集合必要的资源（如人员、志工、钱和场地等），并运用这些资源带来改变的个人
Fowler（2000）	社会企业家精神是为产生和维持社会效益而创建可行的社会经济结构、关系、机构、组织和实践
Brinkerhoff（2001）	个体不断寻找新的方法来服务他们的顾客和增加现有服务的价值
Mort 等（2003）	社会企业家是一个多维度的构念，通过企业家的道德行为来实现某种社会使命，它要求企业家具有识别社会价值创造机会的能力，具有创新的决策能力和冒险精神

续表

来源	定义
英国社会企业联盟	一个社会企业是一个商业组织，它的主要目标是社会目标，它的利润应主要用于对社会目标的支持性投资或直接投资到社区当中，而不是为了股东的利益最大化而进行投资
Drayton（2002）	社会企业家是重要的社会变革促进者，核心价值是识别、处理和解决社会问题。社会企业家并不只是给你“鱼”或者是教你怎样“钓鱼”，他们会一直努力，直到整个“渔业”系统改变为止。之后 Drayton 提出顶尖社会企业家的标准很简单：创造力、创业质量、新鲜理念的社会影响及道德伦理
Harding（2004）	社会企业家受社会目标驱动而发起一些的新活动或冒险
Said Business School（2005）	以专业、创新、可持续的方法进行系统的变革以解决社会市场失灵和把握机会
Tan 等（2005）	企业家精神是面对不确定性风险时能通过创新获取商业利润
Peredo 和 McLean（2006）	在下列情况下，社会企业家会得到锻炼：①某个人或团队运用卓越的方法与组合来创造社会价值；②发现与利用机会创造社会价值；③在创造和分配社会价值时，采用创新方式，从外在的发现到采取其他人创造的新奇方式；④在创造和分配社会价值时，乐于承担中等程度以上的风险；⑤在追求社会事业中通常足智多谋，不受资产稀缺的牵制
Austin 等（2006）	社会企业家为以非营利为目的，主动去寻找可选的资金策略或管理方案去创造社会价值的人
Light（2006）	社会企业家是通过打破模式的理念来寻求可持续的、大规模的变革的个人、群体、网络、组织或者组织联盟，这一理念体现在政府部门、非营利组织和企业解决重大的社会问题或者他们解决这些问题的方式之中
Martin 和 Osberg（2007）	社会企业家是以打破导致部分群体被忽略、被边缘化或被不公平对待的不公正的、非最优的社会均衡为目标，把自己的灵感、创造力、果断行动、勇气和坚韧用于最终建立起新的、稳定的、能够使目标群体和社会持久受益的新的均衡的人
Certo 和 Miller（2008）	把社会企业家描述为认知、评价和探寻机会的个体，目的是创造价值
Grant 和 Crutchfield（2008）	他们（社会企业家）创造社会价值、不断追求新的机会、大胆行动而不受制于当前资源，其所关注的只是结果，而不是过程
赵丽缦等（2014）	社会企业家是指那些采用一定的组织模式来解决复杂、持续的社会问题，进而对所在的社区或者整个社会做出多种重要贡献的企业家

查尔斯·里德比特在《社会企业家的崛起》一书中认为，一个合格的社会企业家必须具备三个条件——创业能力、创新能力和变革能力，能够以创造性的解决办法来应对社会挑战，是社会变革的制造者。由社会企业家创办的社会企业，实施社会系统变革，不是为了他们个人的利益，而是为了利益相关者的利益，这是社会企业家与商业企业家的根本区别。他还认为，成功的社会企业家通常也是有领导力、善于讲故事、深谙人事管理、有远见、能把握机会且善于建立同盟的人。

Zahra 等（2009）开发了一个经济学的理论方法，区分了三种不同类型的社会企业家，分别为社会修理者（social bricoleur）、社会建构者（social constructionist）、社会工程师（social engineer），具体参见表 4-2。

表 4-2　Zahra 等对社会企业家的分类

社会企业家的分类	定义
社会修理者	发现和处理小规模的当地社会需求
社会建构者	发现市场失灵和其他一些创业机会，通过改革或创新现有的社会系统来处理这些问题
社会工程师	识别现存社会结构系统的社会问题，通过革命性的社会变革去处理这些问题

资料来源：Zahra 等（2009）

Emerson 和 Twersky（1996）认为，“社会企业家是建立社会企业的人，他的目的是为非常低收入的人创造工作或培训机会”。这两位学者对社会企业家的定义集中体现在，他们认为社会企业家所服务和面向的对象不是社会中的所有人，而是社会中的弱势群体，社会企业家的目的就是为这些弱势群体创造就业机会，使他们能够自给自足，维持生存。

第二节　社会企业家的特征

一些学者研究了企业家（或创业家）的人口统计方面的特征，认为这些并不是必要原因，但的确有些群体更有可能参加创业活动。例如，创业活动最有可能发生在移民、家庭中第一个出生的孩子以及幼年遭受过创伤的人中。他们还通常认为创业行为发生在个人的一些里程碑式的年龄阶段，比如，30 岁、40 岁或 50 岁的转折点上（布鲁克斯，2009）。社会企业家的心理学特征表现为创新精神、成就动机、独立性、对自我命运的掌控欲、低风险规避、对不确定性或模糊性事物的忍耐性，同时要具备社区共同体意识及社会关怀意识（Brooks，2009）。Dees 等在威廉·拜格雷夫（William Bygrave）企业家特质“10 个 D”研究的基础上提出针对社会企业家的“10 个 D”，具体阐述如下。

（1）梦想家（dreamers）。社会企业家对自己、组织及社会都有一个憧憬的未来，更重要的是，他们都有能力去完成它。

（2）果断（decisiveness）。社会企业家绝不拖泥带水，由于他们会很快地下决定，这种果断的行为是他们日后成功的重要因素。

（3）实干家（doers）。一旦社会企业家决定了行动方案，他们便会尽快完成，并且在行动中随时调整。

（4）决心（determination）。社会企业家会完成其承诺，即使遭遇到一些瓶颈和障碍，也不轻言放弃。

（5）奉献（dedication）。社会企业家会完全投入于自身的探险之旅中，并且维持与朋友和家庭的适当关系，同时还能不遗余力地工作。

（6）专注（devotion）。社会企业家会爱其所选，当他们遭遇到困难时，热情会支撑着他们。也就是说，他们热爱这项使命，并能有效地执行。

（7）周详（details）。社会企业家必须是一位非常细心的人。

（8）主导命运（destiny）。社会企业家是一位能主导命运且不依赖主管的人。

（9）有钱（dollars）。致富并不是社会企业家的首要动机，但若要持续地维持运作以生存，资金便很重要。他们了解资金对于投资事业的重要性并通过勤奋工作来获得经济支持。

（10）分配（distribution）。社会企业家会分派责任，并信任对其事业成功非常关键的股东。而且，他们会使员工具有主人翁精神。

Peredo 和 McLean（2006）发现社会企业家的一些共同行为特征，具体如下。

（1）平衡判断。社会企业家相关研究文献通常认为平衡指的是判断和处理许多利益相关者的利益。社会企业家处理的关系是复杂的，这种平衡有助于管理者履行组织任务，满足组织经济需求。

（2）善于抓住机会。专家指出，社会企业家善于发现和利用机会，提供社会价值，光荣完成使命。社会企业家“大胆行动”，不受他们当前所控制的资源限制。

（3）忍耐风险。社会企业家通常指那些从事包含风险的社会企业的人。

（4）善良正直。社会企业家必须在行为表现和实际行动中拥有或逐渐拥有企业家品质，如正直、同情和包容。

香港社会创业论坛创会主席谢家驹根据直接及间接接触世界不同地区的社会企业家，总结出社会企业家的八个特征：对人生充满热情（passion for life）；聚焦在一个特定的社会问题上（passion for a specific cause）；勾画理想成效的愿景（a vision of impact）；设计创新的产品/服务（creative design of product/service）；善于运用“公益市场学”及“游击市场学”技巧（leveraging social marketing and guerrilla marketing）；千方百计发掘资源（be resourceful）；建立一支必胜的团队（building a winning team）；构建一个具有创业热情的董事会（creating an entrepreneurial board）。

香港彼得·德鲁克管理学院院长李志刚在《社会创业家》杂志撰文，提出了杰出社会企业家的十个特征：热情或激情；坚持，甚至固执；有远见并能表达出来；积极态度；创新精神；动员能力；营商智慧；关爱的心；授权与栽培；改革启动者。

上海市慈善教育培训中心副主任徐本亮发现社会企业家要想获得持续的成功，除了要具有公益人格，如爱心、善心、敏锐性、服务意识、成就感之外，还需要以下特质：使命感和社会责任感；善于发现和把握机会；善于整合资源；具有创新性；道德高尚、值得信赖；自信心。

基于现有文献的回顾，社会企业家有以下本质特征。

（1）特质和技能，包括：提出愿景和坚韧不拔，创造力，集体主义的领导风格，掌握机会的能力，团队工作的能力，社群取向的动机因素。其他个性可能包括热情、目标明确、勇敢、高尚、有担当、善于思考的经商风格。另外，还有计划性、灵活性、渴望制订计划、关注消费者。

（2）行为属性，如公开对别人的感情，良好的沟通技巧，果断，很少关注失败，聪明，值得信任，满足顾客需求的胜任能力，接受社会批评的勇气，干好工作的能力，目标导向。

（3）环境和背景，如社会、道德和教育背景；有过创办企业的经验，与其他社会部门的关联或曾经遇到的社会问题等。

虽然成功的社会企业家无普遍性的定义，但还是有共通的特质，如有创业知识与能力（Boschee，1998；Dees，1998；Leadbeater，1997），可容忍创业财务风险，有效运用与辨识资源形态（Perrini and Vurro，2006），但是这些描述还是很模糊，不足以区别出社会企业家的特质。

第三节　建立起形成社会企业家的机制

社会企业家在我国构建和谐社会及创新社会管理方式方面将发挥重要的作用，因此迫切需要建立有利于形成社会企业家不断产生、不断成长的机制。影响社会企业家成长的因素主要有自身因素和环境因素，其中影响社会企业家成长的环境因素包括宏观和微观两类。

一、社会企业家人力资本的形成

一些学者研究了创业者的天生特质——人口统计学方面的特征，如认为性别与社会创业有关。尽管大多数社会企业家是男性，但社会企业家中男性和女性的比例比商业企业家中男性和女性的比例要低得多。一些研究发现，社会企业家很有可能是在生活中遭受了不同程度的个人创伤。其实，社会企业家的心理特征比天生特质重要得多，主要有以下六种：①创新性，企业家精神主要包括创新，社会企业家发明新方法迎接不同的挑战；②成就导向，企业家几乎无一例外的都是目标导向型人士，他们自然地设定个人目标并且确保过程以完成这些目标；③独立性，社会企业家大多数高度地自我依赖，独立工作来完成自己的目标；④掌握命运的意识，社会企业家具有把消极的环境看成是机会而不是威胁的趋向；⑤厌恶低风险，社会企业家对风险有更多的包容性，并在找到方法降低风险方面更具有创造性；⑥对不确定性的包容，社会企业家总是比其他人更加适应动态环境的变化。除了上面列出的特征外，还需要增加一条：社会意识和社会关注。社会企业家看到了社会收益的价值并且愿意奉献其才能和精力对社会给予回报。

所受教育与经验积累对社会企业家很重要。正规教育是获取信息的有效途径，针对社会企业家的正规教育增加了很多新的学科：公共政策、工商管理、法学、社会工作、教育学和许多其他学科。工作和社会经验也很重要。在许多情况下，社会企业家获取信息既来自课堂，又来自工作场所和生活体验。这些生活经验为未满足的需求提供了宝贵的信息，也催生了社会创业的创意。

伯恩斯坦在《如何改变世界：社会企业家与新思想的威力》写道：社会企业家是一批为理想驱动、充满创造力的人，他们质疑现状、开拓新机遇、拒绝放弃，要重建一个更好的世界。伯恩斯坦认为，社会企业家具有以下特质：主动性、创造性、精力充沛、对结果执着地关注、自我修正的能力、对市场的深刻理解，以及最重要的一点，对建立一个公正和人性的世界的深刻承诺。根据他的理解和归纳，成功的社会企业家具有六种很明显的品质：一是乐于自我纠正；二是乐于分享荣誉；三是乐于突破自我；四是乐于超越边界；五是乐于默默无闻地工作；六是强大的道德推动力。图 4-1 揭示了社会企业家各种心理特征是如何共同作用促使社会企业家出现的。该模型的有用之处在于它能够描述和预测谁是社会企业家，对于商业企业家和社会企业家的特征尚需要继续深入研究。

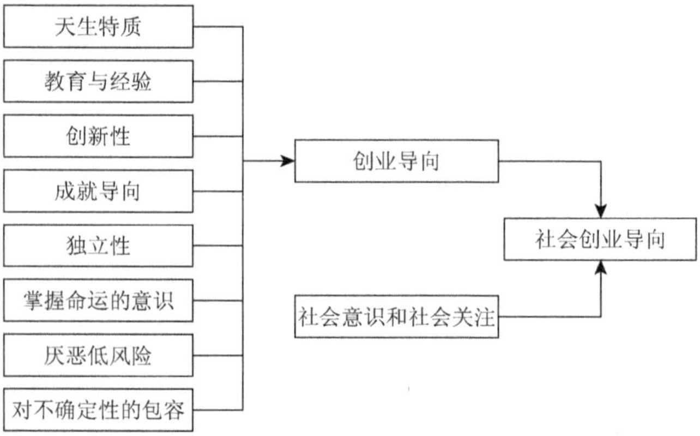

图 4-1　社会企业家的特征

尤努斯和韦伯（2011）认为，要成为成功的社会企业家需要具备良好的实用商业意识、努力工作的意愿、建设团队的能力、联系自己需要与之合作的人的能力、判断自己行为结果的能力、犯了错需要重新开始时的坦诚认错能力。从人力资本的角度看，社会企业家的成长在很大程度上取决于外在环境对其人力资本所进行的投资与积累，倘若没有获得外部环境的支持，他们所拥有的经营型人力资本就难以获得发展与提升。

二、影响社会企业家成长的环境因素分析

（一）社会企业家形成的宏观环境因素

是否愿意或能否从事社会企业的经营管理活动，是由机会、意愿和能力所决定的，这三个方面又由其先天因素和后天成长环境交互作用形成。后天成长环境通常包括家庭环境和社会环境，社会环境就是个人所处时代的政治、法律、文化、市场运作和教育培训体制等因素，这些因素为个人从事社会企业的经营管理活动创造机会、催生意愿、培养人力资本。社会企业家这一群体的形成和发展需要某个社会外在的“物”的环境做支撑，而这些因素的协同作用状况在宏观层次上决定着社会企业家形成。

第一，影响社会企业家形成的政治法律因素。社会企业属于第三部门或者广义的非营利组织的一部分。我国第三部门或非营利组织的成长发展受政治因素的影响，政府在消除非营利组织的发展阻力，在政策、法律、资金、宣传等方面对社会企业的成长有至关重要的影响。

法律制度为社会企业家从事经济活动提供了行为规范和制度保障。在良好的法律环境下所形成的各项机制，是保证社会企业在市场环境中自由运作的条件。目前，我国（港台地区除外）没有“社会企业”这一法律实体，而且很多准社会企业的组织尚未认识到自己的“社会企业”模式。因此，需要加强法制建设，完善社会经济的法律规范和市场运行体制，以形成有利于社会企业家形成的法律机制。余晓敏等（2011）认为，与欧美和东亚社会企业立法相对完善的国家和地区相比，我国现行法律框架中还没有出现有关社会企业的专项法律法规。我国现有的各类社会企业在所有权性质、治理模式和利润分配方式等方面差别巨大，也体现了多样化的法律形式。尽管现行法律制度为各类社会企业的发展提供了广阔的空间，但也存在一些明显的缺陷。可以借鉴英国等其他在社会企业领域已有立法的国家的经验，如要有完善的社会企业法律保障机制，首先必须制定及确立社会企业的法律形式，让其发挥更大的社会效益。

第二，市场经济环境因素是社会企业家形成的前提条件。我国社会企业的兴起与发展，与市场经济体制改革的深化密切相关。市场经济体制改革首先将企业从计划经济体制的束缚之下解放出来。企业获得自主经营管理权使中国社会迈出了走向市场经济的第一步。我国提出要建立市场经济，那么社会企业家的运作方式也要按市场规则来进行，其形成也受到市场因素的制约。

第三，社会文化因素对社会组织的发展有重要影响。文化是隐藏在人口之中的价值观和态度，它在很大程度影响着人们的行为，对社会企业的生长提供土壤和养分。社会企业家是社会群体的一个组成部分，其形成也需要适宜的社会文化

环境。在不同的社会文化背景下，可能产生相应的社会企业家形成机制。例如，美国经济发达、文化开放、个人主义色彩浓厚，因此美国的社会企业家大多来自商业部门；而印度、南非等发展中国家的社会文化倾向于集体主义，因而这些国家的社会企业家大多来源于社会公共部门。由此看出，社会企业家的形成很大程度上受到了社会文化因素的影响。在我国，大部分人认为公益是无条件帮助别人，所以公益不可能和私人利益有关系。我们应该转变这种做公益必须牺牲个人利益的观念，在倡导奉献的基础上，利用传统文化精髓铸就社会企业家精神的同时，更应鼓励、引导商业部门的企业家去承担社会责任，提升社会企业家的地位和形象，以促使更多的商业企业家向社会企业家转变。

第四，教育培训对社会企业家的形成有很大的影响。虽然社会企业家并不是培养出来的，但是一种良好的价值观导向势必会促进社会企业家的形成与发展。在英国，知名的社会创新者 Young 于 1997 年创办社会企业家学院，对商业部门以外拥有创业才能的人提供协助。

政治法律、市场经济、社会文化及教育培训这四大因素的协同作用，在很大程度上决定了一个人想成为社会企业家的机会、意愿和人力资本状况，也决定了一个人成为社会企业家的可能性。宏观环境只是为社会企业家的形成提供了条件，至于最终是否能够成为社会企业家，还取决于社会企业家形成的微观因素。

（二）社会企业家形成的微观因素及所需要的支持

社会企业家形成和发展的微观机制主要包括甄选系统和激励系统两方面。首先，甄选系统就是从候选人中挑选出符合社会企业家条件的人。

Bill Drayton 于 1980 年在美国华盛顿创办阿育王，目前它每年拥有 3000 多万美元的资金投入。40 年来，阿育王孕育了全球 70 多个国家 3600 位社会企业家，其足迹遍布四大洲 60 多个国家。以他们的原创构想，为全球 300 万直接服务对象带来了生活状态的根本转变。培育对象在五年内留任率高达 97%，93%成功达到创业目标。半数以上获得其投资的社会企业家改变了所在国的支持社会企业发展国家政策，70%的人则在全国范围内改变了其所在领域的固有运营模式。阿育王孵化事业的成功率，远远超过《财富》杂志 500 强企业里任何一家。原因无他，因为他们相信，人是根本中的根本。德雷顿为阿育王设计了一个社会企业家识别系统。为了甄选出这些“新的、处于早期的、有意思且可行的”具备创业特质的人才，阿育王开发了一套非常严密的投资选拔机制，以下为他们严格的选才步骤。

第一步：提名与筛选。根据网络资料、剪报资料、税务机关、金融系统与法院等进行背景调查，确认入围人选的背景清白；再者，确认其提案是否为原创。

第二步：地毯式拜访。总部派人前往入围者的居住地进行地毯式拜访，受访者包括其亲戚、朋友、邻居，从家人到竞争对手。候选人在他们的心目中是怎样的人？具有何种人格特质？是否曾经实践过理想？并且询问候选人是否有足够的支撑，可以专心创业。

第三步：审查委员面谈。由国外全球董事、资深员工与退休老板组成的审查委员亲自与候选人面谈，了解该计划的目标为何，客户是谁，对手是谁，如何克服困难等。

第四步：全球董事会定夺。董事会根据前述各项的资料，相互讨论，每年在全球范围内只遴选出30～40位卓越的社会企业家进行资助。

整个录取过程淘汰率高达90%，而且17人的决策小组采取的是一票否决制。不过，一旦被选中，这名社会企业家也会自然成为阿育王团体的一部分，并作为团员为组织做出贡献。社会企业家识别系统的目的在于能够快速地从众多人中找出社会企业家来，主要从创意（creative）、创业品质（entrepreneurial quality）、议程设定（agenda-setting）、伦理（ethical）等四个方面进行筛选（表4-3）。其中，创业品质是选人最为核心的标准，创业品质并非指挥能力、管理能力或者实施能力，有千万人都具有这样的能力，而是指一些人所具备的特殊的品质，在他们的个性的内核中有一种动力，要将一种打破常规的变革贯彻到底，直到改变整个社会才肯罢休。

表4-3　社会企业家的内涵

面向	内涵
创意	发现社会问题快速及有效的解决办法
创业品质	发表其方案，协商其需求，要求支持其理念，并有效地获取资源
议程设定	当成功地执行时，要求其理念或目标必须有很大的差异
伦理	确保公共财政被有效地使用，其理念不被既得利益者所腐化，承诺能完全地在方案中被实现

资料来源：Shaw（2004）

其次，社会企业家也是有思想的人，虽然他们在价值观和道德上都有很高的素养，但是激励理论对他们同样适用。对社会企业家的激励也包括物质的和精神的，对其进行精神激励的效果要远大于物质激励的效果。所以，对社会企业家采用精神激励有着更大的作用。阿育王在全球寻找符合要求的社会企业家，并给予资金援助，帮助他们渡过难关，其真正目的是从精神上给予社会企业家支持。当选聘和激励系统相互作用时就将深远地影响社会企业家的实践，这样社会企业家的产生与发展的微观机制也就形成了。

Thompson（2002）总结了社会企业家所需要的和获取的支持（图4-2）。决定社会企业家成功的主要构成在左边，右边的方框是应对这些需求的较为满意的办法。例如，人员管理、资金筹集等技能需要通过培训来提升。管控也是需要的，它能确保资源的配置和管理的有效。同时，需要团体的支持网络，这些社会企业家就能够共享经验、议题和问题，并且相互帮助。指导是指在创始时可以不断地提供建议，这对构建自信和在受到挫折的情况坚持下去是很重要的。

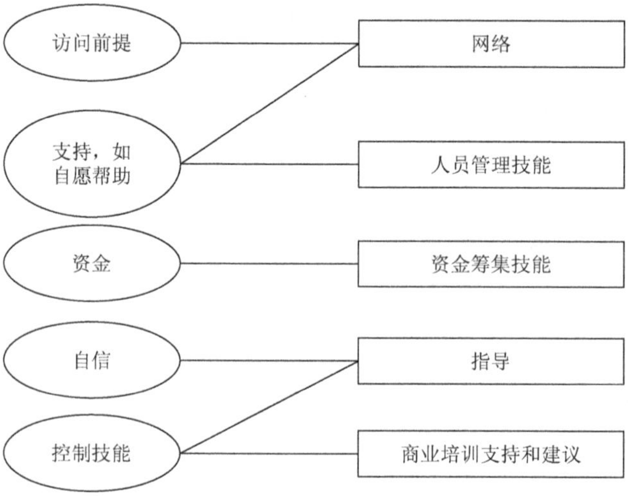

图 4-2　社会企业家所需要的支持

第四节　促进我国社会企业家形成与发展的建议

根据社会企业家形成模型，为有利于社会企业家群体在我国不断地涌现，需要营造以下三个方面有利的环境。

一、制定支持性的法律政策

英国、美国等政府都对社会企业家的创业和发展提供了支持。社会企业的成立及社会企业家的发展需要建立在合法的平台之上。我国（除港台地区外）亟须通过有关法律法规对社会企业家所组建的这一组织的性质、地位、权利义务进行界定和支持，使得政府部门，特别是税务机关有法可依，以便给予相当的待遇。政府部门还应该关注发展资金援助机制，适当时候给予社会企业家一定的资金支持，为社会企业家形成创造良好的环境。国家立法将对推动社会企业的发展起到巨大作用。

二、加强理论研究和社会文化氛围的构建

从事社会企业工作可以被认为是一份有前途的工作，而不仅仅是一个过渡性的或者纯粹的善举。因为社会企业家精神必须与我国的文化充分融合，所以从事社会企业工作的年轻人和退休人员都能获得尊重和社会认同。我国政府可以鼓励研究机构和高等院校对社会企业和社会企业家等相关课题进行系统的研究；开设社会创业培训课程；举办社会企业挑战赛；扶持民众成为社会企业家，支持他们的社会企业创业实践；增强新一代创业者和社会领袖成为社会企业家的意识与能力。有了正确的理论指导及基础教育的支持，培养服务社会企业的专门人才，才能培育出真正的社会企业家。

三、加大力度提高社会企业家的社会声望

企业家的社会声望主要由经济地位、政治地位、职业地位、文化地位等几个方面构成。保持和提高社会声望是社会企业家追求的一个重要目标。通过宣传媒体和舆论大力宣传社会企业家为社会做出的杰出贡献，对特别优秀的社会企业家授予“杰出贡献社会企业家”等荣誉称号，逐渐地在我国营造出一种以成为社会企业家为荣的文化氛围，使社会企业家的社会声望得以提高。对于社会企业家来说，声望是社会企业家获得大众认可的有效途径。倘若缺乏这种公信力，那么社会企业家就很难获得大众的认可，也就难以从社会中整合资源，达成为社会奉献的目标。

我国社会企业发展迟缓，主要在法律、理念、人才等方面存在较多的问题。作为社会价值创造及社会创新的急先锋，社会企业家迫切需要国家制定推动社会企业发展的法律及政策，营造出能够尊重社会企业家的文化氛围，构建促进社会企业发展的法律体系，培养出更多更优秀的促进社会和谐与发展的社会企业家。

第五章　社会企业的人力资源管理

社会企业的发展在全球越来越受到重视。欧盟一项统计指出，到2005年底欧盟的社会企业提供了880万个工作机会，占到15个老成员国受薪工作机会的8%。西方经验表明，发展社会企业有利于扩大社会就业、减少贫困、改善社会公共服务、培育公民的公益精神。

深圳市残友软件股份有限公司（简称残友）是国际上唯一全部由残疾人软件技术精英组成的高科技软件企业，是北京大学、湖南大学等多所高校软件及计算机学院肢体残障的优秀毕业生汇聚之地。残友发展主要受到资金、人力资源和业务的制约，突破这些制约的关键因素是人力资源。

Borzaga和Solari（2001）认为社会企业组织面临的挑战是公司治理和人力资源管理两个关键问题。最重要的是，社会企业必须增强人力资源管理的竞争优势。所有社会企业共通的特质是要维持价值、使命与组织成长之间的密切互动，并致力于使员工彰显一致的社会目的价值、规范与组织运作措施之间的平衡。社会企业的员工尤其被要求应培养下列特质：①高度的自主性；②积极参与决策与管理；③尊重客户的权益与期待；④在效率与社会使命之间寻求平衡；⑤对客户与社会议题的需求予以密切的关注。社会企业、非营利组织、一般企业三者因为使命目标不同，故管理的重点也是不同的。

非营利组织使用大量的志愿者，故志愿者管理很重要；还由于资金来源多为捐赠或补助款，成本管理也很重要。一般企业要面对市场的竞争，故战略管理、顾客关系管理、质量管理和薪酬管理都是管理的重点。社会企业有其社会目标的存在，故公益创投的财务管理、含兼顾公益理念组织治理的人力资源管理及内外部资源整合管理等为其重点管理的工作。

社会企业在人力资源方面的挑战和困境在于如何解决聘任或是培育出专业的人才，建立组织的制度与专业培训，提供基本薪资与福利保障，不断理清组织的使命、价值观与理念，并对社会使命与经济目标之间的关联性通过教育培训让工作人员清楚与认同，并达成共识。

第一节　社会企业的人力资源构成分析

人力资源是任何组织最关键的资源。企业内部人力资源是社会企业运行的重要资源，社会企业必须增强人力资源管理的竞争优势。社会企业内部人员主要包括社会企业家（前文已经做了系统的阐述，本节不做论述）、企业员工、志愿者。就人力资源和管理维度而言，因为社会企业的概念在中国尚不普及，难以吸引到合适的管理人员参与企业运作，所以企业管理混乱，资源浪费，效率低下，影响了公司的健康发展，因此很有必要分析社会企业的人员构成及其管理特征。由于社会企业的双重特征，社会企业内部人员构成相对复杂，人员管理从结构上看既具有垂直化的企业管理方式，又具有横向化的非营利组织管理方式。

一、专职员工

一般而言，社会企业的专职员工与志愿者都是对组织使命持有相当认同的人员，但是两者参与组织的动机经常有很大的不同。专职员工除了认同组织的使命之外，还将工作视为一项收入的来源或谋生的手段；而志愿者一般还有其他正式职业，其参与组织主要是为了追求理想及其他方面的满足。社会企业家往往较少依赖物质奖励和激励政策，而是通过强烈的内在动因、创造性的战略来吸引、激励和留住工作人员。

社会企业内的核心管理工作应由专职人员负责，如长期发展的企业规划工作、绩效评估制度与指标设计、整体绩效的评估与检查、员工的招募与培训、联系志愿者、对志愿者的关怀。这些工作需要由专职员工负责的原因是这些工作具有核心性、整体性、传承性及制度化的必要，而志愿者则应专注于提供与服务有关的工作项目。对专职员工的激励措施主要有：提升对使命的认识与认同；增加授权；有更多自我发挥的空间；改变待遇与福利。

二、志愿者

联合国对志愿者（volunteer）的定义为“自愿进行社会公共利益服务而不获取任何利益、金钱、名利的活动者”。根据中国青年志愿者协会的定义，志愿者是指在不为任何物质报酬的情况下，为改进社会而提供服务、奉献个人时间及精力的人。志愿工作具有志愿性、无偿性、公益性、组织性四个特点。社会企业使用志愿者可以降低人力资源成本。从一定意义上讲，志愿者的工作水平、工作数量和工作方式、综合素质对于社会企业业务的发展具有重要作用，甚至可以作为衡量社会企业发展水平的指标。因此，增强对志愿者的培训，扩大志愿者数量，提高其综合素质和业务服务水平意义十分重大。

对于社会企业来说，将志愿者与专职员工区别开来的因素有很多，而志愿者不具有工作合同的事实只是其中的一个因素。Cnaan 和 Cascio（1998）提出了其他一些相对重要的差别：没有报酬的激励；有限的时间；在大多数情况下，与几个公司保持联系；在生存方面不依赖于公司；非正式的申请程序，往往还有一个考察期；没有遵循科层规则和制度的义务；在出错的情况下不追究个人责任。

根据志愿者参与的模式、承诺的程度和动机，可以把志愿者划分为不同的类型（表 5-1）。这里重点关注日常型志愿者（regular volunteer），他们献身活动，从工作中获得满足感和成就感。这样的志愿者的任务可能和常规的有偿工作类似：可能有岗位说明书，有明确的责任陈述，并说明执行工作所需的具体技能，连续性与可靠性很重要。边缘型志愿者（marginal volunteer）是迫于压力而参加服务，当然这个词有消极的含义，可能有失公允，称为“被鼓励或命令的志愿者”更好。例如，许多企业鼓励员工参与社区服务，这种战略既为公司赢得美誉，又帮助员工建立友情。一些员工如果想在公司中得到进步，可能会觉得几乎无法抗拒这种鼓励。经常分配一些轻微犯罪的初犯者去做社区服务以取得教化的作用。有些人可能认为这是强制性的志愿活动，甚至是在压力下执行的。虚拟志愿者（virtual volunteer）是指使用电子科技远程，通过电子邮件或网页，或通过微博、微信和其他社交媒体为社会企业工作。

表 5-1　志愿者类型

类型	特点描述
临时志愿者	偶然参加，通常是一次，如利用一天的时间清洁公园
项目型志愿者	可能只参加一次或几次，为期不长，如在假期分发食物
日常型志愿者	作为无薪员工，执行岗位说明书中的任务，需要专门技能，如持续每周辅导孩子一两天，或准备提供社区救灾服务
边缘型志愿者	主要是因为被雇主、教育课程、法庭鼓励或受到命令而参与服务，但也有可能发现自愿活动是有回报的
虚拟志愿者	为组织提供远程服务，一般借助电子科技

社会企业提供报酬激励的能力非常有限，支付的报酬往往低于市场水平，并严重依赖志愿者，志愿者成为社会企业中极为重要的人力资源。志愿者的参与对于社会企业开展活动、发展事业也非常重要。志愿者是因为受到组织使命的吸引而来，他们不重视物质报酬，但也不希望在此被平时工作场所一样的管理方式管理。他们奉献出时间、经验和热情，但没得到金钱的回报，这并不意味着他们的价值应当被低估或者忽略。

志愿者与专职员工虽具有一定替代性，但也有相当程度的互补性。也就是说，两种职位的工作任务不一样，不能完全替代。社会企业基于成本或理念的考虑，少聘专职员工，多聘志愿者。这种做法不一定正确，因为究竟需要多少专职员工，多少志愿者，两者的搭配比例应如何，必须根据业务特性与需要进行详细设计。应该看到志愿者在社会企业中所追求的多半是社会需求、自尊需求及自我实现的需求，而其他较基本的需求则由其正式的工作职位来获得满足。正是由于这种心态，社会企业感到志愿者管理不容易，领导起来困难，主要原因有：志愿者尽管认同组织使命，但在心理上的介入感高，因此意见特别多，很多人在其正式的职位上很顺从，而在志愿者职位上却很有主张；有些志愿者有相当高的专业知识，也有些志愿者热心有余而专业知识不足，如果专职员工或领导人在专业上未能使志愿者信服，就可能与努力的方向不一致。

各种各样的利他和利己动机可能导致志愿者工作的产生。志愿者的工作由不同的动机驱动，因此很难准确地找到他们从事这项工作的主要原因。如果要调动志愿者的工作积极性，就需要考虑他们动机的多样性。Clary 和 Snyder（1999）将志愿者的不同需求分为有偿功能、社会功能/渴望学习、实现自我价值的满意度和内在道德标准的实现。

社会企业的人力资源管理部门的主要工作就是调整和适应企业志愿者的各种动机，并尽量满足他们的各种需要。人力资源管理部门越能适应志愿者的动机，满足他们的需求，志愿者工作起来就越快乐，他们的组织认同感就越强。由此可见，人与情景之间的相互作用，对一个人从事并持续参与志愿者服务具有决定性作用。

所有的社会企业，无论其规模大小，都需要一个随时能找到的、大家都信服的人来负责志愿者的人事管理。如果社会企业创办人无法承担这个任务，那么他应该任命一位“志愿者服务主任”来充当“项目经理”或“人事经理”的角色。从项目管理办法的角度来看，志愿者管理人员是一个项目设计开发者，也是志愿者工作的领导人，同时，志愿者管理人员能够将志愿者工作与社会企业的整体项目开发和实施结合在一起。人力资源管理的工作主要有招聘志愿者管理人员、选择并安置志愿者，培训带薪员工，使他们与志愿者和睦相处。从以上两个角度看，志愿者管理人员的职责通常包括岗位设计、招聘、面试、岗前培训和工作绩效评价。

接下来的工作就是为志愿者创建正式岗位。志愿者管理人员必须编写岗位职责，以使志愿者了解公司内部不同岗位的不同职责范围。这些岗位职责说明应与正式员工的职责说明相同，这样有利于志愿者了解该公司对他们的期望值，以及志愿者自己具备什么样的素质可以实现公司对他们的期望。志愿者职责说明包括以下几项：职位名称、工作目的（最重要的部分）、岗位职责和活动、任职资格（所需的技能和知识）、员工福利、工作时限（如每周小时数）、建议开始日期、工作汇报关系和监督。

应该清楚，志愿者的闲暇时间是他们最慷慨的付出，在安排志愿者的岗位时一定要考虑他们能够提供服务的时间，起初要为志愿者提供所需时间较少的岗位，如把他们安排到一些小型项目的岗位上去。通过这些岗位，他们有机会了解公司，并发现哪些任务适合他们完成。

大多数志愿者是通过私人关系被招聘进来的，他们有可能是原有志愿者和员工的朋友。有一些专门的外部“志愿者机构”也可以帮助社会企业找到合适的志愿者，但是社会企业应尽量减少对外部志愿者服务机构的依赖，并制定自己的招聘策略。

员工的安排应尽可能根据申请者的动机和要求进行。所有活动的安排要尽可能多地为企业和志愿者本人创造附加价值。社会企业也要建立咨询辅导机制及岗位安置办公室，为新来的志愿者安排适合他们个人动机的岗位，以避免期望值的偏差和失望心理的出现。

社会企业应该建立自己的动机激励机制，其中包括分配更大的责任、参与决策的过程、提供培训的机会、正常性反馈和绩效档案等。其他的动机激励措施也同样重要，如媒体的关注、奖励及社交活动（宴会、午餐会、庆典、年会）或证书（聘请岗位或特殊成就奖）等也对志愿者有激励作用。对某些志愿者，一句简单而亲切的“谢谢您！”就会提高他们的积极性，而另一些人可能更喜欢书面确认的形式，需要注意的是，动机激励机制应该符合志愿者的个人需要。不是每个人都喜欢接受宴会的邀请，对志愿者的有效激励来自工作本身或同事的友好交往。

为志愿者设计动机激励机制说明，在社会企业中实现人和企业环境的相互作用是一件耗费成本的事，远比想象的要复杂得多。志愿者管理的任务非常具有挑战性，并远远超越了传统的管理职责。成功管理的关键在于要有一个完善的领导层，它能在所有志愿者中建立信任，推动合作和团队精神，引入竞争机制，注重个人的发展、成功和价值的创造，促使志愿者发现工作的乐趣和责任。与单纯的正式领导监督相比，合作式管理带来更佳的效果。尽管志愿者管理有别于传统的人事管理，没有对他们的工作合约的约束，但这并不是说当志愿者发生越轨行为或不良行为的时候，社会企业就不会辞退他们（Drucker，1985）。如果容忍志愿者的不良行为可能被其他（有偿和志愿）的工作人员所误解，并导致进一步的不当行为和领导意识的丧失。

社会企业对志愿者的吸引方法主要有：明确而有意义的使命；优秀的员工与志愿者让人感到乐于与其共事；良好的组织与制度；资源丰厚，赞助者形象良好；领导者的声望、人格魅力经常是吸引志愿者热心奉献的最重要因素。社会企业家在与志愿者共事中应考虑以下要素：①市场工作的价值。市场工作的价值即志愿者在劳动市场上工作所赚取的价值。当志愿者付诸任务的市场价值远远低于其放弃工资的时候，他们认识到志愿服务的机会成本高于收益。②空闲时间的价值。志愿者会评价其空闲时间和志愿时间的价值。所以，即使市场工作和可选择的志愿机会不相关时，志愿者的时间仍然是有价值的。

社会企业需要志愿者组织的参与，要充分了解和挖掘志愿者组织的需要。一些社会企业可以考虑和志愿者组织合作或为志愿者组织提供产品或服务，如提供专向培训和咨询服务、印刷、餐饮服务等。实际上，通过与社会企业的合作，志愿者组织也能不断地提高自身的社会声誉和组织运营质量。

第二节　社会企业管理人力资源的有效性

2017 年 2 月由社会企业研究中心发布的中国社会企业调查报告中提出，国内 60%的社会企业都面临资金和人才缺失的困扰。

社会企业的竞争优势在管理人力资源方面也得到证明。一些研究显示，非营利组织与其他类型组织有三个主要特征上的区别：能够甄选利他主义和内在动机的员工；提供与标准经济报酬不同的激励；管理者内在地表现为组织的社会目的。

雇用具有内在动机的员工的优势是容易理解的。从行为经济的角度进行分析，员工受到自我利益的激励，如员工的兴趣有非工资的激励、工作满意度。员工报酬不仅是经济回报，还有外在激励，如工作安全、弹性工作时间和职业发展机会，内在激励是员工有望获得个人兴趣和工作的匹配。

员工动机和工作激励的方法显示组织所提供的待遇和激励是多维度的。社会企业根据每个人的不同特征提供激励，但也是根据行业和组织的特殊性来雇用员工，因此组织的差距是它们如何管理激励员工和如何改变工作环境。

一些证据提出非营利组织常常付给其管理者和员工低于行业平均水平的工资，但这样对工作满意度和努力程度没有负向影响。一个可能的解释是社会企业能够吸引有内在动机的人们，这些人对工作的社会维度有兴趣。再则，非营利组织员工由于受组织自身内在的吸引和具有完成活动的兴趣，比其他组织的员工有更为强烈的内在动机和社会偏好。此外，岗位的特征（主要是其对社会有益）、工作环境（与同事的关系、内部社会规范），使员工（主要是受内在动机驱动）倾向减少机会主义和自我利益行为，而且通过参与合作活动增强与社会的联系，提升员工对团队的认同感而减少离职。非营利组织的员工更愿意贡献其部分努力，利他主义积极影响员工对组织的忠诚。社会企业的优势是减少控制成本，在工资水平方面能增加生产效率。

甄选出具有内在激励的员工是社会企业的一项重要工作。之后，社会企业需要为这些员工提供一套复杂具体的激励方式，如工作的弹性、工作稳定性、在职培训和边际福利。最为重要的非金钱激励是参与决策、低压力、能够感知到的自治和创造力。这些因素受到社会企业治理和组织系统的支持。员工在决策过程中的咨询和直接参与积极性很高，工作是自治的，人际关系氛围更多体现为合作，控制水平低。再则，员工的激励以公平的方式进行。这也是工作满意度受感知到的分配公平和过程公平的显著影响的原因，这涉及组织流程、信息传达和职业生涯管理的透明和适合。工作满意度也因为人力资源的民主管理得到增强，这样也赋予员工参与决策。

社会企业中的组织和管理人员之间的关系具有一些特征。Leete（2000）的实证研究显示，非营利组织倾向于挑选与其理念相一致的管理人员，这有利于克服信息不对称和机会主义行为的问题。只有不受单独自利动机驱使的管理人员才能确保非营利组织和社会企业的长期目标。再则，有效的管理人员为组织提供领导力。他们不仅塑造预期的社会道德，而且提供与员工互惠的行为模式。如果管理者过分控制，员工则减少内在动机和行为不友好。如果管理者与他们同事一起在工作方面有内在动机和积极地参与，就能较好地把原则传达给下属。另外，人力资源管理政策越公开公平，信息和控制的成本越低。

总之，社会企业人力资源管理无效产生的主要原因是信息的不对称，会导致机会主义行为、差的工作绩效、成本控制的形式主义、较高的经济报酬。无效率可以通过诚信、合作、参与和协商来克服。以上这些因素在社会企业中比在其他组织中普遍。

第三节　社会企业的人力资源管理实践

一、社会企业人力资源管理模式的选择

Clegg 等（2008）总结了“硬”性和“软”性人力资源管理的概念（表 5-2）。“硬”性的方法是基于成本的方法，把员工看成组织的成本，主要关注成本的最小化，控制员工的绩效。“软”性的方法认为员工是对组织竞争优势有贡献的资产。近年来，“软”性人力资源管理成为英国、美国、日本公司的正统。“软”性人力资源管理是 Beere 等（1984）提出的，认为人力资源管理战略是由利益相关者及其所理解的环境形成的，而这些环境影响了战略选择。Doherty 和 Norton（2014）认为“软”性人力资源管理主要表现在一系列的高承诺人力资源管理实践，这为社会企业提供了模型。这一观点基于实证研究所显示的“软”性人力资源管理对员工和雇主都有利，与高绩效的产出相联系（Huselid，1995）。另外，“软”性人力资源管理也较适合寻求共享使命和社会目标的组织文化。但是，高承诺的实践也受到批评，Guest（2001）指出，所谓的高承诺或“进步的”人力资源管理理念的实践非常少。社会企业的发展理念与“软”性人力资源管理的模式很一致。

表 5-2　“硬”性和“软”性人力资源管理

项目	“硬”性	“软”性
对人的假设	员工将按规则工作，如果不这样的话就要正确地管理。强调的是个体管理和最大化控制。人被认为是“资源”，应该能够管理。强调的是具备特征的人与规定的任务匹配	员工寻求自我实现和有意义，或关注工作中的社会关系。强调的是团队、合作、参与。管理者应创造完成工作的自我决策和自我管理。人是资产
甄选	关注为岗位找到最优秀的人	关注为组织找到最优秀的人，超越直接的岗位任务，考虑的是知识和经验
留住员工	与维持生产率和效率相比，留住员工是不怎么重要了。低层次岗位相对容易替补，因此员工离职率就不是问题	留住员工是重要的，强调员工对组织的归属感和承诺
学习和开发	为特定的岗位量身定做，开发特定任务的技能来提高效能。最好的培训应该给最优秀的人	人和组织发展相吻合，使用每个人的智力潜能。如果人不是任务的合适人选，就再设计任务，或为这个人找到合适的岗位
绩效	由管理人员设定，测量个体的具体岗位产出。差的绩效是糟糕的管理控制的结果	由团队内部设定，评估的是任务需要、个人贡献和团队效能。采用整体的方式进行绩效测量，考虑的是非岗位特定技能和贡献（如社区工作）
动机	基于 X 理论（McGregor，1960），表现为外在报酬，如金钱、福利、完成目标的绩效奖金	基于 Y 理论（McGregor，1960），表现为内在报酬优先考虑，如晋升、认知、自主权和社会机会
人力资源模式	密歇根大学模式	哈佛大学模式

资料来源：Clegg 等（2008）

事实上，组织由于员工的技能水平和市场条件的差异常常采取“硬”性和“软”性相混合的人力资源管理方法。社会企业要管理商业和社会使命，就需要混合的方法，因此社会企业需要根据环境做一些变通，在一些条件下使用“硬”性的方法，在另一情景下使用“软”性的方法。

社会企业甚至会因为忽视员工而过多地关注工作绩效、可量化成果及其他为客户和所服务的对象制定的管理机制。一些人也许会想当然地认为，社会企业因为关注社会而自然而然地会将人放在第一位，但事实情况并非如此。非营利组织领导者往往会以追求更高使命的名义藐视员工。如果社会企业在意其社会使命，那么就更应该将人放在发展的首位，更应关注“软”性的人力资源管理。

Jeffrey Pfeffer 在《人力资源方程式——以员工为本创造利润》一书中列举了成功组织的七项“以人为中心”的管理实务，体现出将人放在首位的管理机制，这些也同样适用于社会企业的人员管理。

（1）工作保障（job security）：消除随时可能被解雇（layoffs）的恐惧。

（2）谨慎地甄选员工（careful hiring）：强调新进人员必须能与公司文化有良好的匹配性。

（3）有效授权（power to the people）：通过分权（decentralization）及自我管理团队（self-managed teams）的运作。

（4）对工作业绩给予丰厚的薪酬（generous pay for performance）。

（5）大量的培训（lots of training）。

（6）避免强调地位高低（less emphasis on status）：以建立“我们”（we）是平等的氛围。

（7）通过彼此分享关键的信息，建立信任（trust building）。

社会企业家应该认真地分析自己的组织情况。团队成员是否拥有安全感，或者是否会经常感到面临解雇和裁员的问题？是否在那些即将招募或雇用的优秀人才身上花费了足够多的时间？是否鼓励团队自我管理？是否授予员工开展工作必备的权力，而不必顾虑管理层事后的批评？员工是否努力工作？是否为员工的职业生涯发展提供了多种多样的进修机会？组织成员是否相互团结合作？是否创造出量化管理措施来保证组织获得成功？成果是否能得到推广？

二、社会企业的人力资源规划

组织发展在每个阶段，都随着其发展的目标，对人力资源的发展有不同的需求与规划。根据 2006 年台湾社会企业人力资源的需求调查，社会企业最需要的人才是营销人才，占 79.1%，其次是认同组织理念且具有商业管理相关背景的经营管理人才（69.8%）与认同组织理念且具备产品制作、设计与研发能力的专业技术人才（55.8%）（官有垣等，2012）。这份调查显示出社会企业的整体人力资源的需求，但是如果将企业的发展阶段与战略结合考虑进行人力规划，就会表现为不同发展类型的组织有其不同的人力需求。

社会企业由于其本身的使命及所想解决的问题的不同，在人力资源的要求上，就不仅仅限于专业人员或管理人才，而是扩展到对组织的使命与理念的认同。

要依据社会企业的发展阶段与战略目标来进行人力资源规划。在初创阶段所需的人力资源除了产品的研发与制作人员之外，更需要有与市场结合的营销人员。企业从初创期转换到成长期，随着组织的扩展，相关管理制度的建立与产品、服务的提升，所需要的人才是管理人才和品质控管人才。社会企业必须在下一个阶段来临之前，进行规划与准备，才能使组织的发展更为往前迈进。

社会企业每个发展阶段都有其不同的人力资源需求，这样人力的需求会通过组织发展战略而发展出人力资源战略，其人力资源的来源有两种：组织内部培养及到组织外部去寻找与组织理念及使命相关的人力资源，见表 5-3。

表 5-3 组织发展阶段的人力资源需求与战略

组织发展阶段	主要的人力资源需求	人力资源的战略	人力资源的来源
初创期	市场开发人力；产品与服务的专业人力	内部人力的能力自我提升；组织内部共识建立	志同道合的人；同学、朋友、家人
成长期	营销人力；研发与品管人力；财务管理人力；组织人力资源	内部人力培训；专业人力增加；组织文化的建立	业界；学校；组织内部
发展期	组织发展战略人力；组织管理人力；建立管理团队；配置各部门人力；财务管理人力；信息管理人力	内部人力培训；专业人力扩增；跨领域专业人力；组织文化的塑造；组织人力与组织发展的规划（职业与生涯）	业界；学校；组织内部
成熟期	组织与战略人力；研发人力；创新人力	内部人力培训；引进年轻创新人力；组织文化的延续；组织人力生涯与职业生涯的发展	组织内部；学校
衰退期	创意与创新人力；研发人力；市场开发人力；财务管理人力	内部人力培训；引进年轻创新人力	组织内部；业界；学校

三、社会企业的招聘

社会企业的招聘和甄选与其他的部门一样使用传统的方法和流程。然而，社会企业更可能要求候选人具有更高的品质和技能，这是因为社会企业关注社会目的这一使命。在进行人员招募、甄选及任用时，首先的考量在于其对组织的理念与价值观是否认同。在招聘过程中需要识别其是否具有企业所需的技能，Foot 和 Hook（2005）提出胜任力框架的开发能够有助于有效的资源分配实践。胜任力模型要更为关注技能的定义，即完成特定任务所需要的能力。通过工作描述的分析或通过访谈获得证据、工作日志和记录关键事件来识别行为特征，如语言沟通技能在有效和非有效项目中存在差异。这种方法对于在劳动力市场上努力寻找适当技能的社会企业可能具有真正的优势。在招聘和甄选中采用胜任力识别可以增加的好处是评估胜任力而不是资格和所受的教育程度。更为关注组织所需的胜任力，很少在受教育程度或职业背景方面对求职者存在歧视。胜任力框架的开发有利于社会企业的社会和商业目的的实现。总之，社会企业的甄选方法与制造企业、私人企业和公共服务大致相同。这也就表明部门间的甄选技能的知识是可以转移的。与人力资源管理的联系超越了合适候选人的成功任命。在竞争的劳动力市场，社会企业必须寻求、留住人才，这就涉及入职培训技术如何把新员工整合进组织。

社会企业在进行员工招募时，是因人设事还是因事设人？第一类是专业的人力；第二类是被社会排除的人（残障人员、特殊境遇妇女、青少年、游民、老人、经济劣势者）。如果考虑组织发展、经济目标则会选择组织发展所需要的人。但是，社会企业兼具社会使命与目的，为了符合社会目的，对第二类人员是否要他们设计新的工作职务？在找人上还是要做到因事设人，而不是因人设事。

为了确保新员工对组织的逐渐适应，可以采取导师制。入职培训的重点是强调新员工之间的相互联系，增加支持网络是关键。这样就构建了正式的导师制安排或者非结构的伙伴活动，获得友情和建议。员工的技能与创造力日益显示其重要性。对知识和技能的看好使得人力资源管理成为组织战略的核心。因此，个人的发展与组织的进步直接有关。组织的目标是追求质量、生产效率和高水平的服务。为了完成目标，组织需要能有效地完成工作任务的有技能的员工。社会企业认识到宽广的技能是组织未来发展的基础。有效的人力资源管理技能能够识别核心能力与差距。社会企业必须选择具有平衡有效复杂的商业安排与社会和环境优先发展能力的董事会（board of directors，我国非营利组织一般称之为理事会）及首席执行官（我国非营利组织一般称之为秘书长）。董事会可能会随着时间变得没有动力，使得社会企业缺乏所需的技能和发展建议。Low（2006）认为，当董事会成员证明不能管理组织内的情况时，董事会成员就要改变。尽管很少有社会企业的董事会成员、工作人员和志愿者技能开发评估的数据资料，但是研究已经证明这方面对社会企业的有效性和可持续性会产生深远的影响。

四、社会企业员工的薪酬管理

上海某儿童智能训练中心是一家招收自闭症儿童的教育机构，其负责人表示，该机构教师的工资低廉，工作异常辛苦，连双休日都难以保证，不少老师刚从事这份特教事业时，热情百倍，但大多数人都敌不过日复一日的不断重复和辛劳工作，低收入更难留住人才，老师每月的平均薪酬（工资加福利等）不到 3000 元。工资待遇太低，没法和商业企业相比。关键的原因是社会企业的盈利水平不足。社会企业没有招募优秀人才所需的必要资金，使得员工较为正常的薪酬要求变成了经济负担。

一般企业与社会企业员工的薪资差异，很多人都避而不谈，结果阻碍了社会企业的长期发展与存续。唯有聘用高素质的员工，社会企业才有可能成功。不论属于哪个年龄层，有才能的人都可能志在为“有创新能力、受尊重、具正向思维”的组织工作。然而，这个理想不该以失去应有薪资水平作为代价。今天，即使是最成功的社会企业也面临找不到或留不住优秀人才的窘境，这将会阻碍组织成长与发挥影响力。虽然人们加入社会企业的动机不是为了钱，但投资者（包括个人、基金会和一般企业）还是可以创造一些补偿性的薪酬机制来拉近与市场水平的差距的。社会企业员工报酬包含的内容是广泛的，员工的期望及其报酬见表 5-4。

表 5-4 社会企业报酬的类型

报酬的类型	对员工和志愿者的益处	回报的可能形式
进一步培训	基于经验的教育和进一步培训；增加非营利组织方面的特定知识	系统反映员工自身在工作地的学习经验；与活动相关的进一步培训
领导经验	人事管理的机会，或领导分支机构的机会	领导情境下的指导；与员工交谈，主持会议，领导一家公司
社会相关的经验	通过处理与社会相关的议题获得直接经验来开阔自己的眼界	亲临现场，拜访服务的受助者
社会导向的目的	获得完成有意义任务的经验	通过营销增强在公众眼中的社会相关度；媒体报道的发布
实现个人目标	通过社会企业（特别是赞助人）实现个人目标	组织使命和战略的发展过程中，与资源的提供者有关
社会契约	成为社区的一部分	通过年会增强群体的凝聚力
财务回报	从运作中得到收入；象征性的承认	与市场相联系的付薪；远低于市场价的付薪；报销费用

资料来源：Jäger（2010）

五、社会企业员工的绩效管理

社会企业员工绩效管理的关键是要对绩效好的员工给予奖励，鼓励他们更好地完成工作，同时不漠视员工的权益和权利，以及不过于关注经济目标而不要社会目标。社会企业采取商业模式运作，与其他企业一样，员工多属弱势群体，如果企业决策是社会企业家做出的，这样员工就缺乏参与的机会。其实，社会企业员工是人力资源管理服务的对象，也是“内部客户”，企业内部应该设立良好的体制、机制使员工参与到企业的发展和运营中。同时，社会企业也要遵守《中华人民共和国劳动合同法》的相关规定，做到同工同酬，确保员工最低工资水平与市场水平相一致，并做到盈利回馈社会企业和社会，如增加弱势员工的培训投入，切实履行组织所确定的社会目标。

六、社会企业的劳动力市场关系

所有组织必须进行关键性战略决策：是从外部招募拥有组织所需要的技能和知识的人才还是内部进行培养。社会企业与劳动力市场的关系可能更为复杂，源于其对志愿者的定位。社会企业存在的一个很重要的理由是鼓励那些通常被排除出劳动力市场的人进入劳动力市场。为组织提供所需要技能的能力是人力资源规划过程的核心。从长期的观点看，人力资源规划是为实现组织的目标预测未来一段时间需要的一定技能和数量的人员的过程。如果合同或基金在中短期是稳定的，那么社会企业长期的可持续观点可能存在困难。人力资源规划涉及保留工具的开发，还包括工作的模式和弹性。在人力资源规划的过程模式中，人力资源规划的重要工作就是需要当前精确的人力资源信息以努力平衡人力资源的供需。

总之，社会企业的员工和管理者倾向于表现友善和工作努力与敬业，平衡绩效的数量和质量，开发能力（在技术、知识和认知能力方面），鼓励新思想和创新的产生。因为不需要额外的经济激励，社会企业在生产和效能方面的优势是低成本。只有在充分了解构成社会企业的主要人力资源的角色，并在对社会企业的人力资源管理理解的基础上，才能涌现出具有中国特色的社会企业。

第六章　社会企业的绩效评价

Herman 和 Renz（1999）指出，社会企业的有效性是多维的，永远不能简化为单一的测量。企业虽然有明确的目标，但还是花了一百多年时间才形成一套比较完善的绩效衡量标准及衡量方法。企业尚且如此，更何况远不能相提并论的社会企业。杨小凯和黄有光在论及企业一般均衡契约模式时指出，度量从事难以捉摸的管理活动所付出的努力及其产出水平，要花费极高的成本①。企业绩效管理是这样的，那社会企业绩效评价这样的边缘化的话题就更不例外。

社会企业的捐助者和资金提供者（贷款人）希望了解投到企业的资金的去向。创造社会变革的社会企业家试图运用测量和评估达到如下三个目的：①显示准财务或社会方面的"回报"；②改善一个组织的内部管理绩效或运作绩效；③借鉴一种科学的方法来验证影响力。

就社会企业绩效评价指标体系的内容而言，由于不同的社会企业有不同组织目标和社会使命，它们的评价内容具有很大的差异性，但总体而言，它们如同众多非营利组织一样有一些共同的绩效指标。

第一节　社会企业的绩效指标

在社会创业的世界里，测量和评估是一个根本性难题。我们如何获悉一个组织正在产生一种影响力？产生的社会效益到底是什么？我们如何确定一个非营利组织正运行得良好？

在信息披露和严格评估缺失的情况下，社会创业领域发生的许多失败都未被公之于众。其中的一个例外引起了社会的广泛关注。一家南非社会企业获得美国、英国的社会创业领域资助的"旋转抽水木马项目"，是通过让儿童在特殊的旋转木马上玩耍来抽水。启动五年后，该项目的设施要么未被使用，要么已经损坏，而且这个项目抢占了其他获取水资源项目的资金。事实已经证明该项目在很多地区都很难使用，还不如现有的解决方案。

在私人部门，上述问题非常容易回答。当一家企业生产了一种消费者乐意花钱购买的物品或服务时，我们就说这家企业表现"良好"。利润是反映物品或服务

---

① 转引自：张维迎. 2001. 企业的企业家——契约理论. 上海：上海三联出版社，上海人民出版社：14.

价值的一个合理而精确的指标；相对效率决定了资金资源的分配结果。简而言之，资本始终追逐利润。然而，在社会部门，情况要复杂很多。

一、社会企业的经济价值

绩效衡量指的是从质量和数量方面评估组织达到其使命、目的、目标的程度。而社会绩效衡量则是将绩效衡量机制运用于检验组织在社会及经济上的影响力，社会企业的绩效衡量已经从单一走向多元，即对社会效益与影响力的衡量，并探讨社会与经济效益之间的关系。Stevens 等（2015）从社会企业的价值观（利己主义/利他主义）、组织认同（功利/标准）以及企业目标（社会/经济）三个维度出发，以量表开发的方式揭示社会企业愿景的差异，使最终成立的社会企业在社会福祉与商业利益上会有不同的侧重。从组织财务、运营绩效的检验，拓展为公益参与；从出于信任到追求责任。

20 世纪 60 年代，慈善行为、慈善事业盛行，人们投入资源主要是出于个人情感的认同与联结。例如，地震之后人们纷纷捐善款、捐物资赈济灾民，便是慈善行为，而之后有计划、有组织地进行灾后重建，则是慈善事业。

从 20 世纪 60 年代至 2000 年左右，非营利组织更强调“理性”参与。例如，设立研究灾后重建品质或效率的机构，则属于公益（philanthropy）事业，目标是找出社会问题的源头，组织不一定与受益者有个人情感联结的关系。

2000 年后，公益创投的概念自欧美兴起，将传统的创业投资机制导入到社会企业或是非营利组织的领域，公益投资人通过提供财务支持、专业技能指导、资金募集协助、策略发展与运营管理的参与等方式，从中协助与监督组织领导人改善运营绩效。公益创投概念也更强调资源运用的责任，希望证明投资者所投入的每一份资源都能产生财务、社会、环境等方面的回报，而不只是出于个人情感认同的捐赠。除了投资者，许多社会或非营利组织的顾客、员工等利益相关者，以及考虑将资源投入其中创造公益价值的个人，对于资源被运用的透明度与责任度的要求都逐渐提高，衡量与评估社会影响力的课题也日益重要。

社会企业的经济价值就是经济绩效（economic performance），是指社会企业从业者获得做事的技能，进而协助完成任务或使命。经济绩效的基本逻辑是成本效益分析，即使用会计的观念来衡量价值，可用实体、智力和重要性三方面来说明（表 6-1）。

表 6-1　社会企业的经济价值

类别	特征	经济绩效
实体上	针对实体工作，通过获取承诺，面对面地接触或召开会议，关系人彼此协力完成工作	激励他人的能力，使工作的完成具有效率（efficient），以及有效能（effective）
智力上	提供解决问题的不同方案，分享彼此的做法，引导彼此承诺去完成任务	开发实践能力，只是关注工作的完成具有效率和效能
重要性上	利用金钱、时间及合同关系，使关系人在薪资、成本效益及服务交易机会上取得重大收益	管理金钱及时间的能力，能有效地完成工作或任务

社会企业的经济价值要强调效率与效能的观念，效率是生产力指标，为投入与产出之比，比率越高就越有效率；效能是达成目标的程度，达成目标的百分比越高就代表效能越高。一个人能做多少事或创造多少收入是效率观念，责任中心设定的年度营收目标的达成率是效能观念。因此，社会企业的经济价值有赖于内部人员的效率与效能的提升。但是社会企业的社会价值只讲效能管理而不涉及效率问题，因为社会服务使命或目标是社会企业自己制定的，要用效能去衡量其价值及绩效，无法用效率观念表达社会影响的程度，仅能从社会企业的投入、产出、成果及影响等层面分别陈述，也就是社会企业的社会价值的衡量以指标为标杆，能追求到所欲达到的标杆就代表其社会使命、任务达成良好，也即具有良好的社会价值呈现。

Bagnoli 和 Megali（2011）提出检视社会企业表现的三个维度，分别为经济财务绩效（economic-financial performance）、社会效率（social efficiency）与构建合理性（institutional legitimacy）。最为基本的经济财务绩效维度主要有：价值创造，营运成本结构如何，是否还有调整的空间以及更有效率地利用资源。社会企业的经济绩效不能单以报酬或获利能力来表达，与一般营利企业的不同之处在于它是多构面的混合体，包括流动性（liquidity）、获利能力（profitability）、规模（size）、成长率（growth rate）、财务杠杆（financial leverage）、效率（efficiency）等六个构面，其中管理部门应该关注的三项主要指标为：财务状况的改善；长期经济上的生存能力；服务受益人的效率与效能课题。

在组织绩效评估方面，相较于一般企业，社会企业面临很艰巨的挑战，主要有以下方面：①社会企业评价涉及多重复杂面向，又彼此间可能相互影响，难以具体理清指标评估标准和内涵；②除财务外，社会目标往往需要一段时间才能看出具体成效，不易在短期内有效评估。为解决以上问题，研究者尝试界定社会企业绩效评价指标，而检视绩效指标评估，可简单区分为成果导向与过程导向两种类型。

（一）成果导向

Alter（2006）认为，社会企业绩效有四个构面：①方案策略，主要衡量社会企业如何创造社会价值；②财务战略，指通过商业活动所获收益对组织维持营运的能力；③能力建构策略，是指如何增强组织能力、效能与效益；④文化策略，是指如何促进创业精神、创新动力与市场导向的组织文化。四大构面又依不同组织形态而有不同。例如，工作整合社会企业的影响力评估、薪资结构就是最为重要的绩效指标，分项包含最低生活工资、通货膨胀与基本开销的比较。而郑志贤（2016）则提出社会企业绩效评估指标应包含以下维度：①社会企业本质，包含社会使命和社会企业家精神；②社会影响力，聚焦于社会传播与社会产出；③企业运作，如企业永续、社会关系与发展潜力。前述两种评估指标都有助于我们审视社会企业实际绩效，但其限制在于无法用以深究双重底线目标变化与因应的治理结构，仅能呈现较静态成果。

（二）过程导向

Young（2012）提出在多元且不稳状态中，绩效评估涉及治理与财务指标之间的平衡关系，毕竟，资金是影响社会企业是否能生存的关键，无论来自基金会或者政府资助，在运作上可能引发“使命漂移”等问题，从而降低运营的自主性，故检视社会企业如何治理达成双重底线平衡成为重要的评估方向。针对 Young 的研究，Galaskiewicz 和 Barringer（2012）进一步延伸治理指标体系内涵，认为评估核心问题取决于利益相关者结构，必须检视社会企业经营过程中有谁获益以及获益为何等问题，从中界定社会企业组织形态与影响力范围。

总之，不同导向的评估指标各有利弊，过程导向评估虽有助于超越成果导向的盲点，能因应多种组织形态，但对“成果”和“影响力”等面向没有提出具体指标构面与评估原则，组织绩效评估不仅关乎社会企业成败表现，更是合法性与责信的彰显，也是未来立法的基础。

二、社会影响力的无形价值较难衡量

与财务价值或回报相比，一个组织的社会价值与回报往往较难衡量与判断。由图 6-1“价值衡量的明确性”图解可以看到，一个社会企业的销售利润、投资回报、负担债务等都可以进行简单、明确的衡量，然而其对于能源、健康、教育等造成的影响，却是难以量化的。

要衡量社会效益与影响，第一步先界定要衡量的变化，如变化的大小、范畴怎样，是要衡量组织的愿景与使命，还是组织中某个项目的目标达成。第二步，找出要衡量的对象，是产品服务的使用者、受益者、消费者，还是投资者。第三步，构建社会影响指标——产出（outputs）与效益（outcomes）——帮助我们联结、计算投入资源与所产生社会变化的比例。产出指的是此项目或组织所创造出

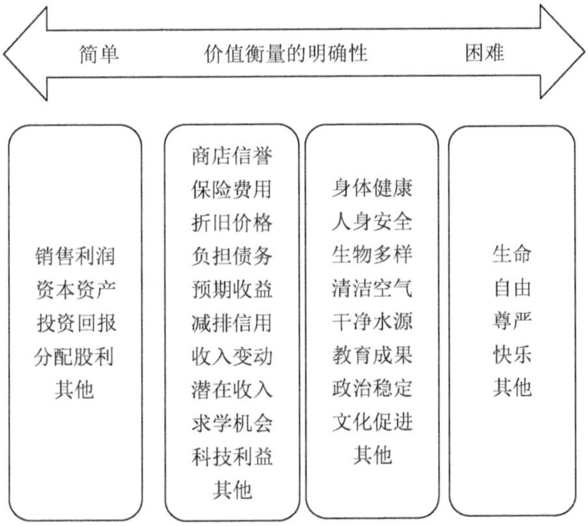

图 6-1　牵动社会影响力的产出、效益及外部因素

的短期（如 1 年）、直接、可被量化的具体事物，如产品或服务数量、金额等。效益则指此项目或组织所创造出的中长期（如 3～5 年）、间接、较难被量化的效益或变化，如品质改善、成本降低等，虽然较难衡量，却能帮助组织理清与愿景（使命）还差多远，或显示出要在所达成的社会影响中占的贡献份额。

衡量时也别忘了要“扣掉”其他非项目或组织所能控制却会影响产出、效益与社会影响力的外部因素。例如，为流浪者提供社会服务的非营利组织，可能也对提升流浪者收入与自信心有所贡献。

循证（evidence-based）是影响力评估的核心精神，就是说使用者在评估过程中应倾听利益相关者真正的感受和需求，重视资料数据的收集和分析的质量，保持公开透明和让成果接受审核等基本原则。

然而衡量组织的社会影响力不是一件容易的事情。和数字明确的财务计量不同，社会价值通常为抽象、无形，也涉及个人主观感受，难以被量化判断。许多社会效益与改变要较长时间才会展现，且牵涉的外部因素增加，使得衡量组织的贡献更加困难。不同领域（如教育、环境、健康等）社会效益衡量指标各有差距，难有标准，以及不同利益相关者（如投资者、消费者、受益者）重视的方面不尽相同，也都是挑战。

三、基本方法

总体而言，致力于量化影响力的第一代评估方法有两种类型：一是成本效果分析（cost-effectiveness analysis），即当难以将一个项目的收益进行货币化时，就应计算每个指标的回报或成本（如每个高中毕业生的成本）；二是成本效益分析（cost-benefit analysis），即试图将项目的收益货币化并比较特定介入活动的效益和成本。

成本效益分析的复杂程度不尽相同，既可以运用简单的净效益（净效益=效益－成本），也可以利用将时间贴现也算到净现值（net present value，NPV）中的效益成本比率或者效益指标比率。尽管有这样的基本分类，但是每个组织在具体计算效益、成本和未来效益的不确定性时采取了不同的方法。

根据伦敦政治经济学院旗下顾问调研公司的报告，在 1995 年到 2015 年，最有代表性的 20 种评估工具中，有 19 种开发在 2010 年以前，也说明了新工具的开发热潮已经过去。现在讨论的焦点逐渐转向评估工具的可执行性，希望能找到调整、改良现有评估工具的方法，化解当前工具多、使用者少的窘境。表 6-2 为常见评估工具表。

表 6-2　常见评估工具表

变革理论（theory of change）			
介绍	主要用途	使用弹性	所需资源
是战略规划工具，由 8 个有因果关系的要素组成，使用者可以分清楚变革问题的因果逻辑，从问题和目标开始，通过“投入”“活动”“产出”“效益”等要素来达到最终产生“影响力”，再将“影响力”和“目标”做对比，变成一个完整的循环	战略规划	高	低
B 型企业影响力评估（B impact assessment，BIA）			
介绍	主要用途	使用弹性	所需资源
是由非营利组织 B Lab 提出，为 B 型企业认证使用的工具。BIA 提供给受测组织在治理、环境、员工与社区关系等方面和其他组织相比的表现，让受测组织能针对较弱的方面改善	跟踪营运过程 衡量最终影响力	低	中
全球报告倡议组织（Global Reporting Initiative，GRI）准则			
介绍	主要用途	使用弹性	所需资源
由 GRI 发布，为企业撰写企业社会责任报告的主要准则，在 GRI 框架下，企业需要以系统化的方式披露在环境、经济与社会三个构面的相关信息	跟踪营运过程 衡量最终影响力	低	中～高
影响力雷达（impact radar）			
介绍	主要用途	使用弹性	所需资源
由来自伦敦的桥基金管理公司（Bridges Fund Management）开发的影响力雷达，以目标效益（target outcomes）、附加价格（additionality price）、环境社会治理策略和商业与社会报酬一致性（alignment）四个方面来衡量投资标的，作为投资组合配置的依据，是以投资单位为使用者的评估工具	战略规划	中	低～中

续表

社会企业平衡计分卡（social enterprise balanced score card，SEBSC）			
介绍	主要用途	使用弹性	所需资源
由企业常用的平衡计分卡改进，把社会层面相关的指标融入原有的财务、内部流程、顾客和学习与成长四个构面而成	战略规划 跟踪营运过程	高	低～中
社会投资回报率（SROI）			
介绍	主要用途	使用弹性	所需资源
是一个可帮助组织和项目“货币化”自身所创造的社会、环境与经济价值的评估工具。它主要用来衡量利益相关者感受到的价值，需要依赖使用者详细讲述经历过哪些实质改善，并将成果以数字呈现	战略规划 跟踪营运过程 衡量最终影响力	高	中～高

表 6-2 所列举的评估工具具有以下三个方面的作用。一是战略规划，协助组织规划整个战略。二是追踪运营，协助组织在运营或项目执行过程中定期追踪选定指标，作为流程和活动改善的依据。三是衡量影响，协助组织衡量一段时间内项目和组织的整体影响力。评估工具中使用弹性是指弹性高的工具给予使用者较大的定制化空间，弹性低的工具则提供标准化的框架，便于客观比较。所需资源是指在使用评估工具时，需要用到的人力、时间、金钱等资源的多少。

国内很多学者基于以上模型拓展了社会企业的绩效评价体系，如孙世敏（2014）总结社会企业绩效评价模型及相互关系，进一步拓展了其应用范畴；沙勇（2013）根据社会企业承担的利益相关的责任，构建了包含 5 项一级指标，27 项二级指标的评价体系；汪忠等（2013）针对社会企业的特殊性构建了 4 个维度 27 个指标的社会企业双重绩效指标体系。

四、社会企业矩阵地图：联合“影响力指标”和“财务指标”

《非营利组织可持续发展：基于矩阵模型的财务战略决策》提出矩阵地图的框架，来帮助组织整合量化的社会面和财务面的信息，让双重底线的概念得以在管理实务中落实。一旦决定了每项活动的影响力和盈利性，就可以将其置于矩阵示意图中（图 6-2）。绘制矩阵示意图时，还需要分别在表示盈利性的 X 轴上（即水平线上）以及表示影响力的 Y 轴上（即垂直线上）建立网格。

在矩阵地图上使用者可以清楚地看见组织内各项目的定位，有的项目影响力高、获利少，有些则相反。最好的项目要能同时满足有影响力、获利两个条件。最不好的情况是发现组织投入过多的资源，并没有影响力，也不能获利。

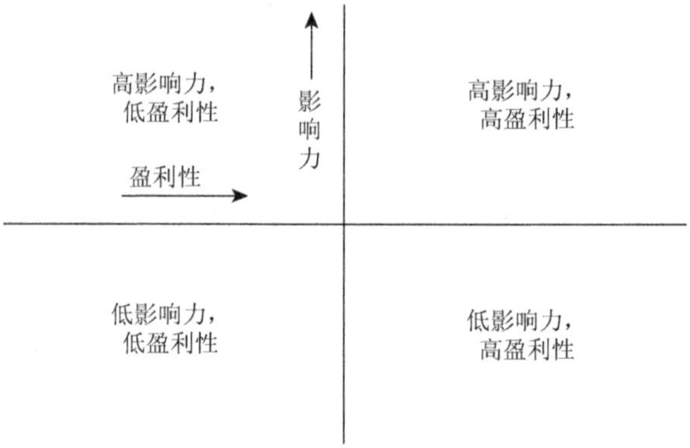

图 6-2　社会企业矩阵地图

资料来源：贝尔等（2016）

像矩阵地图这类工具，可以帮助社会企业家整合两边的信息，辨识未来发展机会，做出更好的资源配置。例如，没有影响力也不赚钱的项目应该停止，而获得新的资源时，都先投入有影响力又赚钱的项目。长期来说，这种能同时运用财务面和社会面的信息来做决策的愿景并非不可能实现，关键在于社会企业能否在日常管理中适当地整合财务面与社会面两种信息，并以符合决策需求的形式呈现。社会企业矩阵地图也可以运用到分析产品组合的策略中。

第二节　社会企业绩效评价思想与模式

社会企业的绩效评价已经从单一走向多元，从组织财务、运营绩效的检验，拓展为对社会效益与影响力的衡量。而社会绩效评价则是将绩效评价机制运用于检验组织在社会及经济上的影响力，并探讨社会与经济效益之间的关系。

一、基于研究方法论的绩效评价思想与模式

社会企业以创造社会价值和经济价值为使命，评价体系全面系统性和应尽可能地与时俱进是广大研究者较为关注的问题。Alter（2007）从社会企业研究的方法论角度探索社会企业的绩效评价模式，不仅关注财务绩效，更关注社会绩效，更加突出对社会企业创造的社会价值和影响力的追踪及评价。评价模式应该包括纵、横两个维度，结构图呈立体式推进，符合动态特征。横向维度包括投资行为、商业计划（使命驱动、市场驱动）、双重价值底线（经济价值、社会价值）和综合社会经济价值四个方面。纵向维度则以时间为轴线，是随时间变化的投资和价值产出（图 6-3）。该模式是基于方法论的视角提出的，衡量与评估社会影响力的好

处主要有：改善项目管理，更有效率地规划与评估；增进对工作所产生的变化与影响的了解；强化与组织内外利益相关者的沟通；提升对社会、经济、文化、环境等价值创造的关注。

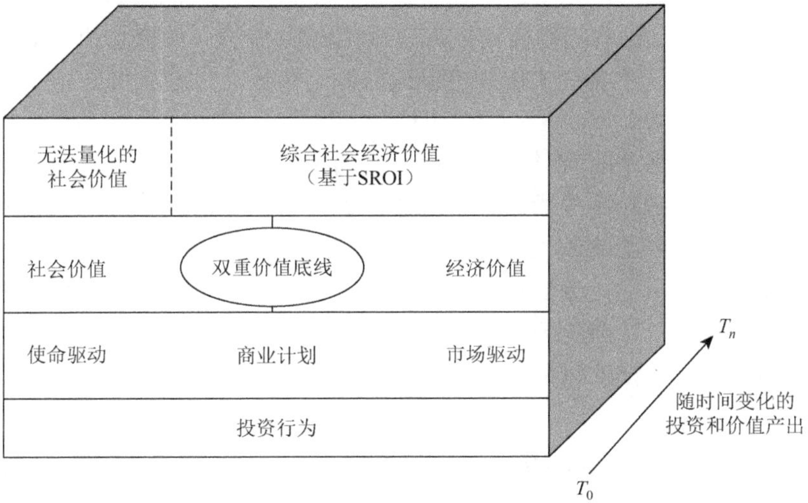

图 6-3　Alter 提出的社会企业评价体系图

资料来源：Alter（2007）

衡量与评估社会影响力的挑战主要有：并非所有社会效益与改变都能被量化或赋予对等金钱价值；许多社会效益与改变要较长时间才会展现，且牵涉的外部因素繁杂；不同领域（如教育、环境、健康等）社会效益衡量指标差异大，难有标准；不同利益相关者（如投资者、消费者、受益者）重视的方面不尽相同。

平面内容包括了纵向研究和横向研究，即同时研究所涉及的五个方面。由近至远的箭头代表时间递进，表示要随着时间的变化对截面上的内容进行长期的跟踪和评价。

（1）投资行为：整个社会企业组织资本结构中包含投资视角（即投资眼光和机会的把握）和投资金额两个部分。通常人们只关注投资金额，却忽略了对投资视角的重视。

（2）商业计划：包含两个重要的部分，即使命驱动与市场驱动。也就是说，商业计划的制订要同时考虑使命和市场两个方面的内容。另外，为了更有效地对其进行评价，测量方法一定要基于随时间而变化的工作信息来设计，并对其进行后续的跟踪测量和调整。

（3）社会价值和经济价值（双重价值底线）的平衡：一个成功的测量方法一定要能够恰当平衡社会企业的社会价值和经济价值。这里经济价值就是指社会企业在商业活动中产生的利润；社会价值主要强调社会企业对整体社会进步的贡献。

（4）综合社会经济价值（基于 SROI）：在考虑经济价值的基础上，通过增加可量化的并且可以用经济术语表达的社会价值来评价，这种社会价值既能够节约成本（如减少对公众协助的需要和依赖），也能增加收入（如增加税收支付能力）。无法量化的社会价值包含更大的价值创造内涵，即不能以金钱的方式加以定性或者定量的方面。

（5）纵向研究则是随着时间推移而产生的投资和价值创造，对社会企业进行评价时，必须意识到对其是否成功的总体评价不可以只通过一时的成果而做出，而要对其投资和价值创造过程进行长期的跟踪和评价。

该评价体系既平衡社会价值和经济价值，也兼顾了社会企业在真实市场环境中无法量化的那部分社会价值，还考虑时间变化的因素。但是，这种评价体系并没有提出具体到可测量的指标，实际的可操作性较差。

二、基于投资社会回报的绩效评价模式

社会企业谈绩效就是要成功，成功就是要赚钱及达成社会目标。投资社会企业要兼顾赚钱与社会使命，传统的投资报酬率失去参考价值。SROI 是一种用来衡量和管理一个组织或运动在公益、经济和环境层面取得的成果的社会影响力评估工具。迄今为止，比较有代表性的社会企业价值计量模型有罗伯特企业发展基金（Roberts Enterprise Development Fund，REDF）模型和英国的新经济基金会（New Economics Foundation，NEF）模型。REDF 是一家位于旧金山的非营利组织，成立于 1990 年，它致力于为支持穷人获得工作技能、找到好的工作的社会企业提供资金，属于第一批正式将影响力评估定义为一系列“回报”的慈善组织。SROI 是基于传统的成本效益分析，提供一个货币化的社会价值的比率，结合量化与质化的方法来呈现一个组织的社会影响架构。1996 年，在行政主管杰德·艾默生（Jed Emerson）的领导下，REDF 出版了第一份关于 SROI 的分析报告，用美元的形式量化了经济发展项目的社会价值。

通常而言，REDF 的 SROI 分析检验的是某个给定时间段里（一般是 5～10 年）的一项社会服务活动；计算活动所需的投资资金；明确各种各样的成本节省，节约的政府救济金、增加政府税收收入、支付给雇员工资和福利等；用美元来货币化结余和收益；用价值之和折现来表达；然后以净现值和 SROI（企业价值回报率、社会目的价值回报率和混合回报率）的形式核算出一个最终的社会经济价值。这种测量方法比较适用于像残疾人或流浪者的工作培训和实习之类的项目，因为能够在私人市场中获得雇用的公益受领者的数量是比较容易统计的。

尽管REDF自2000年之后就不再改进SROI模型，但是SROI的理念和方法早已被社会企业家和资助社会企业家的组织所广泛地采纳和应用。然而，SROI模型仍然面临一些比较明显的局限性。因此，杰德·艾默生提出并开发了混合型价值（blended value）的不同版本。

REDF的SROI模型的计量过程包括3个维度、6个方面，从绝对数和相对数两个角度计量经济价值、社会经济价值和综合价值，如表6-3所示。

表6-3　现行SROI计量模型（REDF方法）

绝对评价	相对评价
（1）经济价值： $$V_E=\sum_{t=1}^{n}\frac{(R_t-C_t)}{(1+i)^t}$$ 其中，R_t为第t年经营收入；C_t为第t年经营成本；n为年限；i为折现率	（1）经济价值回报率=经济价值/经济目的投资额
（2）社会经济价值： $$V_S=\sum_{t=1}^{n}\frac{(f_{st}+g_{st})}{(1+i)^t}$$ 其中，f_{st}为第t年社会公共收入增加额；g_{st}为第t年社会公共成本节约额；n为年限；i为折现率	（2）社会经济价值回报率=社会经济价值/社会目的投资额
（3）综合价值=经济价值+社会经济价值－负债价值 $$V_B=\sum_{t=1}^{n}\frac{(R_t-C_t)}{(1+i)^t}+\sum_{t=1}^{n}\frac{(f_{st}+g_{st})}{(1+i)^t}-\text{负债价值}$$	（3）综合回报率 SROI=综合价值（V_B）/投资总额

资料来源：孙世敏等（2011）

经济价值加上社会经济价值再减去企业负债就等于REDF所说的综合价值。为了使综合价值成为社会企业之间可以比较的计量单位，REDF进一步定义了三个价值指数，分别为经济价值回报率、社会经济价值回报率和综合回报率。

通过使用这些指数，REDF（或者社会企业中的其他捐赠者或投资者）能够掌握如何对两个规模和水平都存在巨大差异的社会企业进行分析比较。REDF承认，这些价值概念排除了在纯社会领域中许多无形的价值。例如，工作福利计划会使参与者在参与生产性工作时变得更快乐。然而，REDF的方法代表了在研究社会企业创造价值方面及随后的慈善投资回报方面都向前迈进了重要的一步。

REDF开发的SROI模型提出了社会企业定量价值计量的基本思路，为后续研究提供了理论与方法上的借鉴。但社会企业毕竟是一个崭新的研究领域，现有SROI模型还存在诸多不完善之处，主要表现在：现有SROI模型采用假设折现率，不能代表真正的"择机成本"。社会企业资金有很大一部分来源于慈善基金、政府补助金等，这部分资金虽然属于无偿资金，不需社会企业付出任何代价即可使用，但它存在"机会成本"。现行SROI模型没有解决无偿资金资本成本计量问题，导致 SROI 模型折现率无法确定，只能采用假设折现率（0～25%），社会企业价值计量需要寻找更合适的方法估测折现率。

如何有效地使用 SROI 是一个需要特别注意的问题。首先，需要设置社会企业边界，以建立利益相关者的清晰认识并能识别关键的社会目标。其次，制定影响图，以说明社会影响的意图如何能够实现。通常情况下这个过程被概念化为“投入—产出—结果—影响力”的社会价值链。在这个模式中，投入代表社会企业的总输入，产出代表简单的定量影响（如销售额、创造的就业职位等），结果代表目标利益相关者和社区直接或间接的变化（如更好的教育、更好的各级卫生、纵向因素等），影响力代表重复分析下的折扣变化（即影响力是指在结果中排除掉不是由活动带来的结果，得到的就是一个活动带来的影响力）。

NEF 改进的 SROI 模型包括六个计量步骤[①]。

第一，确定关键利益相关者（identifying key stakeholders），建立 SROI 计量和分析范围。确定 SROI 的界限、范围，有哪些利益相关方参与其中以及如何参与，这一工作非常重要。清楚定义机构的社会目的及理念。机构需要清楚列出计划所推动的理念是什么、系统的运作如何帮助别人，预期目标是什么，在 SROI 的阐述方法中称为“变革理论”（theory of change），也可以理解为宗旨或使命阐述（mission statement）。有了清晰的使命阐述，就能确立机构往后的发展方向，同时掌握应纳入评价的内容。

第二，描绘成果（mapping outcomes），勾画“投入—活动—产出—结果—社会效益”的社会效益链（social impact chain，SIC）。社会效益链可以说是“变革理论”的延续，它利用图表描述一家机构创造社会价值的过程，清楚地表达活动或计划为社会带来的改变。有了这个图解演绎的变革过程，机构便很容易按以下五个范畴逐一说明计划所涉及的社会效益，见图 6-4、表 6-4。

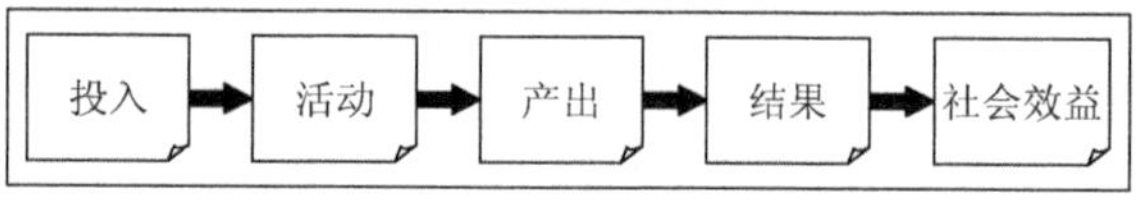

图 6-4　SROI 的社会效益链

表 6-4　社会效益链的构成

组成成分	定义
投入	投放在企业的资源，通常以成本计算
活动	能够创造经济及社会价值的具体的行为、任务和工作
产出	活动产生的有形产品或服务，是社会企业可度量的指标，如受助人数、售出的货品数量或带来的财政收入

① “Social return on investment：valuing what matters”（2004 年）。

续表

组成成分	定义
结果	活动为参加者及社会带来的改变、好处、学习或其他影响（包括长期和短期影响）。如创造就业机会、收入增加
社会效益	活动带来的更广、更长远的影响，当中不包括一些“根本会发生的结果”，即没有该计划进行都会发生的结果

第三，证明成果（evidencing outcomes），给成果定价。证明成果以及相关数据是否发生，并为成果定价，将社会效益量化。

第四，确认影响力（establishing impact）。收集成果的证明材料并将成果货币化的过程中，那些无论如何都会发生的变化及由无关因素导致的变化均不在考虑范围之内。至于一些较难量化的效益，如计划所节省的社会成本等，需要基于假设才可以货币化。机构可以通过搜集政府过去的数据，计算出较为合理的价值。

第五，计算 SROI（calculating the SROI）。SROI 尝试将机构产出的社会效益货币化，然后将它与投入的资源比较，以衡量机构成功与否。机构只要将搜集到的资料以数据输入即可。需要注意的是量化及货币化的过程会有很多假设，这些假设需要一一列明，使整个计算有迹可循。

第六，SROI 计量结果的报告、应用与常态化（reporting，using and embedding the report）。最后的报告、应用主要是对结果进行进一步分析与验证，确认相应结果符合实际情况，同时将 SROI 内化为营运的一部分，对机构的发展提供有力保障。表 6-5 是对 SROI 影响的分析。

表 6-5　计算 SROI 的方法举例

观察记录（项目成果）	赋予社会的变化（对等金钱价值）	成本效益（分析计算）
受训者个人收入增加	2.7M	成本效益比例=效益÷成本 1.5M÷0.3M=5
受训者家庭收入增加	0.3M	
总收入增加	2.7+0.3=3.0M	
基金会贡献	3×0.5=1.5M	
基金会成本	0.3M	
计算结果：基金会每投资 1 元，服务对象可增加 5 元收入		

注：货币单位为元，M 代表 100 万元

基金会在某一项目为辍学的青少年或失业人员提供职业培训，该项目评估某一年所有受训者因此可增加的个人收入（因获得工作机会）与家庭收入（因工作收入得以让下一代接受教育、获得较好社会经济地位）共 300 万元，扣除外部因素（如受训者所获得的其他社会福利协助），基金会认为其对于“受训者收入增加”效益的贡献度约为五成，即 150 万元除以基金会投入成本 30 万元，计算出成本效

益比例为 1∶5，即基金会每投资 1 元在此项目，便可帮助项目服务对象收入增加 5 元。衡量社会效益与影响并不简单，建议在进行项目规划时便将衡量机制纳入考量与设计中，先将资源集中在追踪、衡量可提供实际证据支持社会影响的信息上建立一小组最新、最相关的指标，并与利益相关者分享，确定他们也认同将要衡量的变化及相关指标，执行过程中再慢慢调整机制，使其更完善、准确。

能够用 SROI 说事的机构将会更具说服力，以一个更进取的形象，带来更多的资金。这种评估方法的优点是，它产生的比率可以用作项目之间的比较。但是把社会福利转化成现金，即货币化，可能是个挑战。比如，假设一个项目需要提供职业培训，帮助人们脱离社会救济，找到工作。项目收益可能包括找到工作的人为国家交的个人所得税、社会救济支出省下的钱、对收容所需求的减少、可能还有因管辖街上的人减少所省下的成本。这些收益可以转化成货币，相加然后获得非营利组织的职业培训项目的 SROI。但是却不包括比如犯罪减少带来的实实在在的好处（如恐惧、社会紧张的减少）。虽然实实在在，但是很难评估，特别是用钱来评估。此外，成本是用来支持现在的项目，但许多收益却要等到将来才能实现。比如，一个课外辅导项目帮助年轻人完成高中学业，这个项目的一个收益指标应该是他们毕业之后所增加的薪水。在理论上，这很容易用钱来描述。但是增加的教育也可能导致更健康、更快乐的人生，这就很难捕捉了，也更难货币化。

尽管 SROI 已经被很多组织采用，特别是与罗伯特企业发展基金会一同工作的社会企业和其他公益创投基金会，但罗伯特企业发展基金会已经不再把 SROI 作为其评估组织社会绩效的唯一工具了。这个模型存在以下缺点：①SROI 分析过程占用大量资源；②需要实际工作者参加，而且耗费时间；③指标很重要，但指标不能代表全部；④SROI 是一个好工具，但它也不是全部。这种测量方法比较适合像残疾人或流浪者的工作培训和实习之类的项目，因为能够在私人市场中获得雇用的公益受领者的数量是比较容易统计的。表 6-6 总结了综合价值是怎样计算的。

表 6-6　SROI 的财务计算

经济价值
销售价值
－已售产品和服务的成本
－运营费用
社会经济价值
+捐款和赠予
－募集资金和书写申请拨款建议的成本
+社会成本节约
－社会运营成本
+税收的增加
负债价值
－社会企业的负债
=综合价值

SROI 在计算及评比上须花费较多时间投入，且在操作上非常强调以质化的访谈对话来对照既有资料，因此通常会搭配访谈结果将部分干扰因素排除，使货币化的数据更真实。

三、地方经济社会影响评估

地方经济社会影响评估（social impact for local economics，SIMPLE）模式是由 McLoughlin 等（2009）所提出的，认为 SROI 或社会企业平衡计分卡都有其固有的优点跟缺点。SROI 是一个将社会影响货币化的方式，将结果与初始投资相比较，所以用“社会报酬”来和传统的以利润为主的报酬做区别，将净社会影响货币化，这一点对社会企业确实有吸引力，因为货币化的衡量容易了解，可以显示企业的竞争优势何在，能够比较，但并非所有的影响都能换成货币衡量，特别是有一些组织社会影响评估系统发展不成熟。

McLoughlin 等也提出社会企业平衡计分卡是建立在平衡计分卡的观点上，着重于内部流程，本质上是企业绩效分析的工具，但避开了外部影响力的分析，没有说明如何建立明确的影响力评估，或如何执行影响力评估的管理系统。SIMPLE 模式以克服 SROI 及社会企业平衡计分卡的缺点。

SIMPLE 模式是针对社会企业所发展的社会效益评估模型，其以结合企业的内部策略及成果导向的方式，为管理者提供了解企业是否有对社会做出贡献或创造效益的框架（McLoughlin et al.，2009）。有别于一般绩效分析是以三重底线（triple bottom line）为基础，包含财务、社会及环境项目，SIMPLE 模式加入了“经济”的影响，并通过界定（scope it）、描述（map it）、追踪（track it）、报告（tell it）和反馈（embed it）五个步骤进行影响评估，用来把复杂的社会企业影响评估分解成培训与管理上较简单、可达成的部分，此模式框架见图 6-5。

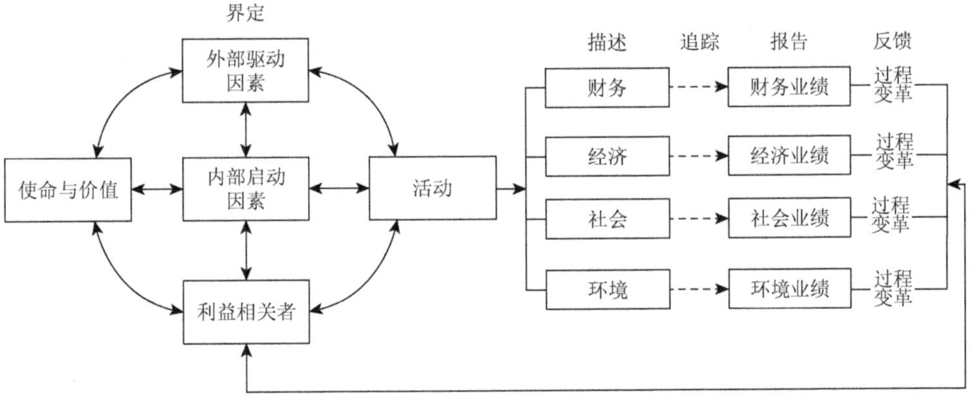

图 6-5　SIMPLE 模式

（1）界定：检视重点评估目标，包括企业使命与价值、内外部驱动因素及利益相关者，帮助社会企业管理者将影响力的问题概念化。

（2）描述：发展合适的评估方式，找出与所要评估项目最相关的活动，排定影响力评估的优先顺序。

（3）追踪：设计指标及实施资料数据收集管理，发展适当的影响力评估。

（4）报告：资料数据收集后将其报告，用最合适的报告方式凸显其社会效益。

（5）反馈：将结果整合到管理决策制定与组织文化中。

该方法大多需要经过培训才能加以应用，需要社会企业使用者投入大量的时间和资源。

第三节　社会企业平衡计分卡法

平衡计分卡由卡普兰（Kaplan）和诺顿（Norton）于 1992 年提出。《哈佛商业评论》在庆祝创刊 75 华诞（1922～1997 年）之际，隆重评选推出了“过去 75 年来最具影响力的十大管理理念”，平衡计分卡名列第二。著名咨询公司盖洛普（Gallup）的调查表明，到 2003 年为止，在《财富》杂志公布的世界前 1000 位公司中，有 70%的公司采用了平衡计分卡系统，在世界 500 强中有 80%的企业在应用平衡计分卡。全球许多公共部门也已开始导入平衡计分卡系统。平衡计分卡是一种战略计划和管理系统，可以将它简单定义为一系列关键的财务指标和非财务指标。平衡计分卡通常有 4 个维度，也可以有 6 个维度（表 6-7）。平衡计分卡的主要特点：战略管理工具（组织管理、保证工作的连续性）；绩效评价工具（衡量战略执行情况）；绩效沟通工具（全员沟通）；注重平衡（重视组合）；关注因果关系（本质特征，没有因果就不是平衡计分卡）。例如，对员工进行持续培训（创新与学习层面），提升公司的运营和流程管理水平（企业内部流程层面），这又会通过更准确的时间管理或更低的成本（客户层面）来提高顾客满意度，最后会给组织带来更好的财务表现（财务层面）。

表 6-7　平衡计分卡的 6 个维度

财务	顾客至上	环境和社区
资产利用率，销售额，风险管理，营运资本优化，降低成本	提高顾客满意度，以产生最大化利润的顾客为目标，接近潜在顾客	首选雇主，与未来员工联系，社区领导力，合作
企业内部流程	员工满意度	创新和学习
按时足额送货，优化技术，与股东建立有成效的关系	合适的人选，授权，保留关键员工，公正，领导力，认可度	创新，放弃，提高专门技能和适应能力，学习环境

社会企业介于商业企业和非营利组织之间，不仅追求企业价值，更强调创造社会价值和环境价值，因而不能完全照搬原有的平衡计分卡体系。平衡计分卡虽然源于商业企业考核，但在社会企业领域同样适用。多个方面平衡，如财务指标和非财务指标之间的平衡。对非财务指标的关注实际反映了对绩效产生过程的关注，如如何提高顾客满意度、如何提升社会企业管理水平。除此之外，平衡计分卡十分强调学习和成长的重要性。对于社会企业总体发展而言，关注未来目标是更有意义的。实施平衡计分卡评估必须满足以下几个基本要求：①明确社会企业的使命和愿景，以及实施战略。这将无时无刻不提醒绩效管理过程必须围绕中心目标展开。②注意整体与局部的结合。平衡计分卡是个层级概念。首先需要制定组织层面平衡计分卡，其次进一步分解为部门的平衡计分卡和个人的平衡计分卡。③目标分解应达成共识。层层分解社会企业目标的过程中，应当保持上下级沟通顺畅，达成共识，形成上下一致、左右协调绩效考核目标。④战略的评估与控制。每一年社会企业要根据运营结果，从平衡计分卡的四个维度，评估使命完成度、战略有效性，从而发展改善对策。

平衡计分卡突破了单纯以财务指标作为唯一衡量工具的限制，对社会企业业绩计量问题，理论界与实务界达成共识的观点是采用社会企业平衡计分卡，借鉴卡普兰和诺顿的平衡计分卡思想，依据社会企业使命和经营模式，从经营结果和经营过程两个方面计量社会企业经营业绩。至于社会企业平衡计分卡应设置哪些维度、如何命名、选择哪些关键业绩领域和关键业绩指标（即社会企业业绩计量框架体系），目前正处于探索之中，没有统一定论。Somers（2005）认为社会企业平衡计分卡应突出企业社会目标，从财务可持续性、利益相关者、内部业务流程和资源四个方面计量经营业绩，并从企业健康发展、业务的改进和资源配置三个方面对目标的达成进行评价；Bull（2007）提出应从双重目标、利益相关者、业务流程和学习成长四个方面构筑计量指标体系；Meadows 和 Pike（2010）指出，建立社会企业平衡计分卡应考虑企业经营模式、组织开发、财务回报和社会回报。张锦等（2012）从系统动力学角度入手，从学习与发展、内部流程、利益相关者和财务可持续性四个维度构建社会企业平衡计分卡，探讨社会企业关键绩效指标间的关系。

平衡计分卡同样适用于社会企业的业绩评价。然而，这种方法会出现企业过度追求平衡（balance tendency）导致资源不能得到有效配置的问题（Bull，2007）。同时，平衡计分卡不仅操作难度大，而且难以提高社会公信力，不适用于中小社会企业绩效评估。

不同的社会企业由于社会使命不同，难以客观相互比较，但可以设定四个维度的目标来确定衡量的指标，并进行管理工作。例如，在学习与成长维度，目标可设定为提高生产力，则衡量指标可定为每人每月的产出量，设定每月基本的产出量，来测量绩效；当员工没有达成绩效指标时，则进行员工技能的辅导与培训工作，当员工超过绩效标准时，则制定奖励办法给予奖励，具体见表 6-8。

表 6-8　社会企业使用平衡计分卡可能的衡量指标

学习与成长构面		内部流程构面	
目标	绩效衡量指标	目标	绩效衡量指标
（1）增加员工价值 （2）最大的生产力 （3）增进员工技能 （4）分享内部信息 （5）增进部门间协调合作 （6）增进员工核心能力	（1）员工留任率 （2）某一员工产出量 （3）每人受训小时数 （4）可看信息调查指数 （5）同事相互评比 （6）相关能力的技能检定	（1）挑战竞争者的产品 （2）提高产品信赖度 （3）提高产品周转速度 （4）产品单位运输成本降低 （5）独特的供应链 （6）增进产品附加值	（1）下一代产品推出市场的时间 （2）产品不良率 （3）存货补给循环时间 （4）每批产品的交易量 （5）供应商收入依赖本企业的比率 （6）外部采购的供应商成本标杆指数
财务构面		顾客构面	
目标	绩效衡量指标	目标	绩效衡量指标
（1）达成较高的投资报酬率 （2）提高新产品占营收比率 （3）提高每笔交易的获利力 （4）取得最少的资金成本 （5）使股东高兴 （6）改进现金流量	（1）投入资本报酬率 （2）各产品的营收成长率 （3）单位成本 （4）信用评价等级 （5）附加价值指标 （6）应收账款天数	（1）主宰主要市场 （2）使目标顾客高兴 （3）增加再购营收 （4）在目标市场增加营收 （5）增加产品知名度 （6）建立顾客认同	（1）市场占有率 （2）客户满意度调查 （3）每期客户再购率 （4）目标市场新顾客数 （5）营销费用占营收比率 （6）公司形象及品牌认知调查

从财务构面看，社会企业的财务目标应与战略相结合，最基本的财务目标就是股东权益报酬率的设定，但股东权益报酬率的高低取决于三个变数：营收的成长及其组合、成本降低及其生产力的改进、资产使用效率及其投资策略。企业生命周期的不同阶段，其财务目标也不同；企业采取不同的策略，其财务目标所重视的主题也不同。当企业采取成长战略时，其财务目标重点在于营收成长、员工生产力提高、强化产品的研发与投资。当采取维持战略（维持市场占有率）时，其财务目标重点在产品与客户的获利力、成本降低率及投资报酬率。当采取收购战略（回收现金流量为主）时，其财务目标重点在产品及客户获利力、现金流量及投资资金的回收，而不会再进行重大的投资。当然，所有企业在追求财务目标时，都会考虑其报酬率的变异性及风险问题，风险管理目标也是财务目标的一环，做好业务预测工作、提供奖励制度鼓励员工、使用保险措施、强化业务拓展能力及使用金融避险工具等，这些是良好的风险管理方式。

在顾客构面，社会企业需要顾客方面的绩效表现，需要重视客户的需求，甚至要重视顾客价值，顾客价值是指企业提供其产品或服务属性在顾客心中的价值，衡量方式为

顾客价值=产品及服务属性（包括功能、品质、价格及时间）+品牌形象+顾客关系（提供产品或服务的方便性与反应及时性）

做好顾客服务，需要界定企业所提供的产品或服务的目标市场及市场区分，以市场占有率、顾客留住率、顾客获取率、顾客满意度及顾客获利力作为衡量指标，使顾客认为企业所提供的产品或服务是有价值的。

在内部流程构面，社会企业要达成其财务目标及顾客服务工作，必须做好企业内部作业流程。其实，对企业的大多数员工而言，改善绩效的工作就是改善现有的作业流程，整个内部作业流程与顾客关系联结起来就是企业的价值链关系，整个价值链可分为三个主要的企业流程：创新流程、作业流程（operations process）和售后服务流程（post-sale service process）。创新流程的主要内容是产品的研究开发，衡量方式包括：新产品占销售额的比率、与竞争者的相比新产品进入市场的时间、研究开发费用占总费用或成本的比率、进入量产制造的能力、新一代产品开发的时间及损益平衡时间（break-even time）等。作业流程是产品的订单、生产及运送给顾客的流程，主要衡量方式为时间、品质及成本。售后服务流程是指产品销售以后的维修服务、产品缺陷及退货处理等作业，衡量方式有对顾客服务的反应时间、维修成本或赊销产品的现金回收比率及维修服务的品质等。

在学习与成长构面，社会企业要使其财务目标、顾客服务及内部作业流程达到良好的绩效，则需要重视组织的学习及成长，因为这些绩效都是通过组织人才实现的，都是通过系统及制度的投资而达成的，而且强化员工、系统及组织能力不是短期就可以成功的，需要长期投资努力，这些能力包括员工能力、信息系统能力（information systems capabilities）和员工激励与授权（employee motivation and empowerment）。员工能力的衡量方式包括员工满意度、员工流动率及员工生产力。信息系统能力指员工能准确及时地得到顾客信息并处理问题的能力，以战略性信息涵盖比率（strategic information coverage ratio）衡量，战略性信息涵盖比率是指以线上（on-line）作业取得顾客信息的比例或各项作业的质量、时间及成本问题能及时处理的比例来衡量。员工激励与授权指再好的员工也需要受到鼓励，衡量方式包括员工提案被执行的比例、员工提案实际产生改善的比例及以团队为基础的目标达成奖金制度。

薪酬功能主要在于激励员工达成组织期望的行为或成果，绩效管理指标如果能了解员工对其组织的贡献，通过绩效评估与薪酬管理结合，就能激励员工提高生产能力。衡量社会企业的绩效，包括经济价值和社会目标价值，可根据企业要达成的社会目的，发展出一套综合性的绩效指标，并考虑企业的生命周期阶段，制定不同的绩效指标权重。

社会企业平衡计分卡综合业绩计量体系不仅揭示了社会企业的经营结果（即社会企业价值），而且展示了社会企业的经营过程，同时将定量价值计算（SROI

模型）和定性分析方法（非量化价值和经营过程）相结合，为后续研究指明了方向。但社会企业平衡计分卡体系尚存在诸多不完善之处：①现有的综合业绩计量体系缺乏普适性。现有的业绩计量体系绝大多数都是各个基金组织针对自己资助的社会企业项目而设立的，多个版本，多重标准，个性化特征较为明显，缺乏一个普适性的业绩计量体系。②现有的综合业绩计量体系相当不成熟。现有的业绩计量体系只是一个方向性的指南，正处于开发之中，很多研究没有考虑社会企业的使命与目标、财务与人力资本的可持续性、组织能力、组织成长性及社会企业服务理念等重要因素，因此是不成熟的成果，只能算是一个“雏形”。建立普适性的业绩计量体系需要进行更深入的研究和探索。③现有的综合业绩计量体系评价结果不具有可比性，各个基金组织开发的业绩计量体系差异较大，缺乏统一的评价标准，评价结果不具有可比性，使政府和慈善机构投资决策缺乏依据。④现有的综合业绩计量体系很少考虑生命周期。目前，社会企业理论研究处于起步阶段，实践中大多数社会企业属于初创期，因此现有研究很少考虑生命周期。

一些新型投资者致力于探测归因（attribution），即为每一美元投资所产生的影响力找到精确而具体的证据，如罗宾汉基金会的效益成本比率。相似地，捐赠受让人也必须向这些资助者展示他们的工作如何产生影响。当然，这样的做法不利于协作。与此不同，具体影响力的新思维强调评估贡献（contribution）。对于需要齐心协力工作的项目，衡量影响结果的具体变量存在很大的难度，因此贡献可能是一个更加中肯的视角。重新评价测量主要关注以下两个问题。

1.“度量转移”问题

对归因的需求与人们对测量的高度重视关系密切，结果是社会企业的使命遭到扭曲。在“可测量的事情才会得到落实”（what gets measured gets done）的引导下，人们高度重视可测量性，结果产生了负面影响，导致组织仅仅强调那些可被测量的行为，而放弃了那些重要但难以被评估的行为。

管理学文献到处在强调“使命转移”（mission drift）的问题，非营利组织为追求某种特定的资助来源而发生使命的转移。类似的就是“度量转移”（metric drift）问题。如 SROI 的测量对那些容易货币化的项目（如工作培训）非常管用，但对其他领域就没有太大的效果。投资者也会有意无意地避开那些难以衡量工作情况的投资项目。

对测量的高度重视还会鼓励基于项目的资助（如分发蚊帐），这类资助可以在短期内带来可衡量的“反响”（bang for the buck）。与此同时，就如我们所见的，多数非营利组织越来越希望得到更多的不限制用途的资助，以加强组织能力建设。并非只有慈善投资者才会遇到这种危险，政府部门也不例外。公共部门社会创新学派关于推广有效项目的方法就不是那么关心过程或提供者，却相当重视测量和定量工具。

社会影响力将通过长期的结果得以实现，这种长期的结果有时候能够通过单一的产出进行衡量，不过测量不一定总是精确的。例如，产出可以是一个测验分数，结果则是教育水平的长期改善。寻找到合适的指标，一般来说是有可能的。对结果的测量，既与最终答案有关，也与日常练习有关，两者不分轻重。因此，不仅需要注意影响力的证明，还要重视问责和目标设定，需要依靠严密而可比较的度量来区分高绩效组织与低绩效组织。

2. 从失败中学习

一些非预期结果揭露了测量和量化之间的混淆以及关于评估目标的困惑。常言道：不是一切有价值的都能被计算，也不是一切能计算的都有价值。此话并非说事物不能被评估和测量，只是说，有些事物不能用财务模型进行量化。迈克尔·爱德华兹认为，“成功的商业度量和测量关注的是规模、成长和市场份额，而非人们参与型塑的制度之间的互动”。吉姆·柯林斯提醒我们，只要保证投入和产出都是正确的，那么“是否能够量化你的结果并不是那么重要。重要的是，你要一丝不苟地收集证据”。

社会企业家将失误当作一种追求社会影响力的教训，从失败中学习往往意味着，大部分基于市场的方法正在以熊彼特的“创造性破坏”的方式进行演变。

2010 年，琼·凯斯在凯斯基金会的博客里发表了她关于“对项目未达预期的痛苦的承认”（painful acknowledge of coming up short）的想法，并指出了凯斯基金会在推动“玩具水泵”（playpumps）项目时所犯的种种错误。“玩具水泵”是一种利用旋转木马带动水泵抽取地下水的抽水设施。事实表明，“玩具水泵”要想发挥功用，需要非常多的儿童来玩旋转木马。我们从失败中吸取教训，将失败变为成功之母，避免重蹈覆辙。

第七章　社会企业的商业模式

社会创新与我国建设和谐社会的目标紧密相关。我国面临的众多社会难题，如效益与公平的关系问题、就业问题、国内收入差距问题、“三农”问题、社会养老保险制度问题、教育公平问题、医疗制度改革问题、住房问题等，都需要通过社会创新加以解决。

彼得·德鲁克曾经说过，“现在企业的竞争，不仅仅是产品与服务之间的竞争，更是商业模式之间的竞争”。理解、设计以及执行商业模式，已经是企业创造高绩效的关键。商业模式是企业的立足之本，社会企业也应运用商业模式来维持其生存和发展。社会企业具有社会性和经济性双重属性，由此决定了其商业模式的独特性和创新性。Defourny 和 Kim（2010）对东亚五个国家或地区的研究发现，东亚社会企业较美国、欧洲更为复杂，可见五种主要模式：商业化的非营利组织、就业整合类社会企业、社会合作社、非营利性与营利性组织间的合作、社区发展类社会企业。

社会企业家对建立一个可持续的竞争优势不感兴趣，相反，他们想要提供一个可持续的解决方案（Santos，2009）；他们对于保留自己的想法和知识产权不感兴趣，他们希望自己的想法能传播到不同的地理区域和目标人群。

第一节　企业的商业模式

1960 年，G. M. Jones 首次在其论文标题中使用“business model”（商业模式）一词。早在 20 世纪 70 年代，商业模式的概念就已经形成，最初是用来描写资料和流程之间的关联（Konczal，1975）。随着科技网络时代的到来，商业模式这个观念迅速发展起来，不断出现在各种学术期刊和杂志上。一种商业模式必须能回答以下基本问题：一个公司能为客户提供什么价值？它是如何创造这种价值的？这个公司如何挣钱？社会企业的商业模式同样要回答这些问题。要去分析商业模式，可以从组成商业模式的要素开始，从之前学者的文献可以分析出商业模式的关键要素：商业机会、顾客价值主张、渠道管理、顾客关系、收入模式、成本结构、关键资源、关键活动、关键合作伙伴。

一、商业模式定义

商业模式是一个商业术语，是许多组织在新经济下寻求竞争优势的一种手段。

一般又称为经营模式、事业模式、运营模式、商务模式等，在将“business model”应用于社会企业时，将其翻译为商业模式较为合适。在商业模式发展的过程中，有许许多多各行各业的专家学者都投入到商业模式的探索当中，不同行业领域的商业模式的侧重点也不尽然相同。表 7-1 是就近代各个学者对于商业模式所作的定义进行的整理。

表 7-1　商业模式定义

学者	商业模式定义
Timmers（2000）	商业模式是一种由企业产品流（服务流）、资金流和信息流所构成的价值创造系统，包括各个商业参与者与其角色的描述、各个商业参与者潜在利益的描述以及获利来源的描述
Amit 和 Zott（2001）	企业利用商业机会，设计一组交易，以创造价值。商业模式则是关于这组交易的具体内容、结构及治理的陈述。商业模式也是一组相互依赖的活动构成的系统
Chesbrough 和 Rosenbloom（2002）	商业模式是将技术与经济价值的实现加以结合的一套逻辑
Magretta（2002）	商业模式是解释企业如何营运的一套故事。好的商业模式要能回答谁是顾客、顾客价值是什么、如何盈利等问题
Thomas（2004）	商业模式是开办一项有利可图的业务所涉及的流程、客户、供应商、渠道、资源和能力的整体框架
Seddon 和 Lewis（2003）	商业模式是对一组活动在组织单位中的定位，这些单位通过在企业内部和外部的活动在特定的产品或市场上创造价值
Rappa（2004）	商业模式就是企业做生意、创收益并得以生存的方法，它更清楚地说明企业如何在价值链（价值系统）上进行定位
Morris 等（2005）	商业模式是一组陈述，说明要如何制定与投资及产品架构相关的决策，以便在特定市场上创造持久竞争优势。商业模式有六个基本要素：价值主张、顾客、能耐、外部定位、创造经济利益的模式、人事
Osterwalder 等（2005）	一个包含了一些要素及要素间关系、用于表达某个企业商业逻辑的概念工具，可描述企业为客户所提供价值，创造、销售和交付这些价值和关系资本，并产生盈利和持续收益流所建立的架构
Johnson 等（2008）	商业模式包含四项必须一起考量以创造及传递价值的要素：顾客价值主张、创造利润的途径、关键资源及关键流程
Casadesus-Masanell 和 Ricart（2010）	商业模式是围绕公司如何创造价值，如何发挥资源优势捕获价值进行了系统的描述
Chesbrough（2010）	履行价值创造和获取价值的功能，决定了企业技术创新活动的偏好以及技术活动能够给企业带来的好处
Teece（2010）	不是商业财务模式，其实质是定义了企业让渡价值给顾客，诱使顾客支付并将顾客所付款项转为利润的方式
罗珉等（2005）	一个组织在确定的外部假设条件、内部资源和能力的前提下，用于整合组织本身、顾客、供应链伙伴、员工、股东等利益相关者来获取超额利润的一种战略创新意图和可实现的结构体系以及制度安排的集合

续表

学者	商业模式定义
高闯和关鑫（2006）	用价值链理论解释了企业商业模式创新过程，认为企业商业模式是通过对企业全部价值活动进行优化选择，并对某些核心价值活动进行创新，然后重新排列、优化整合而成的
龚丽敏等（2011）	企业以资源和能力投入为基础，通过构建其所处的价值链和外部网络来实现价值创造和价值获取的方式
魏炜和朱武祥（2009）	商业模式本质上就是利益相关者的交易结构

国际著名咨询公司埃森哲把商业模式分为两种：运营性商业模式和策略性商业模式。运营性商业模式是指企业以营利为目的，在保证盈利的前提下向市场提供产品和服务；策略性商业模式在运营性商业模式的基础上，表现为一个企业在动态的环境中怎样改变自身以达到持续盈利的目的。所以，运营性商业模式创造企业的核心优势、知识、能力；策略性商业模式对其进行扩展和利用。

综合上述文献，可以将商业模式定义为：一组产品、服务以及与顾客交流的架构，这个架构描述了企业如何盈利，如何满足顾客的需求，如何寻求企业的关键资源。

二、商业模式发展

自 1995 年起到现在已经有一千多篇文章在探讨商业模式相关的议题，近来常被大家讨论的商业模式架构主要为 Alexander Osterwalder 的九因子架构与 Mark Johnson、Clayton Christensen 和 Henning Kagermann 三位作者所提出的四因子架构。

（一）九因子模型

Osterwalder 等（2005）提出的九因子架构分为四大类别，分别为产品创新（product innovation）、顾客界面（customer interface）、基础建设管理（infrastructure management）和财务方面（financial aspects），详见表 7-2。产品创新包括企业的价值主张和产出，关注价值定位和服务内容。顾客界面说明企业接触客户的方式和追求建立的目标联系状态。基础建设管理描述了产品创新和顾客界面维护所需要的资源能力等。财务方面则描述了企业的盈利模式。

表 7-2　Osterwalder 等（2005）提出的商业模式与构成要素

四大构面	九大要素	描述
产品创新	价值主张（value proposition）	企业通过产品和服务所能向消费者提供的价值
顾客界面	目标客户（target customer）	企业想要提供给目标客户的价值
	配销渠道（distribution channels）	企业接触顾客的各种途径。阐述企业如何开拓市场
	客户关系（customer relationships）	企业与顾客所建立起来的关系
基础建设管理	价值配置（value configurations）	企业活动与需要用到的资源的安排
	核心能力（core capacities）	企业执行商业模式所需的能力和资格
	合作伙伴网络（partner network）	企业与其他企业之间为了有效地提供价值并实现其商业化而形成的合作关系网络
财务方面	成本结构（cost structure）	企业运作所需要用到的成本
	收益模型（revenue model）	企业通过哪些方式与途径获得利润与营收

资料来源：Osterwalder 等（2005）

2012 年，Alexander Osterwalder 和另一位作者 Yves Pigneur 为了让商业模式在实务上容易应用，将九因子架构做了些调整，拿掉了核心能力因子并将价值配置拆解成了关键资源（key resources）、关键活动（key activities）两个因子加入，其他的因子只稍作名词上的改变，其修正后的九因子为价值主张、顾客区隔、渠道、顾客关系、关键资源、关键活动、关键合作伙伴、成本结构和营收来源。

（二）四因子模型

四因子架构由哈佛大学约翰逊（Mark Johnson），克里斯坦森（Clayton Christensen）和 SAP 公司的首席执行官孔翰宁（Henning Kagermann）于 2008 年在《哈佛商业评论》中提出，分别为顾客价值主张（customer value proposition）、关键资源（key resources）、关键流程（key processes）与利润公式（profit formula）。这四个要素有如企业的基石，结合在一起才能创造价值。具体如图 7-1 所示。

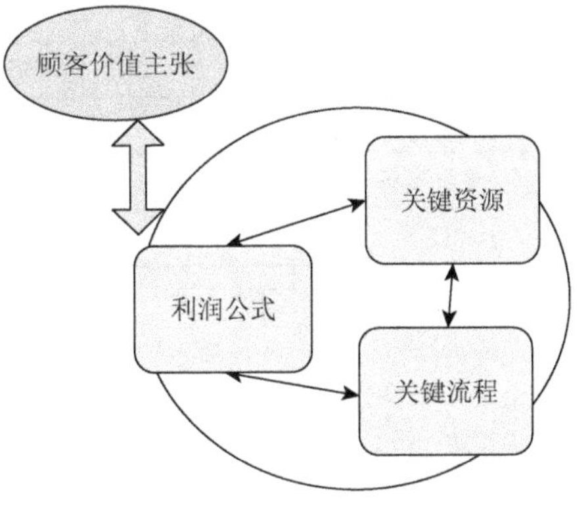

图 7-1　Johnson 等（2008）的商业模式四个要素

资料来源：根据 Johnson 等（2008）整理

顾客价值主张是针对客户待解决的问题提供适合的解决方案，来协助顾客解决问题，其中包括目标客户、客户待解决的问题与企业提供的解决方案。利润公式则是企业在为顾客创造价值时，同时为自己创造价值，包括营收结构、成本结构、毛利结构与资源的流动性等。关键资源是企业为了为顾客提供价值而所需的资产，包括人员、技术、产品、设备、厂房、渠道和品牌等。而关键流程则是企业要创造价值所需的流程，包括训练、生产、规划、销售、服务，也包括公司的规则与规范等。他们建议，通过这四项元素，就可以解析或建构企业的商业模式。

比较 Johnson 等（2008）的四因子架构和 Osterwalder 等（2005）的九因子架构，在内涵上大体上是相同的，其中四因子架构的顾客价值主张对应到九因子架构中的顾客区隔、价值主张、渠道与顾客关系；四因子架构的关键流程对应到九因子架构中的关键活动；四因子架构的关键资源对应到九因子架构中的关键资源和关键合作伙伴；而四因子架构的利润公式对应到九因子架构中的成本结构和营收来源。可知这九个因子覆盖了企业活动的四个主要方面，即客户、提供物（产品/服务）、基础设施和财务生存能力。商业模式像一个战略蓝图，可以通过企业组织结构流程和系统来实现它。这九个基本构成要素可以展示出企业创造收入的逻辑，这是一种可以促进理解、讨论创意和分析的实用操作工具。

（三）商业模式的六种构成要素

Alt 和 Zimmermann（2001）研究指出商业模式的六种构成要素包含使命（mission）、结构（structure）、过程（processes）、收入（revenues）、法律事务（legal issues）及技术（technology），如表 7-3 所示。

表 7-3　商业模式的六种构成要素

要素	描述
使命	是商业模式最为关键的因素，包括发展愿景、战略目标、价值主张
结构	结构决定了产业、顾客及产品的重点
过程	过程提供了使命和结构，表明了价值创造过程的因素
收入	是指商业模式的底线
法律事务	法律问题会影响商业模式每个层面
技术	技术既是驱动力也是约束

资料来源：Alt 和 Zimmermann（2001）

Hamel（2002）认为创造新产品或技术并不算创新，一种新的商业模式才能认为是创新的行为，一种有系统的商业模式创新能使企业在其产业中独占鳌头，商业模式包含四大要素（表 7-4）：顾客界面（customer interface）、核心策略（core strategy）、战略资源（strategic resources）和价值网络（value network）。每个要素中又包含数个重点，通过传送顾客利益的效率、事业的独特性、各要素的匹配和利润推进器四个支撑作用来创造高于平均水平的利润，并以此来评价商业模式是否具有获利潜力。商业模式可由组织内部资源、环境外部机会与竞争优势三方面作为思考定位，并通过顾客利益、结构配置、公司边界相联结。

表 7-4　商业模式的构成

顾客界面	核心策略	战略资源	价值网络
实践与支持	商业使命	核心能力	供应商
信息与洞察	产品/市场范围	战略资产	伙伴关系
关系动态性	以差异化为基础	核心流程	联盟
价格结构			

资料来源：Hamel（2002）

1. *顾客界面*

包含实践与支持、信息与洞察、关系动态性及价格结构，是指从企业内部基础的角度进行讨论，要如何让产品到达顾客身上。

（1）实践与支持（fulfillment and support）：指企业使用渠道来为顾客提供服务或支援，以贴近顾客需求，如渠道选择、顾客通常使用何种方式获得产品、提供何种层级的服务给顾客。

（2）信息与洞察（information and insight）：指企业从顾客身上所得到的信息，从这些信息了解真实需求，并预测未来情况。

（3）关系动态性（relationship dynamics）：指产品和顾客之间的交互作用，通过中介或面对面接触顾客，建立长期关系以及增强顾客的忠诚度将对企业有正面影响。

（4）价格结构（pricing structure）：指企业的收费方式，依照产品或服务的估量成本来定价，可能根据不同时间、距离、情境收取不同层级的费用，不同收费方式会影响顾客的心理感受。

2. *核心策略*

主要包含商业使命、产品/市场范围、以差异化为基础，主要描述企业的基本定位，解决如何切入市场并与竞争对手进行竞争的问题。

（1）商业使命（business mission）：是企业的整体目标，是最明确的商业概念，以价值主张为出发点，进行变革或进行概念创新。社会企业因其强烈的价值主张难以被替代，也从中找寻到战略目标。

（2）产品/市场范围（product/market scope）：以地理区域或市场区隔，区分顾客或产品范围，若可定义清楚范围的界线，企业可从商业模式进行创新，超越传统竞争方式。社会企业发掘未被满足的空缺，虽然过程难度高，但竞争者少反而可以转化成优势。

（3）以差异化为基础（basis for differentiation）：企业以自身或外部资源，找出特点或优势作为与竞争者竞争的筹码，最常使用的策略方法为成本领先及差异化策略。

3. 战略资源

战略资源是企业竞争优势的来源，包含核心能力、战略资产及核心流程。

（1）核心能力（core competencies）：指企业所拥有的技术与资源，因其独特性得以与其他企业竞争。

（2）战略资产（strategic assets）：指企业所有拥有的资产，包含品牌、专利、顾客资料等，因稀少、独特性而具有竞争优势。

（3）核心流程（core processes）：指企业的活动过程，凭借资产或能力将投入转变成产出，为顾客提供有价值的产品或服务。

4. 价值网络

价值网络为商业模式第四元素，创业者创建具有可持续竞争优势的新企业的能力，依赖于自身技能，也依赖于外部合作伙伴的技能。它包含供应商、伙伴关系及联盟。

（1）供应商（suppliers）：供应商来自典型的价值链体系，从中与供应商建立深度关系可带来更有效率的商业模式。

（2）伙伴关系（partners）：企业在价值网络中寻找或发掘合伙人是常见的情况，但合伙人必须与企业有相同目标，才能让企业更具有竞争力。

（3）联盟（coalitions）：企业通常不会单打独斗，在激烈的竞争中，常有资金不足、技术障碍等问题存在，联盟可协助企业扩大市场或增加竞争优势。

Hamel（2000）指出，经营策略必须能够清楚定义以下几点：第一，产品及市场范围，描述公司在何处从事竞争，界定顾客、地理区域或是产品区隔；第二，以差异化为基础说明公司参与竞争所用方法是与竞争者存在差异。

Hamel（2000）从经济学的观点出发，认为资源部署指的是对相对稀少的资源在各种不同用途上加以比较做出的选择，也就是指一家公司如何以独特的方式结合能力、资产与流程，来支援其特定的策略将各种资源与能力（以及合作伙伴的力量）连成一线，以有效传达公司所提供的价值主张。企业经营所需要的资源与能力及其配置方式主要包括四部分：①辨识核心能力；②辨识策略性资产；③建构核心流程；④配置。因此，资源部署为一家公司如何以有效率的方法结合能力、资源与流程，来执行其策略，以有效传达公司所提倡的价值主张。

还有，Shafer 等（2005）归纳的商业模式的四种构成要素如图 7-2 所示。

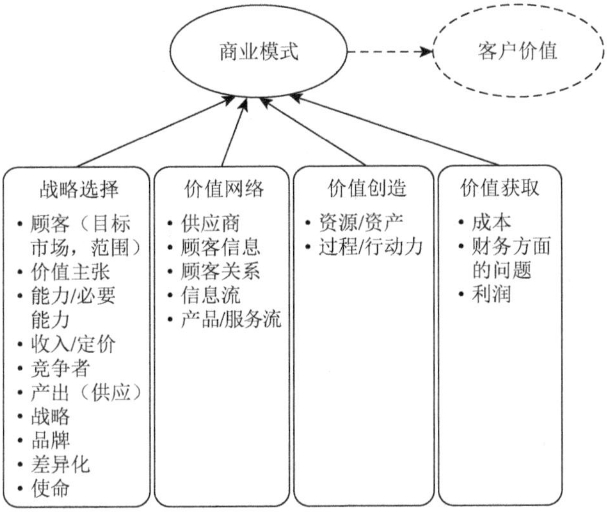

图 7-2　Shafer 等（2005）的商业模式四种构成要素

这四种组成要素有一个共同点，就是创造及维系企业与消费者的总体价值。企业要设计一套能够有效获利的运作方式，就是要将投入转化为产出，并在有计划的时间内达到获利目标与企业愿景。然而，企业常常处于科技不断创新与经济充满不确定性的环境中，管理者们很难将众多的可能的科技机会与新市场相连接，也反映出技术的选择与经济和社会的选择存在很大的差异。

第二节　社会企业的商业模式分析

针对社会企业商业模式的分析方法及相关研究目前在国际及中国均不多见，目前已知的社会企业运营模式分析理论包括以下几个。

时立荣（2007）认为，中国大陆的社会企业应由非正规就业组织、民办非企业单位和事业单位构成，发端于非正规就业组织，扩展于企业，演绎于非营利组织，重构于社会事业单位。

社会企业联盟以运作方式对社会企业做更进一步的分类，具体如下。

（1）社会目的事业（social purpose business）：以投资获利与创造工作或训练机会，回馈给非营利组织支持其使命。

（2）咨询服务（consulting services）：提供专业知识咨询来收取费用。

（3）公益目的的营销（cause-relate marketing）：企业与非营利组织达成某种协议，以非营利组织的名字或标志作为营销策略，再将所得捐给非营利组织。

（4）财产出租（property rental）：将设备、交通工具或会议场所出借收取费用。

（5）许可费（licensing）：以合法的协议允许事业体为特定目的使用产品。

（6）政府契约（government contract）：通过与政府机构签订服务合同来获取经费。

（7）非社会目的事业（non-social purpose business）：非营利组织以商业投资来赚取利润（与事业目的无关，必须缴税）。

（8）新产品开发（new product development）：为市场创造新产品与服务。

（9）合作伙伴（corporate partnership）：公司与非营利组织合作，重点在于人力与财务资源的交换，以达成共同的目的。

（10）购并（acquisition）：合法的事业体，掌控并保证所有权，以并购资产，增加效率与成长空间为目的。

（11）合资事业（joint venture）：两个事业实体参与共同投资创造新产品与服务。

（12）开发技术（development technology）：以技术为工具进入新市场以增加收入。

（13）特许加盟（franchises）：由第三者授权品牌与标志销售产品或服务。

（14）保留合约（set-aside contracts）：借由联邦、州、市政府的优先采购法，输送产品或服务来获取经费。

（15）以项目为基础的企业（program-based enterprise）：以与社会机构方案相关的活动延伸为企业投资。

（16）合作社（cooperative）：事业股份由员工掌控，并维持一定的权利与报酬。

一、商业模式设计步骤

若要建立一个商业模式，必须先根据商业环境来定义市场需求及管理内涵，再规划财务架构，包含成本、收益等现金项目，最终再实行商业模式（图 7-3）。

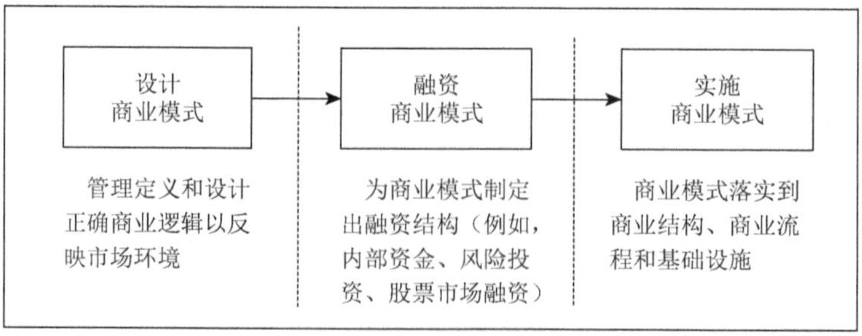

图 7-3　商业模式设计步骤

资料来源：Osterwalder（2004）

辨识组织的商业模式有几个步骤：首先要辨识所有收益来源，寻找并辨识潜在能力的关键，找到后并制定关键因素，关键因素可以吸引或留住每个收入来源，并提供价值和获得持续盈利（Linder and Cantrell，2000），所以我们可以认为组织内的收益、成本和资产都会影响最后回报的结果，从商业模式设计中创造价值。

二、社会企业商业模式的结构类型

参考 Hamel（2002）的商业模式，本书研究认为社会企业商业模式应包含：价值主张（使命、动机与目的、对象）、核心能力（独特设备、服务、资源）、核心流程（产品或服务的转换）、价值网络（伙伴、顾客、利害关系人）、价格结构（收费、定价、销售方法）五大部分。并根据 Hamel 的衡量方法，以操作型定义来分析个案的衡量要素（表 7-5）。

表 7-5　商业模式操作型定义与衡量要素

项目	操作型定义	衡量要素
价值主张	为解决社会问题及满足社会需求，根据社会企业使命、动机与目的、对象，提供产品或服务给目标对象，当中顾客所接受的价值	（1）社会企业想要满足的社会需求为何 （2）欲达成的目标是什么 （3）何人为目标对象 （4）所提供的产品或服务的范围
核心能力	社会企业具有技术与资源，说明社会企业有竞争的优势	（1）社会企业的独特资源与技术 （2）竞争优势或差异化的优势为何
核心流程	指社会企业的活动过程，利用能力或技巧将投入变成产出，以提供给顾客	社会企业如何把投入变成产品或服务的流程
价值网络	社会企业与合作伙伴或顾客间关系建立的渠道与途径	（1）社会企业有哪些合作伙伴或联盟关系 （2）合作伙伴扮演的角色或提供的功能 （3）社会企业如何接触顾客以及如何传递价值给顾客
价格结构	社会企业的价格制定、收费模式及销售方式	（1）社会企业如何制定价格 （2）社会企业如何销售 （3）社会企业收费模式为何

社会企业的背景和运作模式十分多元，其中，最主要的特点是同时追求商业和社会目的。因此，依据欧美发展经验，全球越来越多的人认同社会企业能为社会带来以下正面效益。

第一，社会企业采取商业营运模式，为弱势群体提供真实的工作环境，有助于逐步改变弱势群体的心态，有机会提高他们的现代技术能力，使他们最终能自力更生，让弱势群体融入社会真实的生产力。

第二，公益社团/小区组织通过经营社会企业赚取收入，会促使他们不断地提供创意和开发切合社会需求的产品或服务。

第三，社会企业越多，社区网络和跨界别的合作便越紧密，有助于解决社会企业创办初期所面对的种种难题，包括经营资金的短缺。这种情况显然有助于建立社会资本，鼓励社会创投事业的发展。

从另一个角度探讨，对社会企业的推动和激励也需要注意可能出现的负面因素，包括政府与第三部门给予太多的关注和财务支持，一方面使社会企业过度地依赖而失去商业模式应有的竞争力；另一方面，必须避免中小型商业感受到被取代的情况下降低了对社会企业适度的支持和合作的意愿，甚至可能采取的敌对态度。

最重要的是，社会企业必须增强人力资源管理的竞争优势。所有社会企业共通的特质是要维持价值、使命与组织成长之间的密切互动，并致力于使员工彰显一致的社会目的价值、规范与组织运作措施之间的平衡。创造社会价值是社会企业主要的使命，而创造经济价值是必要但非充分条件（Mair and Martí，2006）。

社会企业的收益模式比较复杂，而且它们有复杂的资金来源。为社会企业服务的施瓦布基金会根据各企业的财务运营模型把社会企业分为三种类型(表 7-6)。

表 7-6 社会企业的三种类型

模式	特色	代表企业
杠杆式非营利（leveraged nonprofit）	（1）公共利益被分配给经济状况处于最弱势的群体 （2）社会企业家及其组织是改革推手，主要目标是协助受惠者执行计划工作，促进组织的可持续发展 （3）多个外部合作伙伴在财务、政治或其他方面积极协助企业 （4）有时为扩大企业的规模，企业创始人会退居精神领袖的位置，让其他人负责企业的运营	赤足大学（Barefoot College）（印度）
混合式非营利（hybrid nonprofit）	（1）与杠杆式非营利企业模式相同，其服务对象也是被主流市场排除在外或忽视的群体，但不同之处是，它们并不完全排斥获利及将获利再投资 （2）创始人（或其团队）会发展出市场营销计划，以确保产品或服务可直达穷人或弱势群体手中 （3）可通过产品与服务的销售回收一部分成本，同时在这个过程中找到新市场 （4）社会企业家会动员来自公共、民间与慈善组织的资金，包括投资、贷款或准股权投资（quasi equity investment）（较少见） （5）主流市场的投资者加盟会促使向社会企业转变	卢比康计划（Rubicon Programs）（美国）、亚拉文眼科诊疗体系（Aravind Eye Care System）（印度）
社会商业（social business）	（1）企业家为了一个目标——推动社会或环保改革而成立企业 （2）获利目标不是为股东创造最大利益，而是帮助低收入的团体，以及再投资让企业成长来帮助更多人 （3）寻找有意结合商业与社会利益的投资者 （4）企业筹措资金的机会明显提高，因为社会企业较能承受负债与资产	“太阳活力”（Sekem）有机农耕组织（埃及）、全食超市（Whole Foods Market）（美国）

三、社会企业商业模式的研究

Smith 等（2010）将商业模式定义为：“一个组织构思如何将特定的策略选择（市场、顾客、价值命题）转化成价值并且借由一个独特的组织架构（人员、能力、程序以及文化与管理）来创造及获取这项价值。”很多学者在一般商业企业商业模式基础上，对社会企业商业模式进行了尝试性研究。Stevens 等（2008）对社会企业价值创造与使命陈述、商业模式和社会绩效三个核心要素之间存在着的密切的逻辑关系进行研究，分析了彼此之间的影响。Zott 等（2011）认为社会企业的商业模式描述了交易的主要内容、交易结构和治理机制设计，并通过商业价值开发创造社会价值，是分析价值创造的一个极其重要的工具。很多研究者（杨铭贤等，2009；Alter，2007；Cooney and Shanks，2010；Nyssens et al.，2006；Yunus et al.，2010）已经针对亚洲、美洲及欧洲的社会企业所采取的商业模式进行了探讨。例如，Alter（2007）归类了社会企业所采用的基本与混合式营运模式，包括七类，分别为企业家支援模式（entrepreneur support model）、市场中介模式（market intermediate model）、就业模式（employment model）、服务收费模式（fee-for-service model）、服务补贴模式（service subsidization model）、市场联结模式（market linkage model）、组织支援模式（organizational support model）。Yunus 等（2010）则认为社会商业模式应该包括以下四个组成元素：①价值命题；②价值结构；③社会利润公式；④经济利润公式。例如，社会企业在中国台湾地区已经发展出的不同类型的商业模式主要包括组织支援模式、就业模式、复杂模式、市场中介与连锁模式、复杂与连锁模式。

（一）社会创业三阶段过程模型

Dees 等（2001）认为，社会企业要深刻了解自己的目标客户，分析他们的爱好和需求，在此基础上应用创新性手段构建内部运营流程，满足目标顾客，才能实现社会创业活动的目标。社会创业可以分为以下三个阶段。

（1）过渡阶段。主要是创业团队成立，进而形成组织雏形，这个创业团队包括来自社会实践领域的为解决某个社会问题而聚集在一起的个体（如来自营利性组织和非营利组织的个体）。

（2）变革阶段。主要是通过协商和沟通来制定某种制度来平衡、支持和接受可能相对异常的组织形式和结构。

（3）稳定阶段。社会创业者和团队成员一起相互制定决策，实施运作，以及积极互动来提升社会企业的内在能力，进而解决社会问题并且防御组织的外部挑战。

据此，他们设计了社会创业三阶段过程模型，如图 7-4 所示。因为这三个动态过程由社会资产和参与者之间的关系所定义，所以这个过程主要是社会性的，因此这个过程被定义为基于过程模型的社会创业。只有让这三个阶段实现无缝衔接，社会创业活动才可能真正解决社会问题和创造社会价值，提供高效率和真正需要的服务才能保证社会创业活动为社会所需，才能产生积极的社会影响。但模型没有对社会创业者如何在三个阶段之间进行角色转换提出建设性指导建议。

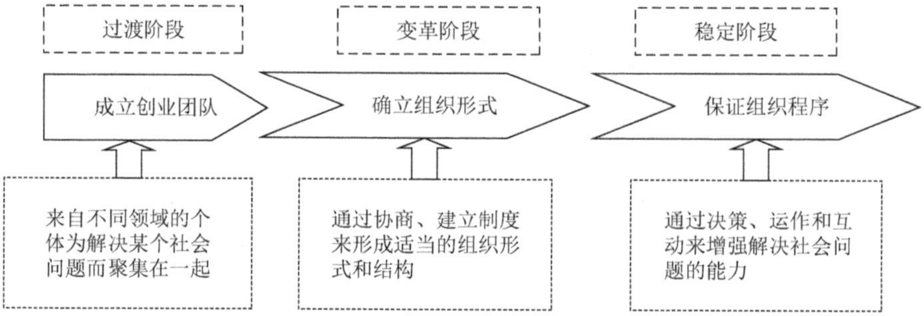

图 7-4　社会创业三阶段过程模型

（二）社会企业商业模式创新研究

丁敏（2010）提出社会企业商业模式创新的演进机理，认为尽管社会企业和商业企业的目标完全不同，但是社会企业必须借鉴商业企业的经营理念、经营方式、管理方法、管理经验等来获取资金以完成双重使命（图 7-5）。

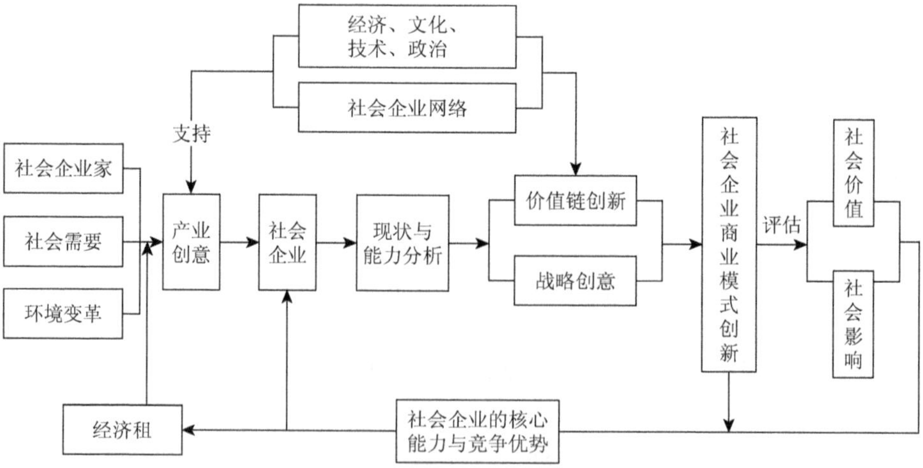

图 7-5　社会企业商业模式创新的演进机理

资料来源：丁敏（2010）

许多研究进一步针对企业经营模式的组成要素进行了探讨，如 Mitchell 和 Coles（2003）认为，商业模式就是要从“Who、What、When、Where、Why、How、How Much”等方面来理解经营的本质，包括：①Who？谁是商业模式的利益相关者？②What？提供哪些产品和服务？③When？这些产品和服务何时可以提供？④Where？在哪里提供？⑤Why？这个企业为什么存在？⑥How？交易如何进行？⑦How Much？顾客支付多少价格？

Mair 和 Schoen（2007）以社会企业经营模式为研究主题，对公认成效卓著的三个社会企业个案进行了比较分析，认为这些成功案例于创业之初，审慎地评估了所需要的资源，进而制定出资源策略并将其纳入经营模式的一环。

由 Clohesy Consulting 所整理的社会企业形态有下列三种，这些形态被用来作为内部的方案计划，为非营利或营利的辅助工具，有时则被视为一种附带利益或合资的事业。

（1）不相关的事业（unrelated businesses）。借由组织中可利用的资产创造收入，如闲置设备、可咨询的专家、赞助者的礼品店、停车场、自助餐厅等。

（2）任务导向的产品或服务的事业（mission-driven product or service businesses）。通过产品或服务实际的销售为社会企业获取经费。资金的来源为第三者，如政府机构、特别的项目或私人保险公司，如为残障者或老人所提供的服务。

（3）积极的事业（affirmative businesses）。创造、提供固定的工作、薪资、事业机会与所有权给在身心健康、经济、教育方面有困难的弱势团体。

第三节　社会企业的复制与拓展

为了解决大规模的社会问题，社会企业需要复制与拓展它们的解决方案。复制表示普及或在别的领域采用它们的经营模式，拓展主要指社会企业显著的组织规模扩大和中央协调能力的增强，这两种方法使社会企业家将他们的事业延伸到其他地域范围或者将他们的产品和服务延伸到新的目标群体。根据清华大学公益慈善研究院副院长邓国胜教授介绍，我国台湾的喜憨儿烘焙坊已经有 30 多家连锁店，年收入近 5 亿台币，并且带动了大量的喜憨儿[①]就业，这是社会企业的可复制模式。

Dees 和 Anderson（2003）认为，社会企业家经常遇到扩大规模的瓶颈，扩大规模的过程是缓慢的。迪斯等建议企业家要首先明确他们的创新是什么，以确定他们拓展企业的内容，并确保这种创新是否可转移。他们还需回答以下问题：“什么使他们的方法与众不同？对他们的成功至关重要的是什么？哪些内部或外部因

① 心智障碍者。

素起到关键的支持作用？在不牺牲影响力的情况下，他们可以改变什么？核心要素是否在其他环境同样有效？这些要素很容易沟通和理解吗？他们是否依赖不常用的技能或条件？”

在回答以上问题的基础上，社会企业家认为已经处于复制阶段，那么可能的拓展方式如下。

一、传播

传播可能是最容易的策略。社会企业家传播他们的创新，也就成为一个榜样，或者起到催化的作用。社会企业家对保护他们的创业想法不感兴趣，反而乐意普及他们的想法，以便让更多的人能运用他们的做法。

二、加盟

加盟是母公司与一个或多个合作伙伴保持长期合作的关系，合作伙伴负责在地方层面的实施。加盟可以分成三种类型：合资企业、授权经营、社会特许经营。

1. 合资企业

在合资企业中，两家或更多的合作伙伴共同成立新公司。不同的合作伙伴可以带来不同的东西，包括专业知识或无形资产。合资企业可以把各合作伙伴的优势聚合在一起并共同承担相关的风险。如果发展顺利，合作伙伴可以达到规模经济和协同效应。但是不利因素是，对企业中央集权的控制可能会对公司的创业行为产生消极影响。例如，格莱珉银行和威立雅水务合作开办的格莱珉威立雅水务公司，由两位创始人等权拥有，它的任务是建立和经营孟加拉国农村地区的水的生产和处理厂。威立雅水务是在水和污水处理服务上的领先者，它将技术知识带到合作关系中，而格莱珉银行则提供了当地知识和网络。

2. 授权经营

授权就是持有授权人的权利使用社会企业的知识产权。授权协议允许被授权人使用社会企业的技术创新、项目包装或公司的商标名称。

3. 社会特许经营

特许经营系统是一种具有分层结构的特殊网络，社会特许经营母公司与当地公司合作并辅助其成长。商业特许经营可以定义为基于合同关系的两个独立企业间的合作。母公司是特许经营的授予方，拥有已经受过市场测试的产品或服务，并允许另一家公司，也就是加盟商，在母公司的商标名称下，并根据母公司所指定的方式生产和销售这种产品或服务。社会特许经营使用商业特许经营系统的结构实现社会效益。社会特许经营是一种非常紧密的从属关系，是一种早已被证明有效的经营方式。它是富有价值的，因为允许特许经营方使用授予方验证过的模式并结合当地的知识。社会企业家将这种模式应用到社会企业的经营上，同时从特许经营者和加盟者的网络协同效应，以及系统的技术转让中获益。与商业特许经营一样，社会特许经营权允许大量的加盟者在不同地区通过相同的商业模式和品牌进行经营。品牌的一致性被认为是资源调动的关键，因为各个加盟者的一致外观有利于建立声誉、信任及品牌知名度。但是，社会企业家必须注意到使命转移和声誉损失的威胁，如果一个加盟商展现自己的方式与授权组织的使命相违背，组织整体的声誉会被损害。因而，特许人在选择加盟商的时候一定要谨慎，要认真考虑他们是否值得信任。此外，还要设立相应的管理机制。与商业企业的特许经营相比，在社会特许经营的早期，特许经营的审批报告和加盟的正当性往往被忽略，往往缺乏商业企业特许经营的系统性做法，企业的规范化建设往往要拖很长的时间才能进行。社会企业所提供的大多是服务，很难界定除了品牌名称和初始知识转移以外的加盟商的价值主张。例如，“黑暗中对话”是社会特许经营的成功案例。

三、建立分支机构

分支机构是在一个社会企业的分支层面进行的经营活动。一般情况下，所有分支机构共同建立一个法律实体。分支机构的存在既保证了协调统一，也实现了基层的责任。一般而言，这一策略需要大量的社会企业资源。如果成功高度依赖于特定的流程和质量标准，那么分支机构不失为一种较好的策略。这种类型的代表是格莱珉银行。

应该清楚，复制和拓展一个商业模式需要时间和成本资源，甚至传播一个创业都需要消耗时间和资源。策略正确与否取决于相应的想法和商业模式。例如，如果一个商业模式的成功与否取决于一些容易理解的关键因素，那么传播这种商业模式就是最好的选择。但是，如果需要详细解释某些重要的经营过程，那么具有严格的质量控制过程的社会特许经营可能是更好的选择。表 7-7 归纳了不同选择的优点、缺点。

表 7-7　各种复制和拓展方式的优点、缺点

方式	优点	缺点
传播	低成本 能够快速地传播其他地区的观点/思想 适合本土的观点/思想	低控制
合资企业	与具有不同优势的合作伙伴合作，能获得更好的结果 风险共享 达到规模经济和协同效应	集中控制能够降低企业的自主行为
授权经营	无大规模的资金要求 通过许可/授权营利 价格差别	产品生产和运输容易失控 执行特许权协议有难度
社会特许经营	品牌一致性 无大规模的资金要求，加盟商自己投资 鼓励和支持特许经营者具有企业家精神	社会使命被严格执行很难控制
建立分支机构	质量控制 努力提高标准 加强组织学习 接近目标群体	经常需要大规模的投资

第八章　社会企业的案例分析

第一节　格莱珉银行：穷人的银行

由穆罕默德·尤努斯创建的格莱珉银行（Grameen Bank，孟加拉语中“乡村银行”）是一家肇始于孟加拉国的小额贷款金融机构和社区发展银行。它向穷人提供无须抵押的小额贷款。作为非政府组织的格莱珉银行，在1998年起不再接受政府的资金援助，成为真正自负盈亏的机构。格莱珉银行创始于1974年，也就是孟加拉国独立后第三年。那年，吉大港大学（the University of Chittagong）经济学教授尤努斯目睹了孟加拉国北部农村地区四处蔓延的饥荒。尤努斯回忆道：“[难民] 出现在火车站或汽车站里，他们瘦得只剩下骨架……他们无处不在。没多久，就横尸街头。”

看着父老乡亲受苦挨饿，尤努斯想弄清楚贫困的原因和贫困的解决方案。两年后，尤努斯发起了一项行动，开始研究大学附近一个叫乔布拉（Jobra）的村庄的经济形势。在同事和学生的陪同下，他与村民交谈，了解到这些穷苦百姓为生存所做的挣扎。“有位21岁的母亲苏菲娅·贝古姆（Sufia Begum）……她用竹条编织椅子。她花了五个塔卡从交易商那里购买材料——大约22美分一把椅子。因为这不是她的钱，她不得不以区区2美分的价格卖给交易商……因为没有机构关注这些极度贫困的人，高利贷者为所欲为，收取每天超过10%利率的利息。苏菲娅的交易商留给她的盈利只够她果腹，因此必须继续向他借钱、为他干活。”

“解决不便与痛苦，进而创造利润”，是在商业环境下，常见的创意源起，但是对尤努斯来说，它不只是一个创业源头，更是为穷人找到脱贫的方法。格莱珉银行创立之初，尤努斯认为孟加拉国的贫穷问题来自商业银行的信用贷款机制，曾试图劝说地方银行向穷人贷款，但被拒绝，福特基金会资助其80万美元，随后其他金融机构也加入。为了支持早期的放贷，格莱珉银行从商业银行（孟加拉国和世界各地的）、各国政府（孟加拉国和加拿大）、国际援助机构以及各大基金接受资助和贷款。以下几个方面使得这一新金融机构体系与传统银行迥然不同。第一，它选择穷人中最穷的人和最弱的人为对象，尤其是妇女，占据借款人的绝大多数（98%）。第二，与建立在担保基础上的传统银行相反，格莱珉银行免除担保。第三，格莱珉银行采取以集体为基础的贷款方式：贷款申请者必须建立五人小组，参加意向会议，并通过一项关于他们贷款基础知识的测试。每个人必须通过测试，当整个小组通过测试时，五个人之中也只有两个人能获得贷款。只有在小组前两位忠诚地分期偿还贷款之后，小组其他成员才能取得贷款资格。正因为如此，来自小组中同伴的压力促使贷款人还款。第四，与常规贷款要求贷款人在一个固定日期支付全额利息相反，格莱珉银行的借款人以周为单位分期偿还小额贷款，与传统的银行的不同见表 8-1。最后，银行归借款人所有：借款人占有 90%的股份，剩下 10%的股份归政府所有。用了五年时间该银行的税后净利增长 15 倍，获利高达 1500 万美元，是相当成功的社会企业。尤努斯受益于自己不精通银行业务。因为不要担保，而且以贫困层为对象，进行少量贷款，是普通的银行工作者无法想象的事。并且，贫困的人们互相帮助这一点非常重要。尤努斯从贫困层的角度出发，彻底理解他们会怎样行动，想要得到什么，然后找到了相应的解决办法。因此，尤努斯捕捉到了传统银行结构中不能满足贫困层需要的失败，并且从这个失败中学习。尤努斯发展了一种全新的创新产品和服务，使得过去不可能得到资金的人们有机会获得资金。他发展了有关“社会担保”上的“联合借贷”的概念，以降低银行的作业成本。2006 年，“为表彰他们从社会底层推动经济和社会发展的努力”，他和格莱珉银行共同获得诺贝尔和平奖。创新不仅仅与新产品的研发相关，也可以通过主要的社会活动来达到提高效率的目的。

表 8-1　格莱珉银行的创新

项目	传统银行	格莱珉银行
服务对象	有钱人	穷人
贷款金额	高	小额
开展业务的地方	城市	农村
抵押	担保	不需要担保
服务对象的性别	男性	女性
服务方式	等顾客上门	上门拜访顾客
关注重点	调查顾客过去的经历	有威胁的仅仅是顾客的未来

2006 年 10 月 21 日，尤努斯在孟加拉国驻华使馆为其举行的欢迎仪式上曾经自豪地说：“目前在我们孟加拉国乡村银行的 670 万借款人中，妇女的比例已达到了 96%。在她们的努力下，58%的借款人及其家庭都已成功脱离了贫困线。”（于凤川，2007）2019 年 10 月，格莱珉银行有 2568 家分行，超过 2.7 万名职员，已经成为拥有 923 万客户的“大家庭”。在他们的借款人中，90%以上是妇女。每家分行都要负责找到它自己的资金，并不是由一家分行来援助另外 10 家分行。每家分行都必须自给自足。从人们手中接受存款，并将这些钱借给穷人。分行的任务就是活用每笔存款，将钱借给贫困妇女，并保证自己能够自给自足，不出现亏损。

截至 2019 年 10 月，格莱珉银行累计发放了 290.4 亿美元贷款，贷款偿还率达 99.99%。[①]1987 年，阿肯色州州长比尔·克林顿看到社区银行为经济带来积极影响的潜力，邀请格莱珉银行与芝加哥河岸银行一道到阿肯色州，共同建立了南方发展银行公司（Southern Development Bank Corporation），它至今仍在繁荣发展。2008 年格莱珉美国（Grameen America，Inc.）皇后区银行在纽约创立（夏露萍，2014）。它运转得非常成功，还款率很高，利率很低，能够达到自给自足。到 2017 年 4 月，在纽约已经有了 8 个格莱珉分行，洛杉矶、旧金山、北卡罗来纳、印第安纳等地区也逐渐有了格莱珉的机构。到 2015 年末，格莱珉美国帮助 64 290 名妇女客户创业，贷款发放累计 3.81 亿美元，贷款额度平均为 2500 美元，还款率达到 99%。格莱珉模式在多个国家得到了成功复制。2014 年 12 月，尤努斯创办格莱珉中国。这些项目实施后，借款者的生活和收入都得到了明显的改善，可以说格莱珉创造了社会企业的一种典范。

早期孟加拉国格莱珉银行小额信贷服务设计：所有借款者必须成为银行的会员。

申请会员资格：①限于拥有不超过半英亩中等质量的可耕种土地，或财产价值不超过 1 英亩中等质量土地的家庭。②每一家庭只能有一名成员入会，男女均可（实际上绝大部分是女性）。③成为会员之后，必须加入一个由五人组成的小组。④小组中一人为主席、一人为书记，主席负责收取还款，然后转交银行。⑤所有小组必须接受严格训练，并必须谨记及执行银行关于社会行为的“16 项决议”。⑥每位会员必须通过口头测验，小组才会被确认。⑦贷款会先给小组中最需要的两个借款人，如果他们还款情况良好，另外 2 名成员也可获得贷款。主席是最后得到贷款的人。⑧贷款仅限用于能产生收入的非农业活动或建造房屋，不可用于消费。⑨每笔贷款期限一般为一年。贷款发放一周后，便要每周还款一次。取得贷款无须抵押，但需付利息，房屋贷款利率为 8%，创收目的的贷款利率为 20%。

所有借款者不但要申请成为会员还要遵守以下 16 项决议，这些要求考虑到社会、经济、教育、基础建设等多层面。

16 项决议

1. 会员生活的所有方面都要遵守并促进四项原则：纪律、团结、勇敢与勤劳。

2. 要使家庭兴旺。

① 资料来源：https://www.grameen-info.org/monthly-reports-10-2019/。

3. 我们不应住在破烂的房子，要修补房屋，并努力工作，争取早建新房子。

4. 要一年四季种菜，要多吃蔬菜，并且出售剩余的蔬菜。

5. 在种植季节，我们应尽可能多地种植秧苗。

6. 做好家庭计划、保持小家庭，且减少支出，并照顾自己的健康。

7. 我们应教育好子女，一定要教会他们赚钱谋生，为他们付学费。

8. 我们应保持孩子整洁，维持环境清洁。

9. 我们应修造、使用公共厕所。

10. 饮用从管井中打出的水，如果没有管井的水，要把水煮沸，或者用明矾来净水。

11. 在儿子的婚礼上，不接受嫁妆；在女儿的婚礼上，也不送嫁妆，不实行童婚。

12. 我们不应对任何人施加不公正的行为，也不应容许任何人这么做。

13. 我们应合作进行较大投资，来争取更高的收入。

14. 随时准备互相帮助。任何人有困难，大家都应伸出援手。

15. 如果知道内部有任何违反纪律的事情，我们应前去协助恢复纪律。

16. 我们应全体参与所有社会活动。

由此可见，小额信贷不是单纯把小额款项贷给贫穷妇女这样简单，而是牵涉借款者多方面的改变，包括谋生动机及方式、健康卫生、子女教育、合作互助、个人与集体纪律、共同投资、社交活动等。格莱珉银行经过不断摸索，发觉只有这样才能保证贷款者有能力定期还款，也创造出银行界从没见过的高还款率。

格莱珉银行的社会使命是消减贫穷，而不是提供贷款。前者是目的，后者不过是手段。因此，要衡量格莱珉银行的成败，并不是看贷款有多少，而是能否消减贫穷。格莱珉银行用下列 10 种标准来评估贷款者是否脱离贫穷。

贷款者脱离贫穷的十个标准

1. 会员及其家属住在有铁皮的屋顶，眷属睡在吊床或床架而非地上。

2. 会员喝的水是从管井汲取的纯水、煮沸的水或用明矾净化过的水。

3. 会员所有子女身心健康，满 6 岁者能上小学。

4. 会员每周至少分期还款 200 塔卡（1 塔卡=0.0793 元人民币）。

5. 所有家人都使用卫生、干净的厕所。

6. 家人有足够的衣物满足日常需要，有蚊帐防止遭蚊虫叮咬。

7. 家庭有额外收入来源如菜园或果树，以供应不时之需。

8. 会员储蓄账户每年平均维持有5000塔卡的结余。

9. 会员有能力整年供养眷属一天三餐。

10. 会员的所有家庭成员都清楚自己的健康状况，也能负担家人的医疗费用。

银行每年都会以这10种标准，对所有会员进行一次调查，结果公布在年报上，让有关人士了解银行实现社会使命的成效。

一、传统信贷运作模式

格莱珉银行提供小额贷款（平均贷款金额150美元）、房屋贷款、健康与退休照顾服务（贷款人每户每年只要付3美元保费，非借款人每户每年5美元，每次看医生只需付2.5美分即可）。其营收机制是相当独特的，主要有以下几点：贷款期限一期以一年计算，贷款拨出一周后开始还款，制定每周固定金额还款机制，贷款总额的2%即为每周还款金额，连续50周年利率20%；向银行借贷时无须抵押和担保人，以五人为一小组联保代替担保，每笔贷款都会被自动扣下5%作为小组基金，另外也要求贷款者每一周存2塔卡于小组基金中，避免违约的损失以及作为其他借贷款的来源，小组成员相互监督，形成内部监督约束，当任何组员没有还钱时会导致同组的其他成员拿不到贷款，所以小组成员会努力维持还款正常。而八个贷款小组为单位成立一“中心”组织，贷款小组与中心的营收设计机制使得银行代理事项的负荷减少，这是格莱珉银行在经营模式上成功的关键因素。另外，银行不会消除无力偿还贷款，而是把它们转为长期贷款，以便贷款者以更小的金额分期慢慢偿还。同时，提供补偿式的股息，给股东的反馈在于住房优惠贷款或是改善生活水平的方式。

二、第二代模式创新

1998年，孟加拉国发生严重洪灾，格莱珉银行的十余万客户受灾，大多数家庭财产受到损失，大量人员伤亡，格莱珉银行的不良贷款猛升到30%左右；而根据传统模式，如果借款者不按时还款，就将被永远取消借款资格，这在很大程度上动摇了银行的客户基础，格莱珉银行面临生存危机。

在小额信贷发展历程中，经营模式经历了传统模式和第二代模式两个阶段。第二代模式是尤努斯2000年前后对传统模式的改进。与第一代模式相比，主要进行了以下几方面的调整。

格莱珉银行一系列富有特色的运作制度中，值得关注的是其强制性储蓄机制。格莱珉银行要求借款人购买银行的股份：按照规定，借款人在获得第一笔贷款时，先以贷款的 1%购买银行的一份股权，成为银行的股东，并要在存款等业务上对格莱珉银行保持很高的忠诚度。其次是强化借款人个人的财务管理，要求每个借款人开设个人账户、特别账户和养老账户，对于每个贷款者获得的每笔贷款，都按照贷款额的 5%扣除并存入其个人账户。这笔存款被分为两部分，2.5%的强制扣款会存入一个可供支取的个人储蓄账户，另外的 2.5%会被存入一个特别储蓄账户。如果一个借款人有一笔银行贷款，则其现在还必须每周向其个人储蓄账户存入一笔有最低额度限制的款项（图 8-1）。

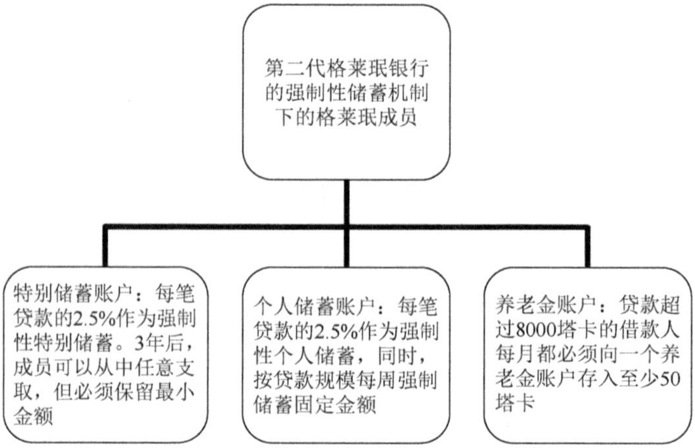

图 8-1　第二代格莱珉银行的强制性储蓄机制

资料来源：道拉和巴鲁阿（2007）

第二代格莱珉银行的另外一个特点就是引进了养老金储蓄计划。这是一个合约式的存款安排，借款人被要求定期向一个账户存入固定数额的款项。所有贷款超过 8000 塔卡的借款人每月都必须向一个养老金存款账户存入至少 50 塔卡，期限为 5 年或 10 年。5 年期存款利率是 10%，10 年期存款利率是 12%。

以上强制性储蓄机制的安排旨在提高借款人的储蓄意识，提高财务积累，一方面为格莱珉银行创造资金来源，另一方面降低借款人的财务风险。通过以上分析，两代格莱珉银行模式比较见表 8-2。

表 8-2　第一代与第二代格莱珉银行的比较及变革原因

指标	第一代格莱珉银行	第二代格莱珉银行	变革原因
目标	对赤贫者没有特别计划	针对乞丐，在贷款期限、储蓄要求和偿还条件方面有特别计划	强调赤贫者对信贷和储蓄的需求不同于普通的贫困者

续表

指标	第一代格莱珉银行	第二代格莱珉银行	变革原因
贷款类型	贷款品种多种多样	基于基本贷款的一项主要贷款产品	简化账务流程使借款人拥有的贷款总额一目了然，防止借款人和员工用一种贷款偿还另一种贷款
	不提供教育贷款	提供手续费为5%的教育贷款	惠及贫困者及其子女，改变后代贫穷的状况
	除一些例外情况，大多为一年期贷款	贷款期限可从3个月到3年不等	使所提供的贷款同借款人的投资需要相一致
偿付机制	每周偿还固定数额	每周偿还变动数量贷款	使借款人的还款时间表与业务环境和时间变化引起的现金流收入情况相一致
	全部还完以前的贷款才能获得新的贷款	一定条件下，借款人无须归还全部借贷款，就可借相当于前6个月的还贷额的贷款	通过注入新的贷款使其充分利用业务发展机会
	不允许大额和一次性还贷	虽然最低的支付额依贷款期限的长短而定，但还款事宜可在任何时间内由员工和借款人协商确定	允许借款人在他们自己方便时偿还
	在小组中实行交替贷款，即先给2名成员贷款，然后给其他2名成员贷款，最后（在大多数情况下）给组长贷	不论其他人情况如何，会员可在任何时间接收贷款	借款人已具备了良好的偿付能力，消除了先给一部分人贷款以观其效的交替贷款的必要，即使一个借款人遇到了还贷问题，常能转换为灵活的贷款
	违约者可以从小组基金中借款	违约者不能从储蓄账户中提款直至其付清所有拖欠款	确保积累的储蓄存款在被用在其他目的之前被用于归还欠款
存款机制	无养老金储蓄	有养老金储蓄，借款人每月在银行养老金账户内存入固定的存款	帮助借款人为养老建立储备金，向借款人出让银行的股份
	在成为会员10年后可退还由强制储蓄积累的小组基金	成为会员3年后可退还积累在强制设定的特别投资账户中的储蓄	允许借款人大量储蓄，并在可能的情况下尽快将所有权转让给他们
	所有借款人每周个人储蓄额相同	个人的周储蓄存款额依贷款而不同（5～50塔卡）	鼓励大额借款人多储蓄，贷款量越大反映其储蓄能力越强
	不吸收非会员储蓄存款	积极动员非会员进行储蓄活动	银行能够通过自筹资金来满足信贷需要
利率	采用统一利率：10%	（1）创收目的型贷款：20% （2）房屋贷款：8% （3）教育贷款：5% （4）乞丐贷款：0%	更为具有弹性的利率满足社会使命的需要

资料来源：道拉和巴鲁阿（2007）

三、格莱珉银行模式对中国发展小额信贷的启示

正如尤努斯所言，如果你想解决一个社会问题，就可以创造一种商业模式来解决它。因此，这是一种解决问题的商业模式，而不是赚钱的生意模式。在这种

商业模式中，我投资是因为我相信能够借此一劳永逸地解决某个社会问题。这种模式为“社会化商业”（social business）（夏露萍，2014）。他认为，从本质上讲，营利动机损害了小额贷款的声誉，因为它把投资者的需求置于穷人的需求之上，建立格莱珉银行应对的是市场失灵问题，大型商业银行不会向穷人提供贷款，因为这在大型商业银行看来是无利可图的。2010 年 1 月，尤努斯在《纽约时报》上撰文指出：“我不能想象，有一天小额贷款会变成一种高利贷。但这真的发生了……对于小额贷款而言，商业化是非常糟糕的选择，它意味着向穷人贷款的动机发生了一种令人忧虑的目标转移。贫困是应该得到根除，但不应该视为一种赚钱的机会。”他认为，格莱珉银行的借款人也是所有者，而且利润会被重新投资到银行里。

尤努斯在 2006 年的诺贝尔和平奖颁发感言中提出了社会企业的设想，并认为，与传统的慈善机构相比，社会企业将更有效率，也会使慈善事业更为持续。

格莱珉银行的独特资源与能力可归纳为以下几点。第一，大量的人力资源：尤努斯在其自传中指出微型信贷运作过程主要依靠人力资源，需仰赖外勤人员拜访客户、定期收款，员工从 1997 年的 12 628 人增长至 2007 年的 25 283 人，10 年内增长约 1 倍。第二，独特的服务传递流程与企业智财：检视贫穷的根源与问题，进行新制度设计，首创无保贷款，还款制度简单化，建立五人小组中心监督制度。长久下来，格莱珉银行将其商品及信贷办法标准化、系统化，形成一套理念与关键知识，复制至世界各地。第三，良好的关系网络：与政府、国际银行建立密切的互动关系，得到贷款给穷人的资金来源；与客户形成信任和谐的关系，宣扬借款给穷人理念，还款比例极高，至今仍维持 98%。

中国也曾尝试格莱珉银行模式，从 1993 年开始实践直至 2015 年，23 年仅 2 个项目存活。分析人士认为，格莱珉银行模式的本质是非营利性的，纯粹的商业性资本来尝试格莱珉模式基本不会长久，大多是追求一种广告效应或昙花一现。而且法律和制度真空造成这类民间组织长期游离于金融监管以外，长期面临缺少合法身份的问题，资金来源少（不能吸收存款）、业务拓展难（无合法身份）、高利率缺少依据（受法定利率上限限制），经营发展受到明显制约，十几年来发展缓慢。

1996 年小额信贷模式开始受到政府重视，进入以政府扶贫为导向的发展阶段，2000 年以来以农村信用社为主体的正规金融机构开始试行并推广小额信贷。但是，政府主导的扶贫贷款模式并不成功，存在体制僵化、缺乏专职队伍、以补贴代替扶贫等问题，扶贫效果不佳，贷款回收率较低，未能形成可持续的扶贫机制。

小额信贷（microfinance）是指向收入较低的人士，特别是穷人和非常穷的人提供的银行服务。孙同全和潘忠（2013）对湘西民富鑫荣服务中心、中和农信项目管理有限公司、中国人口福利基金会“幸福工程”等公益性小额信贷组织进行了系统分析。由中国扶贫基金会发起的中和农信项目（现已成功转型为中和农信项目管理有限公司进行运作）更受到了财政部、国家税务总局等相关机构的大力支持，为农村经济发展提供了源源不断的内生动力。

小额信贷是一项真正的革新。它的成功改写了传统银行学此前认为第三世界的民众由于缺乏固定资产，从而不可能成为可靠借贷人的理论。格莱珉银行成功的关键是它建立了有效的信贷风险控制机制。从另一角度分析，这也是尤努斯深入研究市场，寻找市场契机、准确定位的结果。虽然中国与孟加拉国在社会文化背景、经济发展程度、信用体制状况等方面不同，但社会资本能够发挥作用的机制与机理却是相通的。格莱珉模式取得成功对我们的启示应该是过程中采用的创新办法。

第二节 残友集团模式：解放生产力

深圳市残友集团股份有限公司是一家致力于促进残疾人就业与可持续发展的企业。作为现代化、集团化的高科技社会企业，以“发展社会民生与高新产业互助发展的和谐科技融入现代产业体系”为历史己任，被誉为创业带动就业之典范。

一、残友的发展历程

1997 年身患重症血友病的郑卫宁先生捐赠自己的微薄积蓄，于深圳创建残友，从五名残疾人、一台计算机的打字复印小作坊以 2 万元人民币注册个体企业“深圳市福田区残友网社”，从事打字复印及网站设计，这是残友最初的萌芽。2001 年开了一家网吧，这为他们获得了第一桶金。如今残友集团已经成为世界上最大的社会企业和唯一的高科技社会企业，已成为一个大型公益组织和社会企业平台，残友的诞生可以简单概括为：从一台电脑到一个集团。残友集团前身中华残疾人服务网，曾成为世界上点击率最高的残疾人公益网站。随后其向高科技脑力劳动进军，2004 年深圳市福田区残友网社被评为科技部软件企业与软件产品双软认定企业。2005 年，设立了深圳市信息无障碍研究会，注册性质为民办非企业单位，主要进行信息无障碍的探索和实践。2007 年成立了高新技术企业——深圳市残友软件股份有限公司，2015 年 12 月残友软件（股票代码：834579）在新三板股权交易系统挂牌上市，成为中国社会企业第一股。2009 年，深圳市残友集团股份有限公司成立。截止到 2017 年 7 月，残友在深圳、北京、广州、上海、海南、新疆、南昌、珠海和港澳台地区开办了 40 多家公司，成为中国最大的社会企业，解决了 6000 名残疾人士就业。2016 年 2 月，残友集团的另一家子公司残友善务（股票代码：836041）在新三板上市。残友善务的电商代运营做得很优秀，能够为客户提供一条龙服务，24 小时在线服务也让人看到了残友们为生活付出的不懈努力，并且电商自主运营主要卖的是残疾人高端手工艺品。截止到 2016 年 12 月，残友远程就业项目——“百城万人”淘宝云客服项目，开展培训班 300 余期，培训人数超过 10 000 人，其中 5500 多人通过了淘宝云客服考核，获得上岗机会，每月收入从一千多到五六千元不等，并成功推动残友集团与中国残疾人联合会签约。远程就业项目就业门槛低，一个项目就可以安排 1000 人就业。

残友的社会美誉度较高，它获得了首届“中国社会创新奖”，获“中华慈善奖”，入选《慈善蓝皮书》案例等，在英国社会企业联盟公布的 2012 年度社会企业大奖的 14 类奖项中，残友集团摘得新增设的“年度国际社会企业”奖，这是中国社会企业迄今在国际舞台上所获得的最高奖项。

“残友”，顾名思义就是残疾朋友的聚合体，也是残疾人的朋友。“越是残疾越要美丽”，企业名称深刻体现出了作为社会企业的残友改变残疾人就业的恶劣环境，改变残疾人在经济上和社会上的弱势地位的期望，希望在这个以残疾人为主的就业平台上，每个残疾人都能发挥潜能，变得比主流社会的人更强、更美丽。残友的核心价值观是感恩、奉献、自助、助人。残友的使命：为促进残疾人的社会参与及创造社会价值而不懈努力；致力于社会民生与高新产业辅助发展的和谐科技事业；着力打造能为自身、合作伙伴及社会带来良好价值的服务性无边界团队。残友愿景：全世界残友团结起来 用自己的行动改变命运。残友 logo（图 8-2）描述：“CANYOU 残友”，英文语意“你能、你可以”；红色代表“热情与执著”；整体寓意点亮世界、引领前进的火炬；图案为“残友”汉语拼音首写字母“CY”，寓意自信鼓舞的大拇指、腾空展翅的雄鹰、跳动不息的心脏。

图 8-2 残友的 logo

残友以商业的手段实现社会的目的，残疾人依靠高科技强势就业。在当前的社会中残疾人很难找到合适的工作，因行动不便及社会接纳度不够，只能在基层工作，并没有发挥自己的优势和实现自己的价值。残友实现了“就业一人，幸福一家，安定一方”的美好愿景，设计长期可持续的残疾人就业方案，通过计算机网络，使残疾人不再局限于自我缺陷，比一般人投入更多的时间和精力进行工作。残友以“全面发展、多态共存、模式复制、创新思维”为战略，践行着“和谐科技，生存革命”的全新残友理念。

在集团效益方面，残友集团所属的子公司跨越产业领域包括软件、动漫、文化设计、系统集成服务、电子商务、电子产品组装与精工制造、物联网、培训咨询等，为国内外近千家单位提供服务，有多项技术认定，获得多项荣誉。

二、残友组织治理构建

残友集团的社会企业是残友事业的一个重要组成部分，残友事业还包含其他非营利属性的社会公益组织及基金会法人。残友创办人郑卫宁先生为残友事业构建了三足鼎立格局，通过基金会法人、社会公益组织、社会企业三大部分，实现现金流和社会价值流的有序流动。残友事业的整体架构如图 8-3 所示。

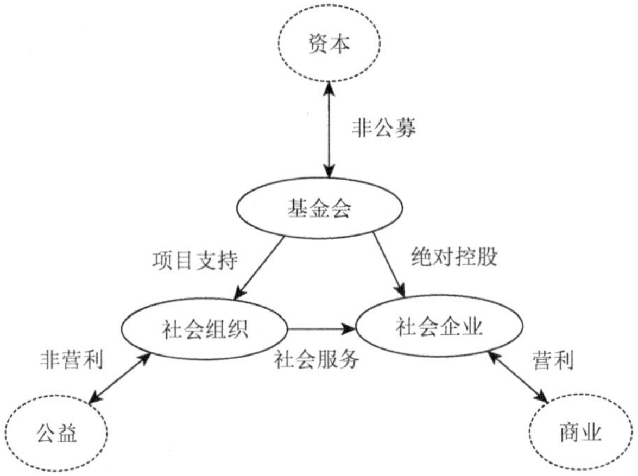

图 8-3　残友架构：基金会宏观决策，社会组织和社会企业双轮驱动

资料来源：http://www.canyoucn.com/index.asp?bianhao=4

2009 年 11 月，郑卫宁慈善基金会成立，这是全国首家由市级直批的慈善基金会，批号文是 001 号。2010 年 12 月，深圳壹基金公益基金会在深圳注册，批号文是 008 号。残友集团成立了郑卫宁慈善基金会，郑卫宁在向基金会捐赠个人股份之后，实现了郑卫宁慈善基金会控股残友集团。

郑卫宁慈善基金会是财团法人注册的中国大陆非公募公益基金会组织，基金会通过非公开募集的方式为残友社会企业募集开业资金和其他资源。残友社会企业通过商业手段获取商业利润，扣除成本及保留盈余后，所得返回慈善基金会，慈善基金会则使用这些盈余来发展和支援残友社会组织（即非营利事业）。

残友社会组织在开展社会服务的过程中，发掘了残疾人中有才能、适合工作的人才，同时也对这些人才的就业能力进行了初步培训，可以为残友社会企业的发展提供动力。

残友集团构建了“三位一体”的治理结构。经过 20 多年的发展，残友集团已经拥有 1 家慈善基金会、13 家社会组织、44 家社会企业的大型企业集团（图 8-4），其中两家公司在新三板上市，业务涉及软件、动漫、电子商务、电子产品组装与培训等多个领域。残友社会企业则负责商业运营，为残友员工源源不断地带来就业岗位。企业盈利之后，将分红给基金会，使得利润不用于分配给大股东和个人，而是直接作为慈善公益资金和企业的发展资金，从而推动社会企业不断孵化、生长、壮大，也确保残友作为一个事业或整体平台能够始终坚持社会企业的方向。而残友的公益社会组织，如中华残疾人服务网、深圳市信息无障碍研究会、深圳市残友社工服务社、深圳市关爱残友志愿者协会等，最初成立的目的是负责 8 小时之外的员工生活照料和社工服务，后来将服务对象扩至企业之外，并以组织的形式接收了深圳市政府购买的一些公共服务，为更多的人服务。

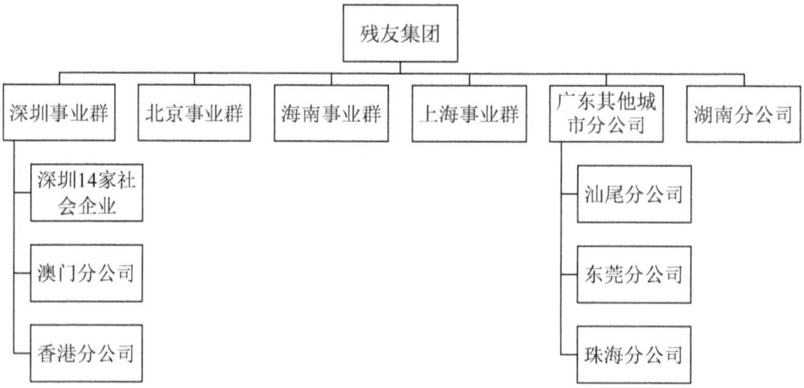

图 8-4　残友集团的组织结构

三、盈利模式分析

商务结构：交易对象——普通消费者，交易内容——软件、电子商务平台、动漫，交易方式——直接交易。业务结构：电子代工、软体工程、动画与设计、文化与传播（表 8-3）。2011 年，公司的主营业务是以软件开发、动漫设计为代表的“软件解决方案”这一软件外包领域的“中端”业务。随着发展，企业越来越大，企业形成规模化，当时摆在残友面前的是瞄准更高端的“云计算”，还是相对低端的业务流程外包（business process outsourcing，BPO）。残友与深德公益合作，确定进军 BPO 市场，帮助更多的残疾人实现智力就业，也与中国最大的软件外包企业“文思海辉”合作，“文思海辉”也解决了 BPO 开展人力资源紧俏、人才流动频繁的问题。

表 8-3　业务与目标客户

残障服务及辅具开发业务	目标客户
电子代工业务	中小手机生产商
软体工程业务	政府机构、非营利社会组织及中小企业
动画与设计业务	政府机构、非营利社会组织及中小企业
文化与传播业务	政府机构、非营利社会组织及中小企业

四、内部管理

在当今社会，残疾大学生越来越成为具有知识技能的高素质人才。残友集团通过创办企业，提供就业机会，使残疾大学生的人生价值得以真正实现。从创立以来，残友集团保持了近乎零的低员工离职率。它的人力资源管理可谓非常成功。

1. 人力资源管理

残友集团由不同残疾程度的优秀人力资源组成。残疾人虽然受到自身条件的限制，但是头脑健全，求知欲强。在计算机面前，他们的行动不便的劣势变成了优势，使他们能够集中精力刻苦钻研，能力得到充分挖掘。残友员工普遍具有很高的工作敬业度和组织承诺感。2000 年 8 月，残疾员工刘勇在捷克获世界“网页设计”第五的佳绩。2003 年，李虹代表中国在印度新德里参加国际残疾人职业技能竞赛，获得软件编程世界第五的好成绩。为此，原劳动和社会保障部为两人分别颁发高级职业资格证书，刘勇荣获“中华慈善奖最具爱心慈善楷模奖”“广东省技术能手”等称号，李虹荣获“深圳市十大技能标兵”称号。公司还有 14 名残疾员工获得系统架构设计师资格，21 名残疾员工获得软件系统分析师资格，38 名残疾员工获得高级职业资格并被评为重点软件人才，9 人获得深圳市专家委员会专家资质。残友建立了特殊的内部成长制度，其建立了 8 小时内自我管理、内部阶梯型培训、商业实战、岗位开放的工作模式。

（1）招聘。残友有不同的平台为残疾员工提供施展空间。残友集团的各个分公司招聘员工首先解决当地的残疾人就业。现有员工中肢体残障者（特别是下肢残障者）占有很大的比例。通过不同业务，将扶持对象分为技术型肢残者、劳动型肢残者及重度肢残者三类，并分别开展适合各类人群的业务类型（表 8-4）。

表 8-4　残友社企的残障员工类型及其适合业务类型

员工类型	适合业务类型
技术型肢残者	软体工程
（1）	动漫与设计
（2）	文化与传播
劳动型肢残者	电子代工
重度肢残者	C2C 电子商务

注：表中（1）、（2）是内部员工分类的做法。C2C——consumer to consumer，消费者与消费者

（2）培训和轮岗。残疾人进入残友集团之后，在包吃、包住、包洗衣的无障碍保障下，经过带津贴针对性培训，学期结束后可选择留在残友集团也可选择社会就业。正式任职残友集团的残疾人员工，在初期工作岗位上实行轮岗，通过内部与外部结合的培训体系，为每一个人找到适合其能力发挥的最好舞台。

（3）薪酬与福利。残友集团的利润，三分之一用于企业发展，三分之一用于股东分红（基金会为主），三分之一用于员工分红。为员工提供工资、工资外薪酬、劳动与医疗保险、日常工作照护、专业技能及工作成就，为残疾员工提供呼叫照护。实物收入是由企业负担员工的住宿、就餐、出行、8 小时工作之外的服务等。员工的个人支出很少，例如，每年集团都会为员工举行集体婚礼，员工只需把父母接过来，其他所有的事都不用操心。公益机构负责运作的公司食堂，标准统一。这些对吸引和留住优秀的残疾人作用很大。残友员工中有几位高考状元，大学毕业后，他们原本可以去薪酬更高的大公司，可是这些大公司不能为他们提供无障碍的工作环境，下班后的生活很难得到好的照顾，因此，他们选择残友其实就是选择良好的人性化的工作环境。

2. 建立了“以人为本”的退养制度

2002 年，曾以物理满分和浙江省理科状元考入北京大学的李虹加入了残友网社，2007 年始，他因进行性肌营养不良症加重而无法继续工作，是他使得残友网社走向软件开发领域，为公司鞠躬尽瘁，做出了巨大的贡献。按照我国现行企业职工社会保险缴费制度的规定，需要缴费达到 15 年才能享受社保，而李虹只缴了 5 年。任何一名员工，只要他自己提出来不能工作了，无须任何医疗鉴定就可以病休，并且按他曾经得到的最高的月工资每月领取薪水，直至离世。这项制度激励了员工去发挥潜力，冲击最高绩效工资。残友集团出台这项退养制度是非常艰难的。但是，在轮椅上待了一辈子的郑卫宁明白，残疾人从小就待在家中难以出门，非常害怕重新回到待在家里的日子，万不得已是不愿意回去的，相信极少有人可以工作而不工作。

3. 社会参与

为使残疾员工尽快融入公司和社会，避免其产生自卑感和忧虑感，残友集团通过多年的努力，真正帮助残疾人克服了心理障碍，使他们顺利融入社会。

五、问题与发展

人力成本高。虽然残友集团在人力资源方面有自己的一套管理制度，但实践中仍然存在一些问题，例如，如何让更多专业对口的残疾大学生加盟、如何在较短的时间内有效地培训员工等。残友集团采用“导师制”的人才培训模式来提高新员工的技术水平，完成一个完整的培训计划需要9个月的时间，这种传统培训方式需要耗去老员工很多的时间，无形中增加了公司的成本。因此，企业管理人员需要控制培训成本。与人才的正常流动相比，“因岗设人”变成了“因岗培人”，而且培训成本偏高。

对于特殊的就业群体——残疾人而言，公司的日常营运带来的职工工资、营销费用、设备维修保养、人员培训等成本相较其他同业公司而言更高。集团如果不能为这些开支找到有效的替代办法来减少，那么长期的经营业绩会受到影响。同时，公司实行残疾人自主管理、自主发展，对残疾员工实行免费包食宿的无障碍保障，这都要付出较大的成本。公益性是社会企业的基础，也是维系关系网络的重要纽带，但如果过分偏向公益属性则会使残友集团承担较大的资金压力，一旦没有外部支持就可能使企业陷入经营困境。

专业人才缺乏。作为提供专业产品及服务的多元化公司，对于人才的需求广度是显而易见的，再加上残友招募人才的特殊属性，人才问题就更加凸显出来。但目前残友的员工学习模式是“培训+做中学”，承担培训的公司培训中心具有明显的地域性，不利于其全国范围内专业人才的培养；同时，集团内部的学习体系尚处于起步阶段，有效的多元学习方式并未实现。人才缺乏将成为残友长远发展的掣肘。

过分依赖政府资源。发展至今，政府的支持给了残友社企极大的帮助。深圳市政府不但是残友最大的业务客户，同时也在政策制定上做出了极大的福利支持。深圳市民政局在2009年为残友支付了两位专职社工的工资。安置一名残疾人就业，政府在征收企业所得税时，将从应纳税所得额中核减3.8万元。由于残友社企特殊的企业性质，它的业务收入是不需要交税的，这意味着政府为残友节省了一大批财务支出。但由此残友过分依赖政府资源的倾向也被反映出来，如何增加在非政府采购领域的公司竞争力，如何善用并持续税收优势带来的成本优势，如何经营与企业客户甚至国外企业客户的良好业务关系都是残友集团所要面对的现实问题。

第三节　善淘网：中国的慈善商店

善淘网（www.buy42.com）成立于2011年3月，创始人为周贤，是中国第一家线上慈善商店，为民政部正式登记的非营利性机构（民办非企业单位登记），它将“电子商务”和“慈善商店”结合起来，开创了一种新的慈善商店模式，挂靠在上海聚善助残公益发展中心，具体运作是江苏南通聚善网络科技有限公司。善淘网致力于为人们提供一个便捷的公益参与方式（在线购买或者捐赠闲置物品），用创新的公益模式解决两大社会问题：衣物闲置的问题；残疾人的工作生活问题。通过鼓励企业和个人将几乎全新的闲置物品捐赠给善淘，通过义卖和创意改造等多种渠道，让闲置物品发挥公益效用；同时为残障伙伴创造就业机会，从而促进残健融合，推进一个美好社会的建设。善淘网的口号是“42”，借用英文谐音 for two 传达它的公益理念：既让自己快乐，也能帮助别人。在善淘网一次次再平常不过的网购中，你就顺便做了一件善事。

作为一家社会企业，善淘网要做的事情是利用商业模式打造一家在线助残就业的商店。截止到 2016 年 5 月，善淘网拥有超过 3 万名用户，募集资金达 500 万元，拥有 300 多家大中小企业合作伙伴，帮助残障伙伴就业或职业培训超过 300 多名。2017 年 6 月 6 日，善淘网在上海市慈善基金会静安分会、上海聚善助残公益发展中心和上海市静安区石门二路街道的支持下，开了国内首家 O2O（online to offline，即线上到线下）慈善超市。善淘网在组织结构设置方面强调职能部门的专业化和协调性，同时也把利益相关者（捐献者、购买者和志愿者）纳入组织内部，体现了善淘网的社会属性（图 8-5）。

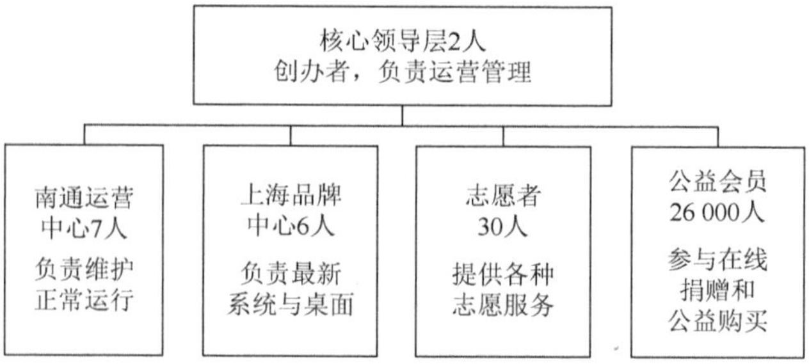

图 8-5　善淘网的组织结构及职能

一、闲置衣物的社会问题

先来看看闲置物品产生的社会问题。许多女性衣橱里有很多闲置衣服，有的穿过两三次，有的甚至连吊牌都没有摘下来。衣橱里的闲置衣服价值大概是多少呢，在上海这种城市，超过 100 亿元。

越来越多的人把闲置衣物捐赠出去。唯一捐赠的方式就是邮寄，问题很快就产生了：第一，中国太大了，物流费用又贵，而且很慢；第二，物品不适合农村；第三，很难找到一个固定的捐赠点。

人们在不断购买全新的商品，很少人知道，一件衣服从生产到销售的过程会耗费大量能源。例如，一条牛仔裤在生产过程中所产生的二氧化碳可能需要 3 棵大树来吸收，一件 T 恤衫在生产过程中可能需要耗费 2800 升水。

慈善商店是一个非常有效的供应模式。慈善商店的创意非常简单，就是鼓励人们将闲置物品捐赠，在商店进行义卖，款项一部分用来支持公益项目，一部分用来支持商店日常运营。在英国，有 9200 多家慈善商店，每一个大型的公益组织都开设了自己的慈善商店用来筹集公益资金，年交易总量超过 5 亿英镑。每年通过销售二手衣服便减少了 350 万吨的碳排放量。

二、善淘网的运作重新定位："'善淘'助残中心"

善淘网在成立之初，将目标定位为一个公益项目筹资平台，并将其挂靠在某基金会名下，希望能复制欧美的慈善商店的模式，即募集物质（个人闲置物品或企业库存）—清洗、修复、整理—慈善商店再次出售—获取销售额投资慈善项目—投资、整合—反馈清单，具体运营方式参见图 8-6。但是随着善淘网影响力的扩大，其预设的运行模式在运行中受到来自内外环境的挑战。首先是人力资本匮乏，成本居高不下。由于善淘网接受的捐赠物品以单品为主，每一个单品都要单独进行修复、测量、定价、拍照、信息录入等工作，需要耗费大量的时间、人力和物力。其次，社会知名度较低，仅靠口碑积累无法迅速获得强大的品牌效应，也无法动员更广泛的社会力量。再次，如何取信社会成为一大难题。我国社会企业本身起步较晚，社会认知度较低，善淘网将商业技巧和慈善相结合的运营方式容易引发信任危机。最后，运行方向发生了迷失。善淘网作为公益筹资平台，在运营过程逐渐忽视了对残疾人就业和环境保护做出贡献的慈善机会，迷失在不断的"捐""卖"过程中。

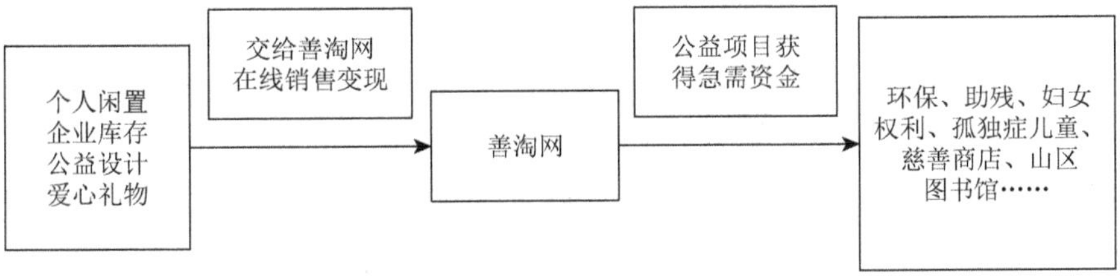

图 8-6　善淘网初期设定的运营流程图

（一）转型：让更多的支持者参与其中

从 2012 年经过理事会的反思，善淘网正式向社会企业转型，目标定位为"助残"机构。残疾人需要获得就业、培训和融入社会的机会。截至 2011 年 12 月，中国有 8600 多万的残疾人，平均每 16 个人中就有一位残疾人。随着国家投入越来越多，残疾人医治和看护的问题慢慢得到解决，但残疾人的就业和融入社会的问题越来越大。

首先是目标的转型，新组织的目标有三：一是由资金募集到帮助残障人士获得培训、就业和融入社会的机会；二是让更多都市人通过简单的捐赠、购买等日常行为，参与公益行动；三是将理念调整为“每一个都有价值”，即“每一个闲置物品都有价值，每一位残障伙伴都有价值，每一次普通人的行动都有价值”。让更多人了解、理解和尊重“每一个都有价值”的公益理念。

其次是组织运作转型，建立善淘助残基地，将商品核定等工作交给残障人士，既缓解了人力困境，也为残障人士提供了工作机会。善淘助残基地的目的是将义卖的公益资金用来帮助残疾人获得培训、就业和融入社会的机会。残疾人可以学习到简单的电脑操作（如制图）、手工改造等技能，获得一技之长。由于大量残疾人的加入，中心的人力资源紧张问题得到一定程度的缓和，善淘机构开始有精力去开展流动慈善项目、公益体验项目、志愿者坦克手等其他活动。善淘网以“授人以渔”的方式，在使残疾人能够有尊严地工作的同时，解决了社会企业普遍面临的人力、成本困境，在一定程度上实现了可持续运营。

最后是寻求合作机构，与地方政府、淘宝网密切合作，扩大社会知名度，并通过财政披露机制增进社会信任。通过转型，善淘网实现了惊险一跃，成为国内特色鲜明、声誉较高、可持续性强的代表性社会企业。

（二）整体的运作流程

首先是捐赠，以前要先搞清楚捐到哪里，然后大包小包地扛着到邮局寄过去。现在善淘网就不用那么麻烦了，如果你在江浙沪地区，只需要在线预约，其合作物流公司就会上门收取，非常方便。收取以后，多少件已经在整理中，多少件已经上架了，多少件已经销售了，都可以在线及时查询。善淘网的物品大部分是闲置物品，不愿意叫它“二手”，因为善淘网有非常严苛的挑选标准，会员们捐赠过来的都是全新或基本全新的东西，它的价值是非常超值的。像一个名牌包，原价10 000多元，在这儿就卖3000多元。200～400元的物品，善淘网只卖十几元到几十元。

对于消费者来说，他除了因为爱心而购买，他也喜欢这个东西，而且这东西很超值，购买后还有一个双重的公益效应在里面。这让购买不再成为负担。

人们捐赠那么多物品过来，每一件都可以上架义卖吗？其实不一定，因为物品总是有好有坏，善淘网的工作人员会把不适合上架的，如有污渍或者是抽丝，或者是时间比较久、质量还不错的，进行创意改造。将无法上架义卖的闲置衣饰，选择合适的拼布和手工方法，培训残障工作伙伴做出有善淘网特色的产品。

善淘网的运营收入百分之百用于公益事业，一部分用来支持慈善商店的可持续发展，支持它的日常运营，包括所有的人工、房租、税、网络服务器等各种各样的费用；另一部分用于支持残障的项目，除了残障伙伴培训和就业外，还支持其他的残障性项目，如麻风病村老人的看护、四川震后伤残儿童学习的费用承担等。

三、善淘网的 SWOT 分析

SWOT［S（strengths 优势），W（weaknesses，劣势），O（opportunities，机遇），T（threats，威胁）］是企业战略分析方法，它的意思是基于内外部竞争环境和竞争条件下的态势分析。

优势：开实体店需要耗费巨大的营运成本，还需要相对成熟的商业经验，善淘网将电子商务与公益相结合，可以规避实体店的部分风险，尤其将线上善意消费与线下公益参与有机结合，开创了国内首家网上慈善商店，是一种全新的公益筹资模式。

劣势：善淘网定位于社会企业，相对于政府购买和项目支持的公益组织，获得的政府资源和支持较少。商业性和公益性结合的创新模式，虽然成功地获得了关注度，但是过多的曝光可能会影响决策和执行效率，也可能会对品牌产生负面的影响。同时，善淘网的沉默式服务愈发显得曲高和寡。由于工作人员很多为残障人士，无法提供及时的咨询帮助，这种沉默式服务会让习惯了在电商平台讨价还价、沟通咨询的消费者有无所适从的感觉，从而影响潜在用户群体的扩大。这也是善淘网未来应该着重破解的一大难题。

机遇：中国电子商务市场拥有庞大的在线购物群体，并且他们已经习惯于在线购物的消费行为，在线的消费行为可以更个性化和灵活多变，因此网络慈善商店的市场潜力巨大。同时，公益已渐渐得到年轻网友的认同，善淘网可以使网友在获得上网购物乐趣的同时开展个人的公益活动。

威胁：善淘网的认知度与其他电子商务 C2C 网站相比较低，并且由于其定位是社会企业，受众对社会企业的认知程度不够，以及对营利性的具有社会效益的组织有一定的偏见和刻板印象。对于善淘网本身，既要自身求得生存和发展，又要不断提高解决社会问题的能力，对其执行力提出了更高的要求。

四、善淘网的营销策略

1. 产品策略：独创产品

由于生活水准的提高，消费者在不断购买消费的同时也造成了闲置浪费。另外，筹资困难的公益组织也迫切地需要资金帮助。善淘网通过捐赠物品的再销售形成公益筹资，更有效、更可持续性地为慈善公益组织提供资源。

善淘网作为一家社会企业，选择 C2C 的电子商务模式的优势在于创造了独特且富有使命的产品和服务。首先为捐赠者提供线上平台，从受众人群中收集不同类型的公益捐赠品，不仅包括个人闲置、企业库存，也包括公益设计和爱心礼物。其次通过了解目标客户群的切实需求，重新改造所有捐赠品后，再销售给消费者。最后把所获资金有效地传递给受助人群。2017 年，善淘网与石门二路街道合作，在上海开了第一家“慈善商店”实体店，也开展线下业务。

善淘网提供的产品和服务不仅是一般电子商务 C2C 网站所不具有的，也不是一般社会企业所能实现的。善淘网灵活地把网络用户的心理特点和有公益心的大众联系起来，为善淘网在电子商务 C2C 的市场中找到一席之地。除此之外，善淘网所提供的产品和服务符合其社会使命，并解决了社会问题。

2. 价格策略：社会效益和经济效益兼顾

善淘网做到了社会效益和经济效益兼顾的价格策略。建立一家实体的慈善商店将耗费巨大的运营成本，并且需要相当成熟的经验。而一家虚拟的慈善商店，可以降低运营费用。销售一件产品所得收入，仅需要非常小的一部分用于日常运营，其余大部分用于社会公益，这保证了善淘网的社会效益不受影响。尤其善淘网引入公益拍卖的策略，以一种游戏的方式，把定价的选择权和自主权交到消费者手中。另外，其设置的平价店主要针对平价销售的目标顾客群，对目标顾客群做了多元的细分和市场定位。

例如，善淘网在微博上发起一个名为“42 小游戏，公益 1 分钟”活动，每天上午 11 点发布与公益相关的趣味小问题，第一个答对者将得到善淘网 5 元购物卡或者积分（积分可以兑换购物卡）奖励。善淘网通过在线销售企业及个人捐赠的闲置物品、各类公益商品及公平贸易产品等，协助公益组织进行在线筹资。扣除必要的营运费用后，在线产品销售的所有收益均根据捐赠者和购买者的意愿捐到指定的公益账户。

3. 品牌管理：建立良好的品牌认知度

善淘网希望能够在受众中建立良好的品牌认知度。让受众认识到“购买或者循环利用二手闲置物品是保护环境、减少碳排放的有效途径”，引导善淘网的消费群体通过改变生活方式和购买观念来更好地保护环境。

五、转型后的效益分析

转型后，善淘网将原来设定的筹集资金平台目标重新定位为助残中心（图 8-7）。

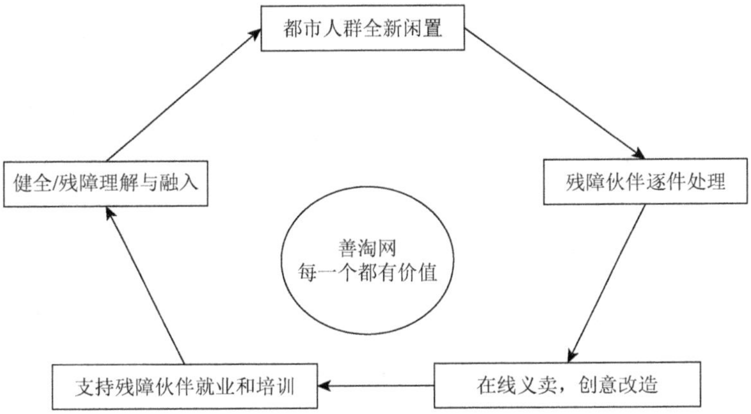

图 8-7　转型后善淘网的运营流程图

第一，努力为残疾人提供有尊严、可持续的工作和就业培训。善淘网着力解决残疾人的培训就业和社会融入的问题，并且摸索出一套可持续助残就业的模式。截至 2017 年 3 月，从善淘网直接受益的残疾人为 272 位，主要分布于上海、南通、安徽、广西、湖南、吉林、海南等地。其中，6 位残疾人是善淘网的全职员工，占员工总数的 50%；有 40 位在善淘网的模特队进行兼职工作；有 218 位兼职担任修图师或店员，全部是残疾人或者残疾人的家属担任。那么这些残障伙伴可以做什么工作呢？残疾员工负责回收物品的清洁消毒、包装处理、拍摄、图像制作、担任淘宝上的客服、分发物流的大部分工作。善淘网摸索了一套线上线下相结合的可持续助残就业的模式。善淘网还招募"虚拟店员"，希望通过手机平台，帮助更多的残疾人（李洁茹，2016）。此外，善淘网提出创新思维的运营方略，通过设计和开发新的手工产品（系列产品）来发掘残疾伙伴的创造力，让其在实践的过程中享受创新的乐趣。

第二，二手物品再利用，降低碳排放量，保护环境。善淘网每重新回收和利用一件单品就可以减少 5.7 千克的碳排放量，仅 2016 年一年时间，善淘网便重新利用了 21 903 件物品，减少了 243 吨碳排放量，相当于 1 公顷森林 264 天的吸收量。

第三，将慈善事业回归个体，让社会个体通过网络随时随地为慈善事业贡献自己的力量。善淘网取得了显著的社会绩效。截至 2017 年 3 月，善淘网的买家和捐赠者遍布全国 34 个省级行政区，公益会员达到 25 064 位，提供公益援助 5 740 060 元，举办公益活动 82 场，建设公益基地 5 个。

第四，向社会宣传慈善事业和善淘机构的"每一个都有价值"慈善理念，为打造良好的慈善社会环境做出贡献。善淘网通过努力让更多的人认识到"购买或者循环利用二手闲置物品是保护环境、减少碳排放的有效途径"，引导善淘网的消费者群体通过改变生活方式和购买观念来更好地保护环境。善淘网既是慈善的实践者，也是慈善项目的资助者。

互联网一个非常大的特色就是透明，透明才能赢取人们的喜欢和信任。善淘网半年发布一次运作报告等透明的数据，公布收支明细以便监督。在扣除了必要的营运费用之后，在线产品销售的所有收益，一部分根据捐赠者和购买者的意愿捐献到指定的公益账户；另一部分用来支持商店的日常运营；还有一部分资金用来支持残障伙伴的就业和培训。每一位捐赠者可以在善淘网的个人账户中看到自己所捐赠的物品的实时信息，实时监督每一项善款的用途。不仅能使善淘网得到更多社会资源和创投者的信任，也能够让公众和创投者根据公布的数据自行分析其效率和社会影响力。

第四节　其他社会企业案例

一、欣耕工坊：快乐耕耘，爱与希望

“施人鱼，不如授人渔。我们希望通过他们自己的劳动激发出他们心中的潜能，改变他们的思维、理念和生活方式，让他们明白，通过自己的双手可以改善生活，改变自己，改变下一代。”

——欣耕工坊创始人 朱炳肇

欣耕工坊由新加坡人朱炳肇先生与几位志同道合的爱心人士于2007年5月正式注册，希望能够开创“造血式”扶贫项目以商业化运作模式提升弱势群体的社会竞争力，创造就业机会，主要通过发掘弱势群体的市场机会，搭建业务平台，通过产品设计、培训、生产贸易、扶贫、再培训、再生产的方式来实现。关注社区发展与社区环境，并通过“授人以渔”的方式为社区弱势群体提供能力建设及多元化发展的服务平台；同时，也开展心灵扶贫和环保教育活动，帮助他们寻找自己的定位，收获快乐充实的人生；致力于成为社会创新实验室，不断挑战自我，发现社会问题，探索项目模式，传播公益人文。先后在河南、上海、苏州开展各类公益项目，所开展的公益项目有河南艾滋病村手工工作坊、自渔自乐残疾人工作坊、手工肥皂工作坊，上海社区综合助残服务项目、MuMuCoCo城市咖啡渣绿循环项目、岑卜村生态文化扶贫项目等。

欣耕工坊的创作坚持走中国传统民间文化的路线，比如，加入陕西洛川虎布软雕、泥塑、年画、皮影等元素，再辅以现代设计，运用环保材料手工制作成环保布包、靠枕、香包、筷子袋、手工皂、剪纸礼品袋、再生纸记事本等精美的产品。通过推广与销售，为弱势人群创造利润的同时，既弘扬了公益精神，也向大众传播了中国的传统文化。欣耕工坊始终非常注重完善自身鲜明的设计风格，以

及手工制作的质量。因为它并不希望仅仅通过其慈善理念来赢得消费者，而是希望产品的质量真正得到消费者的认可与喜爱。欣耕工坊的经营所得除维持机构正常经营与发展、改善贫困人群生活状况之外，还用于建立“欣耕教育基金”，资助贫困地区品学兼优的青少年完成学业。同时，欣耕教育基金也是联系社会与贫困学子的桥梁，将社会捐赠源源不断送到学子手中。欣耕工坊的使命、愿景及理念见表8-5。

表8-5　欣耕工坊的使命、愿景及理念

使命	愿景	理念
开创“造血式”扶贫项目，用商业化运作模式为弱势群体创造社会竞争力，创造就业机会	提升弱势群体社会生存能力，为弱势群体创造平等发展机会	扶贫并不在于给予金钱，而在于为贫困中的人们创造平等的发展机会，带来心灵的满足与尊重

欣耕工坊的理念是“授人以鱼，不如授人以渔”，以河南“艾滋病村”的项目为例，希望通过培训，帮助贫困人群打开心结，让他们掌握一门技能，能够重新有自尊地过日子。该项目中，欣耕工坊最终培训了150多户人家，最开始只有2户，从2户到150多户，现在十几户仍需要欣耕工坊的帮助。欣耕工坊一直希望这些受帮助的对象最终能够独立，并且有他们自己的生活目标和生存信心，而在河南的“艾滋病村”里，朱炳肇做到了，他说，在这个项目上，欣耕工坊是成功的。①

同时，欣耕工坊也对自身的业务模式进行了系统性的思考，将原来一些模糊的感觉和认知用比较清晰的图示进行了表述（图8-8）。

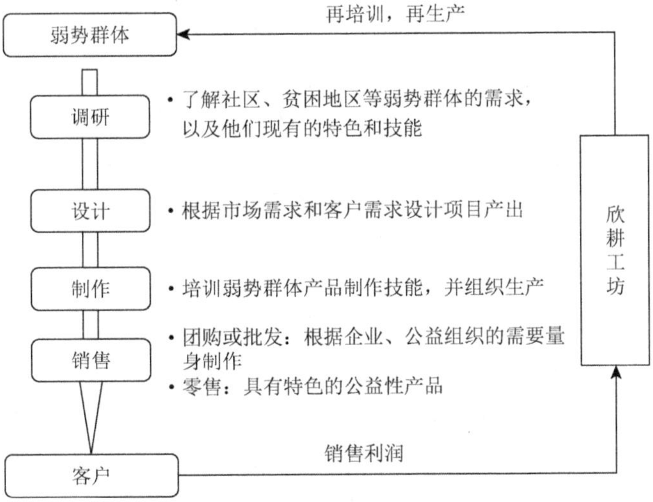

图8-8　欣耕工坊的业务模式

①《新加坡籍华人朱炳肇：我和“欣耕工坊”走过的路》，http://www.gd.chinanews.com/2010/2010-10-23/2/60791.shtml。

我们每喝一杯350毫升的中杯现磨咖啡，就会产生约20克的咖啡渣被丢弃，如果一个人每周喝一杯中杯咖啡，那么1000个人一年将会制造约1吨的咖啡渣。一个看似微不足道的生活习惯却制造了大量垃圾。更糟的是，当咖啡渣与其他垃圾一起被丢弃、填埋或焚烧时，除了增加垃圾处理的成本，更会加剧地球的温室效应。其实，咖啡渣含有丰富的养分，是天然的有机肥。当我们把咖啡渣分类并重新应用于农业，就能够推动咖啡渣的资源化利用，大大减轻垃圾处理的成本与可能对环境产生的负面影响。

欣耕工坊发起了MuMuCoCo咖啡渣绿循环项目。MuMuCoCo是一场关于咖啡渣的环境保护运动，每一个MuMuCoCo咖啡渣种植包都是由城市回收的咖啡渣特别制成。现在MuMuCoCo咖啡渣种植包共有两套产品：有机蘑菇系列及香草系列。品尝咖啡美妙之余，我们还可以与欣耕工坊一同发掘咖啡渣的价值，实践垃圾的循环利用。

2009年开始实施的自渔自乐残疾人工作坊项目是欣耕在商业模式上运作比较成功的项目。欣耕和上海市静安区江宁街道合作，培养江宁街道残疾人和精神病患者的各种手工和缝纫技能后，通过销售其加工生产的各种工艺产品，来增加这些残疾人和精神病患者的收入。

具体说，欣耕负责进行产品设计、原材料采购，然后培训这些残疾人和精神疾病患者进行产品加工，欣耕会为其提供制作的补贴，并帮助寻找客户和销售渠道，进行产品的销售。

刚开始时会有人质疑，为什么会让这些病人做拿剪刀、踩缝纫机等对他们很危险的事情？但是项目实施的结果证明，通过做这样的工作，这些病人的发病率明显降低。而且自渔自乐残疾人工作坊项目在项目实施培训七个月后，迎来了第一份订单：帮助上海城市超市生产制作了300个收纳袋。但也有资料显示，欣耕希望通过本项目来改善学员的经济收入这个目标在项目周期内并没有实现。这些残疾人虽然会得到补贴，但金额不多；虽然已经有企业愿意与欣耕合作，但大多数企业仍然停留在初步沟通的阶段。

在这个项目中，这个特殊的群体需要更多的时间，所以不能简单地用利润率来衡量项目成功与否。正常人培训三周就行，培训他们却要花费八个月的时间。这些病人在得到补贴的同时，欣耕工坊更看重的是参与这个项目还可以对这些病人起到治疗的作用，让他们的发病率降低。这个项目的意义在于其社会效益要远大于利润收益。值得注意的是，提供给这些残疾人和精神病患者补贴，但这些补贴的费用从理论上应该来自产品销售的利润。由于补贴在前，产生的销售利润在后，一旦产品滞销，或者是利润减少，补贴必然要由欣耕垫付。

2012年底，苏州社会企业产业园将欣耕工坊作为成功的知名社会企业引进，该产业园希望借此鼓励和支持其他社会企业一起成长（罗曙辉，2013）。欣耕工坊能够实现自负盈亏，每年盈利所得，从制作者角度，根据工时，返还 50%给予当地社区，作为特殊补助金，用于救急不救困的特殊状况，确保通过累积的方式帮助有需要的人；30%作为欣耕工坊的研发经费，用于业务开发；20%用于员工发展，即分红，很大程度上破解了社会服务型组织在人才流失上的困境。

二、海口市博学生态村

“我们要将博学里从一个传统农村，转型成一个结合有机农业、生态保育的旅游休闲体验基地，利用自身的条件，帮助村民摆脱贫困走上致富之路。”

——博学生态村发展理事会理事长陈统奎

城市日新月异，乡村却破败消失，这是摆在中国人眼前的一个社会问题，而人才的流失是乡村凋敝的根本原因。党的十九大报告提出了乡村振兴战略，这是新时代下中国乡村建设发展的指南，实现乡村振兴，让广大农民脱贫奔小康，全面建成小康社会，中国才能真正走向现代化强国。近年该村开始了“返乡青年带动，民宿产业撬动，品牌农业支撑”的美丽乡村发展模式。

（一）博学生态村的发展

坐落于海南省海口市秀英区永兴镇的博学里，是一个仅 300 多人，70 余户人家的火山口古村落，过去一度面临缺水的困扰。该村地处中国雷琼世界地质公园海口园区境内，土地面积 266.67 平方千米，是一个传统农耕乡村，荔枝和黄皮等热带水果、短期瓜菜种植及养蜂是村民谋生的主要手段。而村里的年轻人面对这样一个贫困的村庄都选择离开家乡到城市谋生。

博学里人陈统奎以《南风窗》记者的身份访问台湾日月潭附近的桃米生态村后，想起自己的家乡，希望将桃米生态村的转型模式搬到家乡，加以创新，为家乡探索出一条旅游开发、生态环境保护及当地居民利益相结合的新道路。桃米生态村的成功便是台湾新故乡文教基金会 10 多年来的杰作，凭借“青蛙共和国”这一乡村主题，一年吸引超过 50 万人次的游客，仅旅游收入一年就有 2200 多万元人民币。徐启智（2012）通过分析，认为桃米生态村是社区基础型企业。社区基础型企业就是以社区为活动场域、为了社区内的个人或是集体利益，为了解决社区的社会目标和经济目标，所形成的一种社会企业类型。

2009 年 12 月，博学生态村项目正式启动，成为一个合作社式社会企业的雏形，博学生态村在旧有村落行政体系之外，另外成立了打造生态村庄的村民自治组织博学生态村发展理事会。并以理事会为平台，主导原有村落发展模式的改造以及新的生态成长模式的探索，创始人陈统奎任博学生态村发展理事会理事长，理事会采用公司董事会的治理模式，选举出了理事及各专门委员会，理事会中一切决策由成员民主投票决定。理事会共由村民大会选举的 22 名成员组成，下设五个专门委员会，并设有独立的监事会（图 8-9）。按照“从一个传统农村转型成为结合有机农业、休闲体验和生态保护为一体的生态村”的发展来定位，理事会作用如下：一是组织培训村民，让博学生态村农民转型为“知识型农民”；二是作为外界的人力、财力、物力、资源的接受中心，用社会的资源和力量来帮助一个传统农村发展和转型，同时也是社区营造的决策和执行机构。

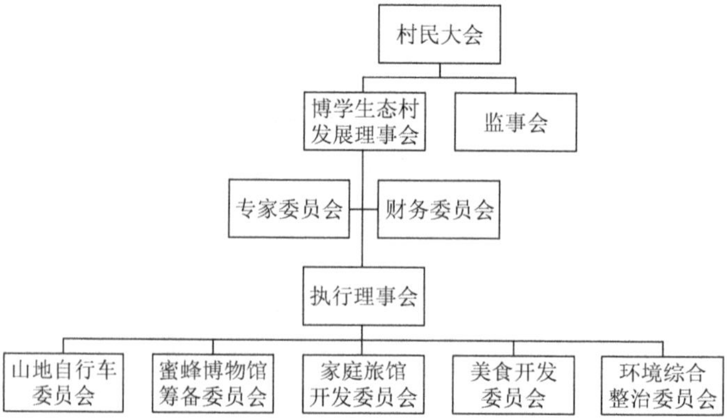

图 8-9　博学生态村发展理事会组织结构

在确定理事会为发展平台的策略之后，博学生态村进行了大胆的改造和尝试，在有机农业、田园观光、民宿等领域很有成就，也得到政府财政的支持，配套的基础设施建设也得到根本性改善。“山地自行车赛道”是理事会做的第一个项目，在村集体没钱的情况下，村民集资，不到 3 个月就修好一条 3 千米的山地自行车赛道，这也是海南第一条乡村山地自行车赛道。不久博学生态村就承办了海南省自行车联赛山地越野赛。迈出成功的第一步后，政府将博学生态村列为文明生态村优先发展试点，拨款给博学生态村修文化室、球场、村内道路，环自行车道进行电网铺设等。“几年下来，我们得到了 200 多万元的项目资助。省台办邀请桃米生态村代表来海南与博学村缔结姊妹村，台商还资助我们建设了一个 20 多亩[①]的台湾水果园。2011 年我们有一名返乡大学生和村长应邀去桃米生态村考察。2012 年我们迎来 10 多名韩国当代艺术家驻村创作，给我们留下了蜜蜂雕塑。今年春节，美国学生也来村里包民宿作冬令营。到目前为止，清华大学、复旦大学的学生都来做过公益。其中最有戏剧性的是我请姚明给我们题写了‘博学生态村’5 个字，刻成一个牌匾挂在文化室上……”一项项成果，陈统奎如数家珍（王晓樱和魏月蘅，2014）。博学生态村积极地探索“政府扶持”，争取到公共财政支持修建了自来水

① 1 亩≈666.67 平方米。

引用和灌溉设施，进行了农村电网改造，一个贫困落后的山村已经发生巨变，为迈向成熟的乡村生态旅游目的地打好了基础。

（二）花梨之家民宿项目及其他业务类型

2011年，陈统奎筹资近80万元，在博学生态村建设了海南岛第一栋民宿——花梨之家，是在他自家土地上建造的。近80万元建设资金中，其中10余万元来自微博借款。那时民宿进入装修阶段，尚缺10余万元装修费用，陈统奎利用新兴的社交网络微博的“微公益”现象，发帖集资，并承诺“每人各提供1万元借款给我，从2012年起连续10年，每年免费享受一间民宿一周（只需提前一个月预订），并享受年息8%的保值，款项2年内月供返还”。这条微博当天被大量转发，仅仅半天时间，就有15万元贷款承诺。

花梨之家院中培养了许多盆景，其中有60多棵顶级品种的海南黄花梨树，因此把民宿命名为“花梨之家”，有房间8间，旅游旺季11月至次年3月入住率较高，各个小长假和黄金周入住率达80%。2014年底民宿已经能够做到收支平衡，维持其正常经营。国内外多家电视媒体报道过花梨之家。海南省市县有关领导都来调研民宿，关注如何通过发展特色民宿来推进乡村旅游发展和美丽乡村的建设。花梨之家为海南民宿发展树立了榜样，也给更多乡村的发展带来了新思路和新希望。

陈统奎利用个人影响力和公信力，并利用个人梦想与分享一种诱人的生活方式作为“卖点”，在微博平台获得了社会资本支持。社会创业最大的一个特点是“用小钱做大事”，它需要社会资本丰富、公民互助的社会。值得一提的是，花梨之家获得了海航集团和《21世纪经济报道》联合主办的社会创新创投竞赛2011年度二等奖，获得了5万元现金奖励。这种竞赛奖金往往是社会创业者获得的第一笔启动资金。发展民宿的目的是解决家乡发展问题，带领农民把一个传统农村转型成为结合有机农业、休闲体验和生态保护为一体的新农村。

在民宿所得分红上，陈统奎通过博学生态村发展理事会形成决议，民宿住宿分出营业额10%、餐饮分出营业额5%做社区公积金，相当于25%左右的利润用于社区公共事务。当然，这是一个决议，凡是在博学生态村经营民宿等产业，都需要交纳公积金，支持社区建设。

在民宿的经营管理上，陈统奎也别出心裁，他把民宿申请成为民宿友成基金会志愿者驿站，民宿主人与友成基金会所派的专职志愿者一起管理民宿，每名专职志愿者服务10个月，陈统奎将民宿定义为“留宿型志愿者驿站”，除了小鹰计划学员，再招聘1名或2名月驻型志愿者，共同管理民宿和推动社区营造。

由陈统奎牵头创办了“火山村荔枝”品牌，定位为不使用除草剂和农药的“转型自然农法”种植水果，为消费者提供放心的产品。

博学生态村以发展理事会为平台，搭建了广泛的合作关系，这些合作关系为业务的设计和开展提供了支持。这些合作包括博学生态村与台湾桃米生态村结为姊妹村，全面学习桃米生态村的经验，同时台湾方面也多次派人前往博学生态村进行经验传授和指导；另外一个重要的合作是博学生态村发展理事会作为民间自下而上的自治机构与当地政府的合作，政府支持成为创新成功的关键因素。同时，博学生态村还与旅行社建立了合作关系，开发专门针对乐活族需求的生态游览路线，发展特色旅游业。

在这些合作关系达成的同时，博学生态村正在探索属于海南环境及博学生态村自己的永续发展道路，其目前主要的业务见图 8-10。

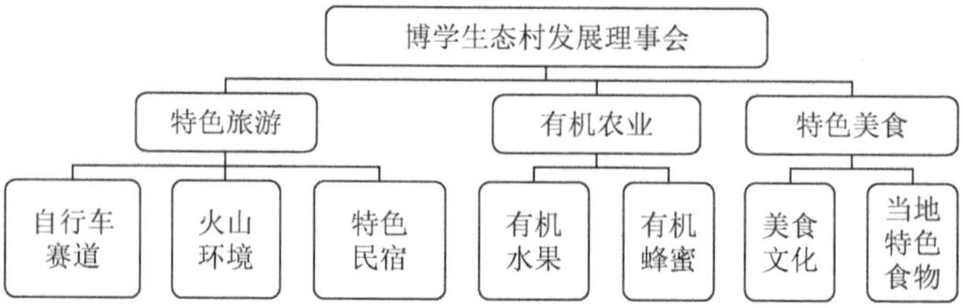

图 8-10　博学生态村主要服务项目

资料来源：本书研究整理

（三）博学生态村的运作特点

第一，重新定义顾客需求。博学生态村对顾客不断变化的需求进行充分把握。与传统企业不同的是，社会企业对产业的创意性有更高的要求，因此在满足顾客需求方面，更加强调人情味，减少商业性，鼓励顾客以民宿为平台结交朋友，分享自己的人生故事。只有充分了解顾客心态，营造一种顾客和主人相谈甚欢的气氛，对企业价值进行创新，才能满足顾客内心的真心需求。

第二，重新定义产品和服务。社会企业应先对自己的产品和服务有宏观的认识和把握，明确自身产品和服务的优势和劣势，从而加强自身的核心能力和竞争优势，再对其内部价值和外部价值进行深化和优化，使内外部价值符合自己的发展要求。养蜂是该村的传统，并且有独特的竞争优势，通过蜜蜂博物馆来打造一个集休闲旅游、生态资源保护、产业特色、教育体验、人文精神和社区关怀于一体的地方文化馆，把养蜂业打造为具有地方特色的产业融合文化创意来创造附加价值。博学生态村创立“火山村家蜂”品牌，该品牌蜂蜜营销不走超市渠道，坚持走社交网络模式，受到了热烈的追捧。

第三，重新定义内部构造。博学生态村社区营造方法有两点别出心裁：一是让博学生态村里的农民学习专业知识；二是试图运用社会的资源和力量帮助一个村落发展和转型。对一个社会力较为分散的乡村来说，社群培力是社区营造方法中值得注意的一种：需要先让一些有心的村民在理念的指引下进行操作，完成之后，才能做出一些较小的成就，才能吸引更多社区居民积极参与，社区的改变便会慢慢出现。通过透明和民主的决策，努力创造积极向上、内部协调、沟通良好的和谐氛围，让员工们看到工作的意义，从而更好地工作。

第四，利用网络的协同效应。社会企业要将客户价值放在第一位，通过在更大范围内利用周边网络的协同效应，如与其他协作企业合作，进而开展商业模式创新。一方面充分利用政府闲置资源并与地方政府实行合作；另一方面积极获取姊妹村和旅行团的支持。

（四）博学生态村商业模式形成因素

博学生态村是一个完美地把公益和商业手段结合起来解决社会问题的典型社会企业。它的商业模式形成有以下几个因素。

第一，善于协调利用内外部资源。陈统奎先是利用社交网络来筹集启动资金，在博学生态村小有规模之后，再修建环村山地自行车休闲运动车道。山地自行车比赛开展，不仅宣传了海口乡村休闲旅游，也带来更多的经济收入。之后，对蜜蜂产业链进行深度开发，带领村民们养殖蜜蜂，发家致富，创造了一种人与其他物种共生共赢的新文化——“蜜蜂文化”。与此同时，博学生态村还积极与政府、旅行团、其他相似村落合作，充分利用内外部资源，寻求更好的发展。

第二，平衡生态与维护村民原有生活模式。现在很多小镇和村落已被发展得太过商业化，为了更好地平衡生态保护、旅游开发及村民利益，博学生态村的民宿让旅客感受到一种浓浓的文化氛围。而博学生态村发展理事会也决定不将过度商业化的经营方式作为主要经济来运营。博学生态村以节假日经济为主，采用价格杠杆手段来控制人流，有利于维护村民原有生活方式。

第三，提高村民自主发展的觉悟和能力。博学生态村在开展各项经济运营项目的同时，还制订了“日常培训计划”，聘请了各界权威人士如乡村旅游研究专家、星级饭店管理者、生物多样性研究专家为农民开展系列培训课程，让农民与专家近距离进行交流。海南还成立了一个名校毕业生的校友会，让农民也参与进去，大家一起讨论问题，让农民体验有文化的生活。让村民运用丰富的知识和经验去运营社区产业，同时也让村民的观念伴随着自主创立的产业一同更新和进步。

第四，创造了自身的文化价值。文化价值对博学生态村来说是必不可少的精神保障和可持续发展的基石。随着村民逐渐对发展文化价值有了清晰的认识，博学生态村创造和提炼出属于自己的文化价值。这时候，经济效益也就水到渠成，效果显著。这种商业模式以人为本，将人的发展放在第一位，强调又好又快地发展，并力图以人的发展支撑并带动经济发展。

这是一个乡村振兴的代表，一个乡村最独特的资产，就是以自己独特的生活方式与外界进行交流，而不是一味去迎合城里人的需求。城里人到乡村来，是来分享这种乡村慢生活方式。

陈统奎表示，这种生态村的转型是可以复制的，如果将来也有类似的村庄想要实施生态计划这一转型，他会主动提供帮助并转接手头的资源，作为别人的顾问，根据不同社区的秉性及资源分布特点，具体问题具体分析，贡献他自己的一份力量。可以看到，这就像一个接力棒，从桃米生态村到博学生态村将来会不断地传递给更多的村庄，让村民学会自主发展，让全人类不断进步。

（五）挑战与发展展望

第一，村民特质的转变成为挑战。面对基础设施的不断完善以及特色旅游线路的规划完成，有机农产品和民宿也基本建立了雏形，但博学生态村面临着另外一个更加棘手的问题，那就是村民素质的改进和精神文明的提升。作为一个准备以生态旅游为基础，同时发展有机农业及美食的村落而言，服务人员也就是当地村民的素质就显得格外重要。在这方面，博学生态村发展理事会也有相当清醒的认知，他们开展了所谓“造人运动”。博学生态村计划规划“日常培训计划”，开展生态导游、生态工艺、家庭旅馆经营、农家乐等专项培训和考证工作。但这些工作是否可以取得良好的收效，使社区内的村民达到相当专业的服务程度并改善服务态度，这将成为制约博学生态村能否取得更大发展的关键因素。乡村社区营造，乡村民宿运营是核心要素，也是促进乡村的可持续发展的关键。

第二，资金来源匮乏。目前博学生态村的发展模式中并没有引入专门的“投资及收益”概念，其目前的投资还局限于村民自己出资，如蜂蜜博物馆的建立就是养蜂户联合出资建设，理事会层面并未统一进行投入。这种现象背后隐藏的危机是理事会融资能力的欠缺，同时自有资金在短期内又无法负担全部资金需求，政府的补助及基金会的投入又具有不稳定性。能否模仿台湾桃米生态村建立背后支持机构财团法人新故乡文教基金会，开展公开募集或私下募集，为生态村的投资提供资金将成为生态村成功与否的另一关键因素。

第三，与政府关系微妙。博学生态村发展理事会与当地政府及村民委员会的微妙关系也成为影响博学生态村建设的隐忧。目前博学生态村发展理事会还只是村民自发组织的自治性组织，并未进行注册及相关登记，虽然已经具备管理实质，但仍不具备法律主体性。如果其与当地政府产生摩擦，很可能被宣布为非法组织而面临解散风险。虽然目前博学生态村以花梨之家民宿为主体进行了工商注册和商标注册，但理事会的合法性问题仍未得到根本性解决。

为吸引“新居民”进入博学生态村进行社区营造，推出了“一亩地试验”：农民提供宅基地、新居民投资建造民宿，所有权归农民所有，新居民获得其中一间主房 30 年使用权（自己居住或亲朋度假，不能自主经营，可委托农户经营），其余客房用于经营民宿，新居民拥有 30 年受益权利。经营所得，10%利润上交村公积金，余下 90%新居民和农户平分。

在博学生态村建造一个占地 100 亩的社区营造园区，同时也是返乡大学生永久性会馆，在海南培育一家致力于推动海南返乡大学生回乡创业，带领乡村发展的社会企业。社区营造园区由四大内容组成：一是展示自然农法的“家庭农场”；二是推广火山口美食的“火山村食堂”；三是推广原生态农产品的“农夫市集”；四是将当地特产黄花梨与艺术结合的“康木祥黄花梨美术馆”，也有让人亲自动手做木工或雕刻的“DIY 工坊”。因此，生态村内不仅拥有农夫市集，还有社区营造工作坊与美术馆。陈统奎还推动一年一度的返乡大学生论坛，发动更多的大学生返乡创业。

陈统奎说：“我现在的梦想是通过创办社会企业，引导村民从个人创业变成社会创业，再带动社区的转型，以实现‘让人民看见财富，再造魅力新故乡’的愿景。”

三、Shokay

Shokay（藏语，意为牦牛绒）是世界上首个致力于用牦牛绒制作奢华产品的时尚服饰品牌，公司总部在上海。它所代表的不仅仅是一个服饰品牌、织品品牌，更要通过牦牛绒的材质与成品销售，让大家了解到青康藏高原的文化与故事。通过 Shokay 的持续成长，也让这个产业链下的人民得以改善生活，而这也是该公司的重要目标之一，Shokay 还承诺利用每年营业收入的 1%投入牧民社区服务和福利改善。

2006 年，毕业于哈佛大学的中国香港女孩苏芷君与台湾女孩乔琬珊用哈佛颁发的 1.5 万美元奖学金，结合所学的商业及社会发展知识，合伙创办了非营利组织 Ventures in Development（ViD）公司。ViD 是非营利机构，资金来自捐赠，其功能如一个投资者，希望能作为孵化器孕育社会企业。ViD 企业部经营两类生意——美香奶酪厂和 Shokay。

（一）社会问题/机会

在西藏及青海等高原牧区，农户并非靠耕种生活，而是依靠放牧牦牛。中国有 1300 万头牦牛，占世界总头数的 85%以上，其中 90%以上都生长在青藏高原上，牦牛是高原特有的牲畜，也是 3000 多年以来一直都被藏民赖以维生的高原之宝。

乔琬珊在调研中发现，大多数牦牛放牧农户的主要收入来自牦牛屠宰、牦牛奶等，农户年收入为10 000元人民币左右，虽然每个家庭平均都有驯养20～30头牦牛，他们还通过采草药、蘑菇赚取微薄收入，但总体上还是生活贫困，而质地可媲美克什米尔羊绒的牦牛绒，却由于缺乏产业链的联结，被当成仿羊绒制品低价出售。贫穷带来的牧民社会问题在最近几年凸显出来：一方面，收入过低严重影响牧民子女的受教育程度和质量，牧民大量离开原本生活的地方而到城市务工，不但造成非理性人口流动，而且无法照护未成年子女；另一方面，牧民的医疗卫生条件不佳，就医率偏低，再加上医疗保健体系并不健全，这些生活贫穷的牧民很可能被排斥在医疗体系之外，也因此造成牧民的发病率高但治愈率低下，人均寿命短。

然而，在这样的社会问题背后，隐藏着一个巨大的商业机会——与传统的羊绒相比，牦牛绒制品具有以下特点：手感滑糯；保暖性能佳；柔韧适型；色泽柔和自然。牦牛绒是继羊绒之后的又一种非常稀有和高贵的面料，与羊绒不同，牦牛绒的分子结构是呈波浪形相嵌状态的，才可以得到异乎寻常柔软、光滑而且不刺痒皮肤的织物，还没有被时尚界所发现。

这个巨大的市场机会一旦成型，不但意味着一条新的牦牛绒产业链的产生，而且意味着牧民将有更多元化的收入来源。因为牦牛换毛是其自然特性，牦牛每年采毛一次，成年牦牛年产毛量为1.17～2.62千克，粗毛和绒毛各占一半，这与传统的牦牛宰杀相比，不但避免了竭泽而渔式的破坏性获利，而且增进了动物福利和永续发展潜力。

Shokay则将它们制成在国际上大受欢迎的高端针织品。她们与社区的人们一起生活，与他们建立联系，请人来教他们如何更好地饲养牦牛，然后回收牦牛毛，并且组织当地人成立合作社，通过手工制作把这些牦牛毛加工成工艺品（当然有很好的设计）。同时，在海外建立了品牌Shokey，并不断开拓市场。

进入一无所知的纺织业，她们才发现有更多技术上的问题需要攻克，牦牛绒纤维短难以纺纱，原棕褐色的绒毛不易染色，尽管当时整体产业技术尚未成熟，但是她们还是坚持投入研发做出高质感的牦牛绒织品。Shokay业务中最具创意的地方就是将牦牛绒引入市场。中国传统的纺织企业相对保守不具有前瞻性，满足于顾客需要什么才去生产什么，这为Shokay进入这一利基市场赢得机会。

产品一路从毛线、围巾、手套等配件成功拓展至衣着服饰，不断地提升产品的多样性及附加值，努力提高牦牛绒在时尚界的知名度。采用牦牛绒与棉及竹纤维等材质的混纺技术，让原来限定为冬季用品的牦牛绒也能成为夏季的时尚，同时与全球知名厂商及设计师合作，推广牦牛绒，提高人们对牦牛绒的接受度。

（二）业务类型

Shokay 的使命：有设计感的时尚牦牛绒品牌，成就牧民家庭及永续发展。

Shokay 的愿景：将人性的关怀和温暖编织入穿越时代的优雅中。

Shokay 定位于服饰业，通过自营店面及网上销售等方式销售具有设计感的服饰品，其服饰品的主要原料为牦牛绒；同时，将收购的牦牛绒通过清洗、漂白、染色等工序加工成牦牛绒线，再由织娘编成成衣、毛毯等服装饰品或家居用品（图 8-11），而这些都是由 Shokay 的专业设计师进行设计。其销售渠道大致分为两类：一类是实体店面，另一类是网上商城；其中实体店面又分为直营店及代售经销商。

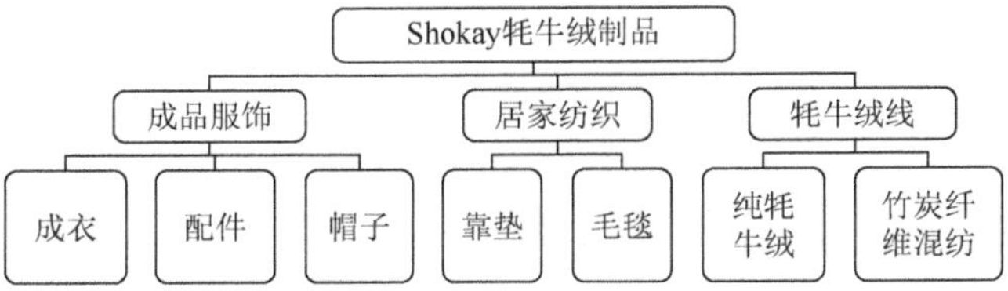

图 8-11　Shokay 的产品线

乔琬珊一直摸索 Shokay 的品牌价值与市场定位，以“具有社会意识的纺织品品牌”打造企业，从艺术、文化的角度切入，创造与消费者更多的连接与互动，社会企业规模化有其独特的挑战，Shokay 先通过技术和商业手段发掘牦牛身上所蕴藏的经济和社会效益，再借由产品线的多元开发与跨界的营销策略，带动牦牛绒产业链的发展，品牌再造成就 Shokay 向前运转的动力。

（三）从社会企业到绿色时尚

在时尚界中 Shokay 总被认为是慈善机构，在慈善界中 Shokay 又被认为太过商业化，但其实 Shokay 的核心理念一直都很明确。Shokay 不断地创新寻找自我定位，将自身定义为“持续时尚”（sustainable fashion），持续时尚是指经济模型或是环境上的可持续性，其拥护者为关心时尚并且相信时尚可以为社会带来正能量的人们。Shokay 属于时尚产业，其希望通过这一品牌，带动牦牛绒产业链向前发展，从而改善西部人民的生活水准。

目前，Shokay 每年与超过 3000 名藏族人民合作，用高于市场的价格收购牦牛绒，帮助合作的藏族人民增加了 20%～30%的收入，手工纺织的产品则是出自 50 位经验丰富的上海崇明岛织娘之手。从产业链的最上游到最终成品，都是直接与生产者接触，这不仅降低了大工厂的议价剥削，也创造了更多就业机会。

Shokay 的发展势头良好，客户主要在日本和欧美，产品在全世界 130 多家店铺（大多数是毛线编织店）销售。其收益继续被用于对牧民进行谋职技能培训、小区建设等。

四、北京富平学校

北京富平学校因为与“扶贫”谐音而命名，于 2002 年成立，是一家关注贫困人口，通过培育和支持行业标杆型社会企业和社会创新人才，促进贫困人口的福利改善与平等发展机会增加、促进社会公正发展的非营利组织。北京富平学校创始人发现的社会问题有：一方面，农村有大量的适合做家政的剩余劳动力；另一方面，城市有大量的家政需求，同时城市与农村之间收入差距大。富平采用创新者的手段和社会企业的方法去做慈善，把商业模式运用到公益项目中，用从市场中赚来的钱，来维持公益的可持续发展。

富平的口号：创新社会投资，让服务惠及穷人。

富平的使命：以社会企业家的精神和方法推动社会创新，让服务惠及穷人，促进社会公正、和谐与可持续发展。

富平的价值观：服务、创新、朴素、快乐。

富平的工作方向：培育社会企业和社会企业家，进行社会投资。

富平的工作方式：方式一，培育社会企业，带动行业创新。通过寻找和识别有共同理想的社会投资者和社会企业家，与他们深入合作，引入社会投资，建立社会企业；帮助社会企业做到投资持续化、经营专业化、成本社会化、治理规范化、服务规模化，保证其持续化发展，从而为贫困人口提供服务及均等发展机会。方式二，培育社会创新人才。通过学习、交流、支持和研究等方式，搭建社会创新人才成长生态圈，建设社会创新人才的培养体系。

2010 年 10 月北京乐平公益基金会成立，其由中国具有公信力的经济学家、学者和商界人士共同发起，主要关注社会投资、社会创新、扶贫和农村 0～6 岁儿童教育等领域。北京乐平公益基金会致力于构建一个包容发展的社会，长期专注于行业标杆型社会企业投资、社会企业家培养与社会投资行业倡导三大领域。架构的重组整合了北京富平学校、北京富平创业投资有限责任公司、北京乐平公益基金会，构建了一个三位一体的社会投资平台，有家政与社区服务、儿童早期教育、微型金融和生态信任农业四项核心业务，有北京富平家政服务中心、北京谷雨千千树教育咨询有限责任公司、北京富平创源农业科技发展有限责任公司、永济市富平小额贷款有限责任公司、成都市大邑县富平小额贷款有限责任公司等 5 家社会企业，资产规模已达 1 亿元（图 8-12）。

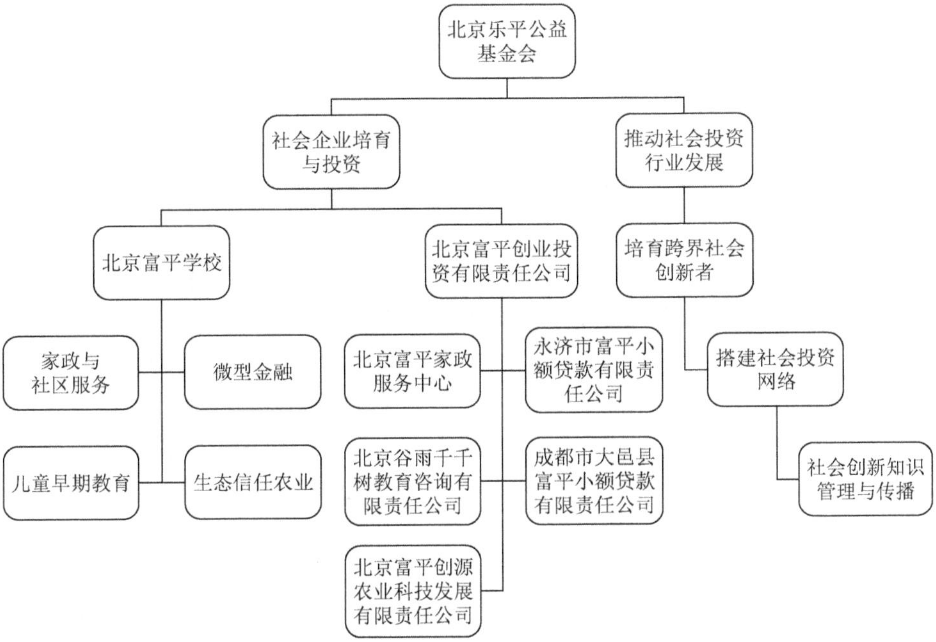

图 8-12　富平大团队的组织结构

（一）富平的主要业务

1. 家政与社区服务

富平家政与社区服务始于 2002 年，帮助贫困农村妇女提高就业能力，将更多的农村劳动力向城市输送。其初衷得到了政府的支持，但在创办的过程中依旧遇到困境，首先是生源不足，其次是资金不足以及农村观念老旧，都使学校一度陷入发展瓶颈。通过多年的探索，富平形成独特的发展模式，利用与各地政府间的合作解决了生源问题；在课程培训方面不断创新，学员能在较短的时间内获得专业技能；在就业方面成立了专门的就业推荐机构，通过互联网工具向社会源源不断输送职业保姆，并与多家企业合作，提高了学员的就业率。截至 2015 年 12 月，培训、实现就业 40 000 名家政服务员，其中 90%来自偏远山区，累计为 13 000 户北京市居民提供了放心、专业、有保障的家政服务。同时，富平家政与社区服务在引领和推动北京家政行业建设和健康发展方面做了大量工作。现在，富平家政准备进行网上培训，培训规模就可以扩大。

富平家政与社区服务对行业引领的作用重点反映在对政策推动与行业推动上。2008 年金融危机期间，富平学校联席理事长汤敏依据富平“民办公助”实践模式给国务院写了从政府层面支持家政服务行业以解决就业的一份报告，得到高层的直接批示。2009 年 8 月，商务部联合财政部、全国总工会启动了“家政服务工程”，政府给每位上岗的新员工补贴 1000 多元的培训和上岗费用，家政服务的职业化和规范化得到进一步的提升。

2. 微型金融

1993 年，经济学家茅于轼协同林毅夫教授与汤敏博士在山西吕梁市临县湍水头镇龙水头村设立龙水头村扶贫基金会，通过吸收各界捐赠资金对农民提供小额信贷服务，帮助农民改善生活和发展生产。富平微型金融通过与农村社区（农民）组织的合作，将资金、技术和人才投向农村，用孵化培育当地微型金融机构、培育当地微型金融专业人员的方式，为农户家庭提供用于生产、消费、教育和医疗的小额信用贷款。

富平微型金融作为服务于农民的小额贷款，具有自己的独特性：信用贷款为主，重视诚信培育，单笔贷款额度 3 万元以下，无须抵押或担保；以家庭为贷款单位，支持以生产为主的各类经济用途；营业网点设在乡村，便利、快捷，服务上门；团队以本地信贷员和管理人员为主。

富平微型金融通过提供金融服务和支持社区发展，帮助了农户自身发展，改善了社区发展环境，并促进了当地诚信文化的建设。

3. 生态信任农业

2009 年底，富平生态信任农业项目构建了由 20 余家专业合作社、200 余名农民参与的生态农业交流网络。

其目标是：推动农村社区对土地采用环境友好的农业生产方式和规模化的农业生产组织方式，实现对耕地及自然生态的保护，实现农民收入改善、农业持续生产力的培育；建立新型农产品交易市场，为城市消费者提供安全健康的农产品，搭建基于信任的生产和消费关系。

富平生态信任农业通过以下路径来实现上述目标：建立农民学校，培育富有生产效率的、从事信任农业的家庭农场和特色专业合作组织；发展基于良好耕作生产规范而非简单生产标准化的生态信任农业；培育基于信任的安全健康农产品消费群体。

富平生态信任农业建立在富平自 2006 年开始的农村社区发展基础之上。富平通过在山西、四川、河南等中西部农村地区建立社区学习中心，到 2012 年 12 月就已经培训 18 000 多名农民掌握农业技术及相关 IT（information technology，信息技术）技能，为 60 多家农民组织提供农业发展方面的信息服务和学习支持。

富平生态信任农业项目于 2013 年 1 月成立了北京富平创源农业科技发展有限责任公司，注册资金 2000 万元。富平创源是北京富平学校农业事业部下全资公司，是一家社会型企业，公司与有着 36 年有机农业经营历史的、日本三大农业公司之一的日本守护大地协会合资建立，主要致力于诚信农业，绿色有机食品的开发、生产与经营，在天津建立有自己的生态农业示范基地，同时在农村大力倡导有机种植，低生态破坏农业生产经营。富平创源生态农业项目的运作方式如下：①在农村寻找具有共同理念的合作伙伴（农村社区领袖、致富领军人物）；②为农村合作伙伴提供技术支持，提供国内外学习培训机会；③制定产品生产标准，并严格据此标准开展生产活动，建立生产基地；④开拓市场，在城市发展绿色农业的会员，并提供宅配服务。

4. 儿童早期教育

富平儿童早期教育始于 2010 年 12 月。2011 年 10 月，北京谷雨千千树教育咨询有限公司（以下简称千千树）由北京富平学校、北京小橡树幼儿园及几位儿童早期教育的专家共同创办的社会企业，通过凝聚社会资源、提供质优价廉的儿童教育产品和服务，解决低收入家庭儿童、农村留守儿童和城市流动儿童难以得到优质学前教育的问题，是一家推动中国儿童教育公平发展的社会企业。

自成立以来，千千树与地方政府紧密联系，自主研发了一整套幼儿园教学活动和农村幼儿园教师三级培训课程，截至 2018 年底，千千树项目已经覆盖甘肃、青海、四川、湖北、贵州、云南、河北 7 省 39 县，惠及 2229 所乡村幼儿园，1.3 万乡村幼儿教师，22 万乡村幼儿园儿童。千千树希望通过线上线下教育产品和服务方式来不断扩大社会影响力，在线下千千树将调动地方资源并与地方政府紧密合作，推广三级路径，并通过政府购买服务实现财务的可持续性；在线上，千千树希望通过网站或手机 APP 提供面向家长、面向儿童、面向老师的互联网教育产品。随着社会影响力的扩大，千千树极大地促进了行业的发展，甚至能够推动政府政策的变革。

（二）富平的社会创新研究与人才培养

富平的社会创新研究与人才培养定位为社会创新知识的生产与传播及社会创新人才培育。作为富平的一项重要发展方向，此业务依托于富平社会创新与社会投资研究中心开展工作。目前，开展的项目有社会创新卓越领导者培养计划。北京富平学校社会创新研究与人才培养的三大方向如下：①对富平生产的社会创新知识进行归纳、总结，形成富平的社会创新知识产品，并对内外进行传播；②社会企业商业模式研究和社会企业社会影响评估；③建立发现和培育社会创新领导者的平台。

社会创新卓越领导者培养计划项目由在中国社会长期从事创新实践、对此有经验和洞见的四家机构联手发起，它们是北京富平学校、北京大学自然保护与社会发展研究中心、恩派和山水自然保护中心。该计划项目基于儿家机构多年跨领域实践的经验展开人才培养，并邀请各学术领域的大家和实践的先行者深度参与。社会创新卓越领导者培养计划的目标是在中国培养一批有出色的经济、社会、环境平衡感的卓越社会创新领导者，并构建社会创新实践者及其支持者之间的交流及行动网络。

五、“黑暗中对话”工作坊

1988年，德国纪录片记者安德烈亚斯·汉尼克（Andreas Heinecke）博士在德国汉堡开设第一间“黑暗中对话”（Dialogue in the Dark，DiD）体验馆，让视障人士与正常人在黑暗中相遇相知，打破两者之间无形的隔膜。德国“对话社会企业”（Dialogue Social Enterprise，DSE）于1989年在德国创立，是一家成功的国际社会企业。DSE的初始目标是建立视障人士与健全人士的对话渠道，双方能够由情境转换启发同理心，彼此跨越障碍的藩篱。DSE在成功建立视障者与一般人的沟通平台之后，也将同为弱势团体的听障者和高龄者纳入服务的对象。

DSE主要推出三个系列活动：“黑暗中对话”、“沉默中对话”（Dialogue in Silence）以及“与时间对话”（Dialogue with Time）。“黑暗中对话”是由视障者带领明眼人进入黑暗房间，在视障者熟悉的空间里带领进行各项创意活动，体验非视觉的世界。在“沉默中对话”的活动中，参加者戴着耳机，模拟出无声的环境，由听障者引导，以肢体语言或其他方法进行非口语沟通。“与时间对话”是由老年人引导活动，使参与者从新的角度看待老化，并理解老年生活的正向经验。DSE的使命是唤醒人们关注身障者和老年人的潜能与贡献。参加者不用视觉、口说，开发其他感官潜能。通过活动了解身障者和老年人的长处，经过角色转换，化怜悯为尊重，以同理心方式理解弱势及老年人群体。

“黑暗中对话”自在德国设立到2019年10月已经实施遍及世界40个国家、170余个城市，获得超过1000万人的参与见证。同时，由于参观者有不少商界人士，他们参观后对失明人士的能力及信心完全改观，有些马上修改公司的雇佣政策，接纳了更多失明或其他残疾人士。在汉尼克的模式中只定义基本的标准，以确保质量水平。

为确保社会使命和目标能达成，加盟者的选择成为关键要素。加盟主的社会使命是否符合加盟者的内在动机是社会特许经营选择合作对象的重要标准之一。要确认彼此的内在动机并发展出认同，加盟主及加盟者必须一再地会面晤谈，以便了解彼此的价值观、过去历史和特性。以DSE为例，从首次的会面接触到签约，平均需要花费两年的时间才能完成。DSE执行长汉尼克对选择加盟伙伴非常谨慎，他认为在开展新市场时，好的伙伴是成功的一半。选择加盟者的过程很重要，双方通过会面谈话挑选潜在的合作伙伴，从对话中了解彼此是否有共识、值得信赖和合作技巧等。但合作对象不能光有理想，还必须具备社会使命和商业能力。DSE 的合作伙伴包含全球各地的民营企业家（中国香港地区）、企业（韩国）、非营利组织（意大利）、博物馆（以色列）和学术机构（新加坡）。

“黑暗中对话”体验馆已在上海、深圳、成都落户。“黑暗中对话”的使命：为视障人士创造发挥其才智的就业机会，促进多元和包容的社会文化。

“黑暗中对话”工作坊所提供的是体验式培训课程。带领你在黑暗中摸索的，正是平时在你身边的那些视障者。黑暗中在导赏员的指导和陪同下，参与者将用大约 90 分钟的时间用视觉以外的其他感官去探索精心设计的黑暗展区：游览公园、走过繁华的街市、穿过市场、经过咖啡馆等。他们会听到各种声音、感到微风及温度、接触到不同的物体，有的鸟语花香，有的像坐船。参与者会有很多体会，有人甚至想起童年往事而热泪盈眶。展馆设计有很多巧思，让参与者有更多思考的空间。一位体验者感慨：“黑暗让我们重见光明！”

国际上已经相对成熟的社会企业模式在中国一样可行。在亚洲，韩国是第一个开办“黑暗中对话”项目的国家，第二个是泰国（2008 年），第三个是新加坡（2009 年）。2009 年谢家驹和张瑞霖将“黑暗中对话”引入中国香港。当时的理念是“小起步，大想头”，自一开始，“黑暗中对话（香港）”就力图在香港树立一个社会企业榜样：提供大众愿意购买的优质产品；财政自给自足，收入稳健；吸引私人投资，无须依赖政府或善款的资助；构建一个有创业精神的董事会，树立一套企业管制守则。自创办到 2013 年，“黑暗中对话（香港）”共开办了 510 个行政人员培训工作坊（Executive Workshop），不但利润高，而且对企业来说，在黑暗中培训团队很有新鲜感，也很容易培养出团队精神，不少大型企业参与，参与者超过 12 605 人。有 8 万访客经历了完全漆黑的体验。视障及听障员工在 130 所学校进行演讲，影响学生达 21 510 位。

2010 年 7 月，“黑暗中对话（香港）”首次实现收支平衡，由赤字变为盈利。同年 8 月首个社会推广及筹款活动“暗中作乐”启动。2011 年 4 月，香港版本的“无声对话”（dialogue in silence）启动，这次不是黑暗了，只是改为听不见，参与者要戴着耳机。到 2013 年已经有 5000 多人体验。

2010 年 8 月，黑暗中对话（香港）联同香港社会创投基金会、1010（香港移动通讯有限公司旗下的卓越品牌）赞助及人山人海娱乐制作有限公司协作举办五场“暗中作乐”声演会，演出者包括诸多艺人，观众人数每年递增。《暗中作乐》这首歌是由黄耀明根据“暗中作乐”的体验创作的。声演会由视障人士负责管理和演出。

通过角色的转换，盲人在黑暗中能“看”，参与者“失明了”，结果是：参与者重新发现自我；社会对残疾人的排斥减小了；对残疾人由忽视转变为重视；对残疾人由怜悯转变为尊重。通过这种难忘的体验，“黑暗中对话”改变了大众对残疾人的看法，对所谓的“另类”能够以更宽容的心态面对。“黑暗中对话”真正要改变和影响的是整个社会的观念和公共政策，进而改变人们对所有“不同的人”的对待方式，无论这个“不同”是肢体障碍、城乡差异还是阶层差别。

“黑暗中对话”同时也为盲人提供机会，让他们：显示自己的能力和个性；通过有挑战性的工作变得更自信；通过自己赚钱而更独立。

“黑暗中对话”以特许经营的形式来办社会企业，已经证明可以超越国界及文化、在全球不同地方进行，目前已经在40多个国家开展了同样的计划。汉尼克是少数成功运用特许经营方式去推广服务的社会企业家。他自己的公司是社会企业，但他并不要求每一个合作伙伴都是社会企业（如在美国的合作伙伴是一家商业机构），但一定要完全认同“黑暗中对话”的社会使命。不过他始终喜欢与社会企业合作，因为能够更深、更广泛地发挥社会效果。“黑暗中对话”是全球连锁，每个加盟企业有自己的分配方式，现在中国的分配方式是 3∶3∶4，也就是说，30%留在企业内部自我发展，30%进入视障人员教育基金，40%用作分红。投资人可以从社会企业分红，做对社会有益事情的人会得到回报，这对于社会企业的繁荣是有好处的。

2011 年 3 月，获得了德国 DSE 唯一授权后，“黑暗中对话（中国）”在上海正式成立。从上海市社会创新孵化园的一间小办公室起步，陆续建立了上海、成都、北京和深圳四个分支机构，在十多个城市为企业、政府等机构提供工作坊、体验馆等。黑暗中对话体验馆更是融合成都、深圳体验馆优势，除“黑暗之旅”和“企业工作坊”之外，提供各类团建，如“隐形任务”，各行业的跨界活动，如“暗中咖啡”“暗中音乐之旅”“暗中品酒会”“暗中生日派对”“暗中圣诞趴”“暗中戏剧”等，让体验者用其他感官特别是心灵来感受黑暗世界带来的超视觉体验，更为企业带去更多的团建和市场推广新方式。

第九章　社会企业在中国的发展

李克强总理在政府工作报告中指出，2017 年要“积极扩大有效投资，引导资金更多投向补短板、调结构、促创新、惠民生的领域”[①]。这为社会企业的发展提供了契机。毫无疑问，社会企业应时而生，为解决社会问题、缓解社会冲突和矛盾提供了一种新模式、新可能。虽然与成熟的商业企业相比，我国的社会企业还在萌芽阶段，但这恰恰说明，社会企业具备广阔的发展前景。根据社会企业研究中心 2017 年 2 月发布的中国社会企业调查报告，我国社会企业正在快速出现，且呈现年均增长越来越大的趋势。社会企业的成立集中在 2012～2015 年，而且社会企业集中的领域为：教育（31.8%）、助残（28.2%）、就业（20.9%）、扶贫（17.9%）、养老（16.9%）。这与中国三大民生领域教育、就业和养老等非常契合。社会企业多数正在解决当下最迫切的社会问题。而社会企业关注最少的领域为：金融（0.57%）、体育（0.8%）、种族或性别（1.14%）、法律权益（1.26%）及公共安全（1.71%）。所占的比例虽少，并不意味着没有优秀的社会企业存在。

社会企业适合中国文化基因。宋代理学大师朱熹曾说“义者，天理之所宜，利者，人情之所欲”；永嘉学派叶适也曾感慨“既无功利，则道义者乃无用之虚语”。在古人看来，商业和公益本不冲突，亦可是平常之事。社会企业就是义利并举的企业。

第一节　中国社会企业发展现状与机遇

根据《中国新兴社会创业家成长生态研究》，2017 年对“社创之星”大赛前四届参赛的 150 家社会创新机构进行调查，获得的 70 多家机构的数据显示：机构服务领域广泛，联合国 2030 年可持续发展议程涉及的 17 个目标方向均有所涉及，包括教育改善、健康、疾病防治、食品安全、农业发展、环境保护等领域。受益人群包括贫困人口、残疾人、少数民族、妇女、儿童等。与此同时，44.1%的组织所要解决的社会问题已经取得了社会广泛关注；超过 50%的被访机构以社会利益和用户利益为重；创始人具备典型的企业家精神，核心团队对组织价值观高度赞

---

① 《十二届全国人大五次会议开幕 李克强作政府工作报告（全文）》，http://www.chinanews.com/gn/2017/03-05/8165806.shtml。

同；59%以上的机构产品和服务已经标准化，便于快速扩张；57%的机构收入来源于产品和服务收费模式；69.9%的机构具有稳定客户资源。

一、中国社会企业的现状与发展需求

进入 21 世纪后，中国非营利组织的发展呈现跨越式增长态势。截至 2018 年底，全国共有社会组织 81.7 万个（见表 9-1，为社会团体、基金会和民办非企业单位数量之和），比上年增长 7.3%；吸纳社会各类人员就业 980.4 万人，比上年增长 13.4%。

表 9-1　2018 年社会组织按主要活动领域分类　　单位：个

指标	社会团体	基金会	民办非企业单位
合计	366 234	7 034	444 092
科学研究	14 838	504	14 665
教育	10 102	1 511	240 012
卫生	8 707	177	30 882
社会服务	49 409	2 341	73 024
文化	41 835	295	26 614
体育	33 722	42	19 986
工商业服务	42 510	224	5 437
农村及农村发展	64 745	86	3 060
其他	100 366	1 854	30 412

资料来源：《2018 年民政事业发展统计公报》

如图 9-1 所示，截至 2018 年底，全国共有基金会 7034 个，比上年增加 727 个，增长 11.5%，其中，公募基金会 1925 个，非公募基金会 5109 个。公募基金会和非公募基金会共接收社会各界捐赠 919.7 亿元，比上年增长 26.1%。

如图 9-2 所示，截至 2018 年底，全国共有社会团体 36.6 万个，比上年增长 3.1%。其中，科学研究类 14 838 个，教育类 10 102 个，卫生类 8707 个，社会服务类 49 409 个，文化类 41 835 个，体育类 33 722 个，工商业服务类 42 510 个，农村及农村发展类 64 745 个，其他 100 366 个。

截至 2018 年底，全国共有民办非企业单位 444 092 个，比上年增长 11%。其中，教育类最多，有 240 012 个，社会服务类 73 024 个，卫生类 30 882 个，文化类 26 614 个，体育类 19 986 个，科学研究类 14 665 个，工商业服务类 5437 个，农村及农村发展类 3060 个，其他 30 412 个。

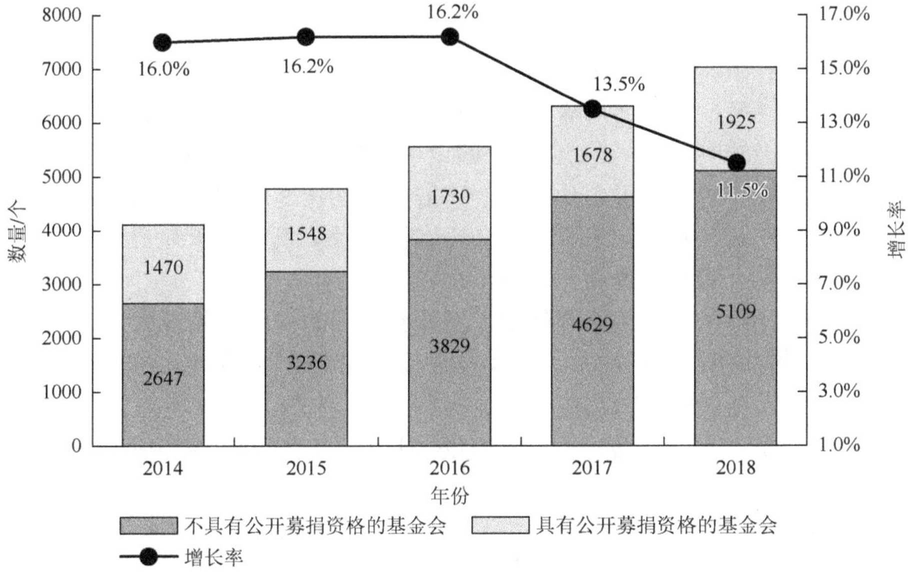

图 9-1　2014～2018 年基金会情况

资料来源：《2018 年民政事业发展统计公报》

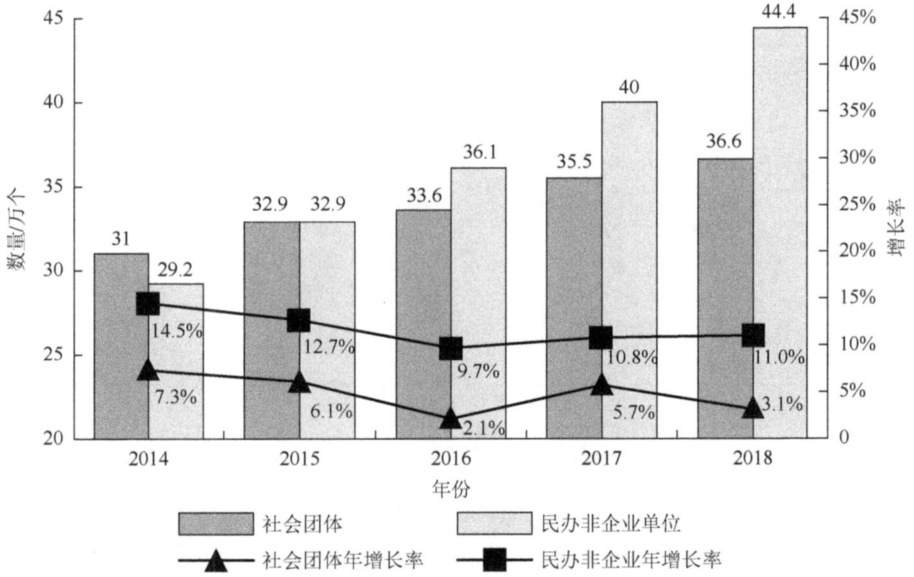

图 9-2　2014～2018 年社会团体、民办非企业单位情况

资料来源：《2018 年民政事业发展统计公报》

以上数据还不包括因种种原因未按照现行法规进行正式登记注册的各类非营利组织。南都公益基金会副理事长兼秘书长徐永光在 2010 年社会创新国际论坛上

指出了中国社会企业的发展状况。他认为，中国内地的社会企业在融资条件、治理结构、人力资源发展、激励机制、管理效率、产品竞争力等市场开发的基本条件方面均不具优势，并且面对着登记注册难的制度约束。此外，公众对于道德消费的文化准备仍然不足。尽管社会企业的道德优势往往会转化为市场竞争的劣势，遭遇发展的瓶颈，但是不可否认的是，它们的机构美誉度和项目品牌是一笔重要的无形资产。在这个时候如果引进市场资本，以经营机制取长补短，社会企业就有可能获得一般企业无法企及的优势。

虽然中国社会企业发展才刚起步，但社会企业的发展空间很大。在诸多的社会事业中，针对残疾人进行的社会企业实践具有现实的研究价值。截至 2015 年底，全国有为残疾人提供服务的机构 1.5 万个，吸纳残疾职工 42.9 万人就业（表 9-2、图 9-3），固定资产 1778.8 亿元，实现利润 81.4 亿元。2015 年之后的数据就没有统计数据了。

表 9-2　福利企业中的残疾职工

指标	2008 年	2009 年	2010 年	2011 年	2012 年	2013 年	2014 年	2015 年
福利企业残疾职工/万人	61.9	62.7	62.5	62.8	59.7	53.9	47.9	42.9
年增长率	9.9%	1.3%	−0.3%	0.5%	−4.9%	−9.7%	−11.1%	−10.4%

资料来源：《2015 年社会服务发展统计公报》，http://www.mca.gov.cn/article/sj/tjgb/201607/20160715001136.shtml

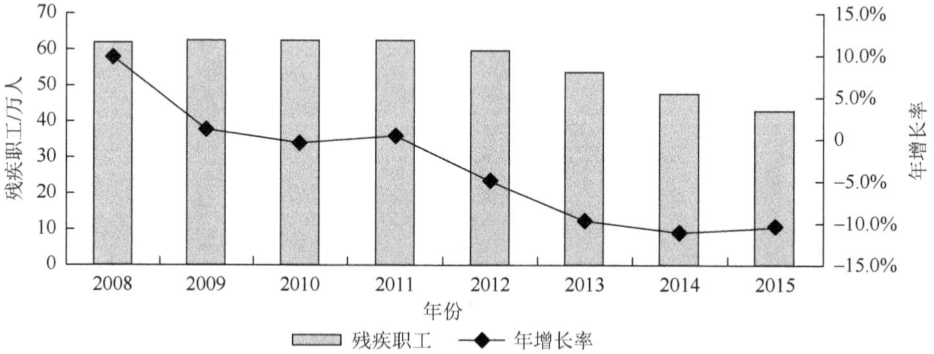

图 9-3　为残疾人提供服务机构中的残疾职工

资料来源：《2015 年社会服务发展统计公报》，http://www.mca.gov.cn/article/sj/tjgb/201607/20160715001136.shtml

虽然国家在解决残疾人的就业和生活问题上投入巨大，但就目前情况来看，远未能满足需求，因此需要集合更多的社会资源来帮助残疾群体。根据《2006 年第二次全国残疾人抽样调查主要数据公报》的数据，全国各类残疾人的总数为 8296 万人。到 2006 年 4 月 1 日我国残疾人占全国总人口的比例为 6.34%。各类残疾人的人数及各占残疾人总人数的比重分别是：视力残疾 1233 万人，占 14.86%；听力残疾 2004 万人，占 24.16%；言语残疾 127 万人，占 1.53%；肢体残疾 2412 万人，占 29.07%；智力残疾 554 万人，占 6.68%；精神残疾 614 万人，占 7.40%；多重残疾 1352 万人，占 16.30%。与 1987 年第一次全国残疾人抽样调查相比，我国残疾人数量是增加的，残疾人占全部人口的比例上升，残疾类别结构也发生变动。影响以上变化的因素主要有：我国人口总量增加；我国人口年龄结构老化（因生理机能衰退、脑血管疾病等发病率和致残概率增加）；调查的残疾标准和残疾评定方法修订；社会环境因素（如环境污染、生产安全事故和交通事故等）。在就业方面，根据中国残疾人联合会发布的《2018 年中国残疾人事业发展统计公报》统计，2018 年城乡持证残疾人新增就业 36.7 万人，其中，城镇新增就业 11.8 万人，农村新增就业 24.9 万人；城乡新增培训残疾人 49.4 万人。全国城乡持证残疾人就业人数为 948.4 万人，其中按比例就业 81.3 万人，集中就业 33.1 万人，个体就业 71.4 万人，公益性岗位就业 13.1 万人，辅助性就业 14.8 万人，灵活就业（含社区、居家就业）254.6 万人，从事农业种养加 480.1 万人。总体上，就业比例偏低。

此外，中国残疾人联合会残疾人普查数据显示，残疾人大学生占大学生总数的近千分之二。以 2019 年为例，全国 834 万大学毕业生中有残疾人大学生 16 000 多人，其中理工科毕业生 8400 多人需要就业。针对这样的社会现状，如何运用企业的形式来培养包括大学生在内的残疾人士成为有效的社会劳动力，推动残疾人的个体发展，实现社会发展目标，成为一些社会企业家关注的焦点。深圳残友集团便是这一领域的探索者。

社会企业在我国还只是“准社会企业”“拟社会企业”“类社会企业”。对于社会企业既没有统一的定义、没有法律法规的规定，也没有得到官方的认可，又由于社会企业的实践形式多种多样，有的以福利企业的身份出现，有的以民办非企业单位的身份出现，有的以社会团体的形式出现，有的以工商部门注册的公司形式出现，还有合作社、互助组织、社区服务组织等多种形式，也有更多的没有获得合法身份的草根组织的社会企业实践。

二、中国社会企业发展的重要动力

随着我国经济体制的不断改革，社会企业生存的空间逐渐扩大，这为社会企业的发展提供了更多的机遇。当前，社会企业在我国发展的重要动力有以下六点。

第一，非政府组织和非营利组织的商业化，提升非营利组织的造血能力，是社会企业发展的主要推动因素。传统的非政府组织和非营利组织原有的模式自我维持能力不强。社会企业模式可以降低对政府资金资助的依赖，引导其可持续发展。

第二，推动社会创新社会企业家技能培训。英国大使馆文化教育处主办的社会企业家技能培训项目对推动社会企业在我国的发展起到巨大的作用。英国大使馆文化教育处官方总结到：社会企业家技能培训项目旨在向那些希望解决社会问题或已经付诸实践的社会企业家、非政府机构从业者、社区领导者和年轻人提供技能培训、导师计划、英国的专业支持及对接社会投资机会。一些学员已经成为社会企业家，并且努力推动社会企业在我国的发展。很多人通过参加这个培训第一次听说社会创新和社会企业，第一笔资金支持可能也是从该项目获得。2009 年到 2017 年，该项目培训了 3200 多名社会企业家；携手合作伙伴向 117 家社会企业提供了 3700 万元人民币的社会投资机会；举办沙龙、巡回演讲和其他公众活动，共计超过 17 000 位专家、慈善家和大学生参与；通过社交媒体促进社会企业理念在中国的传播，受众已达 1200 万名；在中文媒体中形成超过 5600 个社会企业相关话题的专门报道。2016 年 3 月，该社会企业技能培训项目在中国正式结束。

第三，企业也在考量从 CSR 2.0 发展到 CSR 3.0。中国已经成为第二大经济体，但企业社会责任才刚刚起步。越来越多的企业加入社会创业活动中，如英特尔公司主办的公益创投计划、海航集团主办的社会创新大赛。社会企业的理念有助于转变企业家的传统思维，推动企业家向社会企业家转变。现在越来越多的企业在做各种各样的公益创投或社会创新大赛，它们意识到社会企业不能按照传统的方式做。

第四，新型基金会的出现。过去，绝大部分属于操作性基金会，直接做传统公益项目。而 2008 年出现了新型基金会，如壹基金，它们明确支持新型公益慈善，与传统不一样的是它们更鼓励社会创新，还支持人的全面发展，支持机构可持续发展，这些都对社会企业发展起到很大的作用。

第五，更多具有社会企业家精神的个体出现。社会企业家精神即指社会企业家通过社会创新解决社会问题的精神，需要更多的企业家转型为社会企业家，承担更多的社会责任、追求社会价值。一个国家社会企业的发展状况与它所培育出的社会企业家精神直接相关。

第六，政府决策转变。社会企业的发展能够契合我国政府的公共政策目标。在政策发展方面，政府应对社会创新项目进行政策支持。党的十九大报告提出“坚决打赢脱贫攻坚战。让贫困人口和贫困地区同全国一道进入全面小康社会是我们党的庄严承诺。要动员全党全国全社会力量，坚持精准扶贫、精准脱贫……确保到二〇二〇年我国现行标准下农村贫困人口实现脱贫，贫困县全部摘帽，解决区域性整体贫困，做到脱真贫、真脱贫”①。报告对打赢脱贫攻坚战也提出了明确要

①《决胜全面建成小康社会 夺取新时代中国特色社会主义伟大胜利——在中国共产党第十九次全国代表大会上的报告》，http://politics.people.com.cn/n1/2017/1028/c1001-29613514.html[2020-08-01]。

求，这就需要在教育、健康、生态等领域补齐基础设施和公共服务短板，激发脱贫内在动力（李慧，2018）。将发展社会企业作为“精准扶贫”及“提升弱势群体就业”的重要手段，鼓励政府及企业在采购时进行社会价值的考核。政府做公益创投，还有政府对社区发展的重视，包括开放对民间组织登记注册、政府公共职能可考虑下放给社会组织，这些都推动了社会企业的发展。

国家的产业政策鼓励发展的领域与我国社会企业所关注的市场领域相吻合，税收优惠是现成的。例如，高新技术产业（包括互联网+社会企业）；农业生产企业（有机农业社会企业）；教育、医疗、养老、环保企业（社会企业重要领域）；在“老少边穷”地区新办的企业（精准扶贫社会企业）、福利工厂和残疾人就业企业（天然社会企业）。国家对这些产业的减税、免税优惠就相当于对社会企业的鼓励政策。这也证明社会企业的方向就是国家所支持的方向。

三、中国社会企业发展的主要事实

北京现代企业研究会在北京市社工委社会建设专项资金支持下开展了北京市社会企业的调研和培育工作，形成《北京社会企业调研报告》，这是全国第一份区域性社会企业调研报告。该报告对北京地区的 14 家社会企业进行调研，数据显示，到 2014 年底从事养老助残等传统社会领域的社会企业占 36%，其他表现为领域多元化。

（1）数量多。中国社会企业有多少家？李健（2018）认为，按照宽口径，中国的农民合作社、民办非企业单位、社会福利企业都算作社会企业的话，中国社会企业数量已逾百万家。到 2018 年为止，中国慈展会共认证了 234 家社会企业。而该认证项目的负责人之一袁瑞军也认为，全行业真正意义上的社会企业不超过 500 家。根据原国家工商行政管理总局的统计，2017 年全国农民专业合作社高达 193.3 万家。根据民政部的统计，2017 年全国民办非企业单位已经达到 40 万家。徐永光认为中国 80%以上民非都是教育、医疗、养老领域，它们是潜在的社会企业。很显然这个差距这么大，就是因为标准认定差异很大。据此估算，2017 年中国社会企业的数量高达 175 万家。当然，这些社会企业绝大多数属于“无意识”的社会企业，他们对于自己的社会企业身份可能并不认同，也不被外界所了解或接纳①。

（2）规模小。社会企业从某个角度来说可以分为两大类：第一类是就业型；第二类是创业型。就业型社会企业创造的社会价值直接供应弱势群体。创业型社会企业是为弱势群体提供产品和服务，是创造社会价值的主要方式。对于中国社

① 《中国社会企业与社会投资行业扫描调研报告 2019（简版）》，http://www.naradafoundation.org/Uploads/file/20190415/5cb43bf85e07f.pdf，2019 年 11 月 25 日。

会企业来说，绝大部分属于第一类，以就业为主要的创收方式，第二类是欠缺的。因此，总体上是初创企业，规模小。

（3）成立时间短，处于初级的发展阶段。社会企业研究中心 2017 年 2 月发布的中国社会企业调查报告显示，我国处于发展阶段的社会企业占 43%，处在初创阶段和初步转型阶段的社会企业占 36%，处在稳定成长阶段的占 19%，进入成熟阶段的社会企业只占 2%。从以上数据可知，我国社会企业多数处于初级的发展阶段，占 79%，稳定阶段占 21%，大多数社会企业并没有找寻到成熟的发展模式。

根据中国慈展会所认证的 2015 年到 2018 年四届 234 家社会企业的相关信息进行分析，发现成立时间在 3 年以内的机构占 47%，成立时间在 4～6 年、7～10 年、10 年以上的分别占 27.3%、15%和 10.7%，也就是接近一半的社会企业属于初创型社会企业。

（4）社会企业服务领域广，特别关注弱势群体。社会企业致力于关注弱势群体、养老、社区发展、医疗卫生、公益金融、无障碍服务、青少年儿童、生态保护、公益支持、失业者、妇幼家庭等领域。根据中国慈展会认证的 2015 年到 2018 年四届 234 家社会企业的相关信息进行分析，发现有 117 家社会企业关注弱势群体，占总数的 50%，这与我国社会企业的发展目标和初衷极其吻合。

（5）人才缺乏。社会企业的发起者通常是具有企业家精神和慈善的社会人士，期望在社会企业中能够实现自己的价值。然而，现实与理想之间的差距使社会企业家渐渐失去当初的激情，他们的公益行动没有引起社会的广泛关注，得不到人们的认同，情感需求无法得到满足。由于社会企业获得的资金少之又少，工作人员的薪酬低，面对现实的残酷，很多人才选择了更高回报的商业企业。人才的流失降低了社会企业的运行效率和盈利能力，也成为非营利组织向社会企业转型的拦路虎。

（6）欠缺成熟的商业模式。直到今天，很难说得出来中国有多少社会企业开创了一个商业模式。在评判一个社会企业好坏的时候，主要看它的商业模式，只有模式可持续，才可以长久持续地大规模做下去，解决社会问题。现在很难找到中国社会企业独立的创新模式。

（7）解决更多的是症状，而不是病因。很少有社会企业直接深入到根本性原因，系统性地解决社会问题。对于一些社会问题，很少有哪家弱小社会企业能有这个能力去动用资源解决它们，这是现实的，对中国社会企业发展还是应该保持宽容态度。

（8）避免陷入过度市场化误区。社会企业提供的是准公共产品，具有经济和社会双重属性，从国际社会企业发展历程看，未来中国社会企业的发展很大程度上取决于社会责任投资市场的培育和成长，取决于社会企业家精神、企业社会责任意识的培育和成长。鉴于准国内公共产品的双重属性，如果过于强调市场需求和市场手段，过于强调市场对公益服务的补充和提升作用，很可能使经济价值冲淡了社会价值，背离社会企业发展的根本宗旨和社会目标。

四、中国社会企业发展的重要机遇

2016 年 8 月 25 日，中国发展研究基金会与友成企业家扶贫基金会发布的《中国社会价值投资报告》认为扶贫、保障性住房、医疗、养老等领域存在着大量社会需求，但是政府无法独自承担投资重负，为社会企业的发展提供了空间。

（1）在公共服务领域存在供需巨大差异。例如养老，以前谈养老总觉得是日本、德国的事，进入 21 世纪以来，我国社会老龄化问题日益严峻，养老问题凸显。根据《2018 年中国养老产业市场研究报告》，2016 年我国养老服务机构 2.85 万个，养老服务机构床位数达到 780.0 万张，每千老年人口养老床位数 33.8 张，中间存在巨大的供需缺口。与发达国家床位数相比有较大差距。这说明养老负担日益加重。截至 2018 年底，我国 60 岁及以上老年人口约 2.49 亿人，占总人口的 17.9%。养老服务类社会企业作为一种以向社会提供福利和服务的新型组织，承接政府养老外包服务，为解决政府养老服务供给不足提供了全新思路。需求意味着机会，问题意味着创新的机会、创业的机会。

从国际经验看，助残领域是社会企业最为活跃的领域之一。2015 年，《国务院关于加快推进残疾人小康进程的意见》提出要充分发挥市场机制作用，加快形成多元化的残疾人服务供给模式。按照《残疾人康复服务“十三五”实施方案》，到 2020 年，有需求的残疾儿童和持证残疾人接受基本康复服务的比例达 80%以上。大约有 600 多万残疾人能够享受基本康复服务，政府购买空间巨大。不同利好政策也激发用人单位雇用残疾人的刚需，残疾人就业创业领域有望成为社会创业的沃土。相应的残疾人教育培训、就业服务也蕴含着社会企业发展的巨大空间。

教育领域是社会企业最集中的领域之一。2016 年 11 月第二次修订的《中华人民共和国民办教育促进法》首次允许教育机构可以登记为营利机构，突破了以往教育类机构只能非营利的限制，为教育类机构的多元化发展提供了新的政策环境。显然，未来社会企业在教育领域会有很大的发展空间。

党的十九大报告明确提出“实施乡村振兴战略”，强调要“支持和鼓励农民就业创业，拓宽增收渠道”[①]。2018 年，中央一号文件再次锁定“三农”，对实施乡村振兴战略进行了全面部署，与精准扶贫相结合。这也为农业社会企业发展带来了重要的发展机遇，也必将推动我国乡村振兴。

（2）企业社会责任和社会投资。企业承担社会责任为社会企业创造了支持的

① http://sh.people.com.cn/n2/2018/0313/c134768-31338145.html。

条件，更多人的关注和介入推动了社会企业领域的发展，于是有更多资源和资金的注入。《中国社会企业与社会投资行业扫描调研报告 2019》显示，中国社会投资的三个主体分别是政府类公益创投、基金会和商业投资机构，这三类投资机构最为关注的领域为教育与培训、健康与医疗（包括医疗服务），在这两个领域开展的社会投资占 46%～55%。而社会投资的关注领域则各有侧重，政府类公益创投对社区发展（92.3%），基金会对行业支持服务（42.1%），商业投资机构对食品与农业（45.5%）分别给予了重点关注。

（3）更广泛的人力资源。第一是越来越多的年轻人选择从事社会企业；第二是中年人，他们的事业层面转型，原来纯商业做得很好，到中年以后，想到要改变自己的人生发展轨道，致力于成为社会企业家。

（4）社会各界的关注。媒体、高校、学术机构越来越关注社会创业家精神的培养，各种各样的大赛，还有媒体的报道，这些推动全社会开始关注社会创业，社会创业家精神的理念得到传播，个人可以采用创新的方式解决社会问题，这也为社会创新、社会企业的发展打下良好的基础。

（5）中国拥有庞大的互联网用户规模，在互联网+社会企业领域具有较大的优势。一些利用互联网技术比较充分的社会企业发展势头良好。可以说，人工智能、互联网信息技术的快速发展为我国社会企业的发展带来了巨大的机遇。

第二节　中国社会企业发展的挑战

我国社会企业面临的制度性和结构性障碍及运营方面的困难，既有外因也有内因。如果这些问题长期得不到解决，将影响到社会企业在中国的可持续发展。社会企业并无一套放诸四海皆可行的经营模式，其成效还有赖各种社会条件的配合，那么我国社会企业的经营挑战有哪些呢？下面我们就外在环境的限制，维持竞争优势的挑战，组织决策、行为与文化的挑战等三项分别论述。

一、外在环境的限制

与西方的社会企业一样，我国法律对于以商业手段达成社会目的的组织并无特别的定位。在法律框架方面，社会企业不是一个法律意义上的概念，法律对这类组织没有一个认可的类别，而且很多准社会企业的组织尚未认识到自己的社会企业模式。中国已存有多种形态的类社会企业组织，它们均有自身所归属的法律法规体系，并且已有非常具体的发展问题和改革方案。例如，社会企业兼具商业部门和非营利部门的优势和特征，需要遵守规范非营利组织活动的《社会团体登记管理条例》及有关公益慈善资金募集的《慈善法》《中华人民共和国公益事业捐赠法》《中华人民共和国红十字会法》《中华人民共和国教育法》《中华人民共和国信托法》等相关法规，还要遵守与公司治理相关的《中华人民共和国公司法》《中华人民共和国企业破产法》等法规。在很长一段时期，与有限公司、合作社、非营利组织等相关法律法规也是社会企业发展过程中需要遵守的，这样就形成了新旧法律制度并存的局面。这种局面的出现具有一定的合理性，它是社会企业法律体系发展的阶段性产物。社会企业的独特性决定了它的法律体系建设是跨部门合作的系统工程，其立法机制包含多方面的利益和诉求。

政府在法律上无法形成有利于发展健全社会企业的环境，这相当程度地限制了非营利组织商业化与产业化的可能性，或者形成有利于社会企业生存的社会经济（social economy）市场。2016 年 9 月 1 日《慈善法》实施，规范了涉及慈善组织的登记、监督检查和慈善募捐等问题，扩大了慈善的概念，扩展了慈善组织的范围。社会组织管理的制度体系得到进一步的规范和完善，同时也对社会企业的规制管理提出要求，传统慈善组织发展政策环境却让社会企业发展受到忽视。许多基金会虽有大量的存款，但却仅能依赖不充足的利息来满足业务所需。因此，若欲使社会企业得到更好的发展，政府应该仔细修订相关法律，以创造有利社会企业成长的环境。

另外，目前我国大力支持“双创”，初创型小微企业成为活跃的市场主体，也受到众多企业家的青睐，这种创业氛围会给社会企业的发展带来机会，但是商业企业追求经济目标的做法也会使社会企业的发展受到忽视。社会企业创业之初很难获得外界的支持，因为它的风险和获得收益之间不成比例，如果是商业机构，即使风险很大，也有人愿意投，原因是将来回报很大，可是对于社会企业来说，它的风险更大，因为它要兼顾社会和经济两块，但是它将来经济上的回报没有那么大，所以没多少商业性机构愿意投资一个风险和收益严重不平衡的企业。

社会认知度和认同度不够高。这些年我国对社会企业的概念进行了较多的宣传和推广，但国人对社会企业的认知总体上十分匮乏。一是中国社会对社会企业和社会企业家精神的认知程度仍然比较低，社会企业的影响范围有限，2/3 的社会企业总部位于北京和上海。这与中国社会治理长期存在主体单一、资源匮乏、机制呆板、公益理念欠缺等问题有关，也与中国经济、社会、文化发展程度有关，社会企业和社会企业家精神成长的土壤还不丰厚、不肥沃。二是在社会信任普遍不足的情况下，伪公益满天飞，对社会创业者的动机难以相信，这就成为公众质疑的关键。有些公益组织的不良社会影响也使社会企业的社会认同度和公信力受到影响。在我国这样一个“赚钱”与“行善”截然分开的情景下，社会很难认同社会企业通过获利来“行善”的理念，因此人们对社会企业的经营模式产生怀疑。特别是近年慈善丑闻不断，使民众无法理解这种“私利”与“公益”之间的关系，从而会对公益慈善与商业的结合产生敏感、质疑甚至排斥。缺乏信任的慈善领域也会对社会企业的理念产生不理解和不信任，增加社会企业从外部直接获取资金的难度。有些社会企业会因没有明确的社会企业规范，假借公益之名，向政府单位申请补助，不仅增加了政府行政负担，也挤压到其他的社会企业发展。另外也使得社会企业的组织运作必须在非营利组织与营利组织之间寻求社会认同与生存，导致许多社会企业可能会游离过程中与成立目的违背或冲突，并造成社会认同感低落，以致经营成效不彰。三是除了北京、上海等一线城市，大多数城市难以提供志愿者资源，甚至不理解志愿服务和志愿者。四是社会企业兴起于西方，引入中国后显得“水土不服”，在中国社会治理语境中，通常以“有一定造血功能的公益性组织”替代“社会企业”，本土化还需时间（表 9-3）。

表 9-3　对社会企业的认识程度

项目	非常高	高	中	低
大众的认识	44%	28%	24%	4%
政府的认识	48%	32%	12%	8%
捐助者的认识	56%	32%	4%	8%
非营利组织的认识	36%	36%	20%	8%

资料来源：《中国社会企业调查报告》（2009 年）

社会认知的缺乏造成社会企业的公信力和市场竞争力低下。很多人认为社会企业就是赚穷人的钱。公众很难适应，因为今天公益就是公益，商业就是商业，在纯公益里面都存在“郭美美事件”，还把公益和商业搅在一起，公众的信任就成了一个很大的问题，也是社会企业面临的一个很大的挑战。

社会企业是一个相当宽广的概念，有双重底线特质，无疑加深法制化难度，导致社会企业地位模糊，只能在现实环境下寻求法律定位。社会企业如果以非营利组织成立，可能缺少融资工具；如果以公司成立，可能切断来自政府的辅助；如果交叉运作，又需要承担额外的管理成本，以及可能造成的负面影响。法律地位模糊问题，不仅削弱政策支持基础，也为社会企业发展蒙上一层阴影。

二、维持竞争优势的挑战

陈金贵（2002）在谈及非营利组织社会企业化的问题时，特别提到组织人员的匹配问题是影响非营利组织企业化成功与否的关键因素之一。

组织人才缺乏。社会企业在法律地位、人事制度、资金等方面的尴尬处境造成了人才匮乏，对于由非政府组织和非营利组织转型而来的社会企业而言，聘请不到既有良好的商业运营能力，又具有社会使命感的管理人才，以及具备专业知识和技能的高素质人才是造成很多转型不成功的原因。而这个问题可区分成两个：一是管理/决策人员层次，二是生产作业/服务人员。社会企业内的管理者/决策人员缺乏足够的商业技术与专业知识，造成这一问题的缘由有二：组织没有足够的资金聘用或吸引具备商业技术的人才；负责销售货物与劳务的管理/策划人员多是由原组织转任，之前并没有从事商业活动的管理与策划。再加上，组织进行营利事业之前，低估或错估商业活动所需技术的复杂性、组织能力的限制亦未充分考虑、对商品市场的分析亦不充足，只是单纯地想为组织增加收入，这导致其商业活动缺乏规划，更不要讲市场定位、营销策略等商业活动必要的规划，导致经营结果与预期相差甚远，经常陷入经营绩效不佳的状况。另一个导致经营绩效不佳的因素则是组织生产作业/服务人员。从从业人员的素质以及志愿精神方面分析，我国的社会企业普遍缺乏社会情怀、过硬的专业素质、接受过自愿服务培训的高素质专业人才。我国社会企业受资金限制，对参与社会企业的人员更多强调自愿性而非报酬性，存在经济收入低、保障差、社会待遇低和生存堪忧等诸多问题。因此，我国社会企业引进专业人才困难。

兼顾弱势者就业机会与权益当然是社会企业发展不可或缺的重要元素，缺乏此种目标的商业化活动，通常得不到广泛的支持。但若纯由商业的角度言之，只有注重生产效率、成本控制等商业经营原则，才是扩大获益的最佳途径。组织雇用低生产效能的人员，且多数需雇用志愿者等专业人员来从旁协助、监督、训练弱势从业人员的做法，不仅增加生产成本，甚至可能导致亏损。因此，如何平衡社会目标与经济目标，以及适当衡量非财务性的绩效，应当是我国社会企业未来需积极重视的课题。

缺少有执着信念、创新精神和才干的社会企业家。恩派最开始进行社会企业孵化的时候，发现有些项目可能很好，但创始人不一定能把它做好，后来就对创业者考量的比重加大。可见一个优秀的社会企业家对于社会企业成功的重要性。

自我造血能力不强。我国社会企业在初创期所面临的最大问题就是缺少资金，其资金主要来源有创业者自筹资金、捐款、政府补助、营业利润。捐款和政府补助与社会企业实际的资金需求有很大的差距，很难有助于企业的可持续发展。在商业竞争中部分社会企业能够获取利润，但较少，主要用于维持日常运营，无力进行自身组织能力的建设。

三、组织决策、行为与文化的挑战

非营利组织投身社会事业，不仅会改变组织的收入来源，对于整个组织的决策方式、行为及文化皆会产生一定程度的改变。我们并没有证据说明从事营利性活动的非营利组织到底在组织决策、行为与文化上有多大的改变，但我们却可以从一些实例中知晓，非营利组织被认为脱离了原有的社会目的使命时，将会受到很大的冲击与社会批判。

如果社会企业集中于会员群体或者它的首要功能在于员工薪资和组织资源的增长，那么非营利组织的公共支持将难以为继。然而，在某种程度上，社会企业不得不面临过度商业化的风险（Frumkin，2004）。社会企业最常面临的困境之一就是如何平衡组织的社会使命（公益性）与商业活动（营利性）的财务目标。多数社会企业家都将社会事业视同一般的社会服务项目来经营，害怕会被人误解，害怕组织的使命偏移，因为他们担心产业化或商业可能造成的组织使命偏移的危险。除此之外，商业化的倾向亦可能导致组织内部的冲突。例如，某些非营利组织在商业化的过程中，深受组织内部专业人员（如社会工作者）的抗拒，主要理由是：向应该服务的对象收费似有违专业伦理，或者经营事业所需的技术超出既有专业的能力。组织管理不规范、不透明、财务不公开，缺乏评估和社会监督，规模小，没有品牌，又从事经营性活动，这些使得社会企业难以得到社会的认同和信任，难以从社会中获得发展所需的资源。

总之，我国社会企业的发展机遇大于挑战。社会企业要认清和把握外部环境的发展和变化，抓住机遇，迎接挑战，推动我国社会企业的发展。

第三节　完善社会企业在中国的发展模式的对策思考

社会企业明确自身的任务，真正发挥对我国经济社会发展的积极作用，还需要政府的正确推动和引导、公众认可并给予支持以及学界进行积极的理论研究。

一、中国社会企业发展的主要任务

为了充分发挥社会企业的作用，形成良好的社会认知，也为公益创业与社会企业发展创造宽松的环境、良好的政策，应做到以下六点。

第一，培养培育社会企业家精神。方法很多，如发表文章、出版图书、媒体上更多的报道、学术机构里更多的传播和推广、高校里更多的课程、更多的公益创投大赛等，全社会全民培养这种精神。

第二，提升社会企业家的能力。如社会企业家普遍存在知识技能不足，管理能力欠缺，缺少市场竞争能力，那就帮助他们提升能力，为他们培训、找导师、寻找种子资金，帮助他们寻找资源等。

随着我国对“双创”的大力支持，作为人才培养基地的高校成为创新创业高素质人才培养不容忽视的部分。高校进行社会创业教育和实践，可以有效培养大学生的创业能力、强化创业意识、增强创业技能，有助于促进大学生社会责任感和实现能力的提升。当前，多数高校已经开展创新创业教育，并将其纳入学分管理体制，通过创新创业教育，引导学生培养创新创业意识，成为国家高素质人才。

第三，增加社会投资。由英国大使馆文化教育处牵头的中国首个社会投资平台，有 7 家机构联合投资，像这种平台本身凝聚了很多资金，支持投资这些选出来的最好的中国社会企业，希望更多这样的社会投资进入。到 2020 年，中国在养老产业、医疗健康产业、民办教育、环保产业、普惠金融、扶贫产业、绿色农业、残疾人就业、社区服务业、家政服务业等民生产业领域就需吸纳投资 20 万亿～30 万亿元。这是一片投资蓝海。

第四，鼓励社会企业认证。社会企业主要通过申请认证的方式确立身份，并主要依赖民间社会企业认证的方式，即由中国慈展会发起的年度社会企业认证。

第五，培养中间型组织。提供能力建设，提供投资平台，投资孵化平台。

第六，走出去，请进来。双向交流也很重要，毕竟社会企业和社会创业的概念是引进的，不是中国本土原创，还没有其他国家成熟，所以走出去、请进来的双向作用很重要。

二、政府政策支持

（一）逐步推进国家立法

十八届四中全会中明确提到，我国应深化行政执法体制改革，坚持严格规范公正文明执法。为促进社会企业的发展，我们应加快落实社会企业立法的相关工作，确保社会企业的合法性，让其有法可依、有法必依。无论制度是如何界定社会企业的，法律地位是进行补充还是新设，政策环境都应推动和鼓励社会企业的发展而不应是社会企业发展的制约和阻碍。

社会企业只有获得了合法身份才能相应地受到法律的保护，才能光明正大地参与社会活动和商业活动，才能摆脱双重身份和双面体制的尴尬，才能减少组织在发展运行中的阻力，同时也为政府部门的管理工作带来方便，简化管理程序及降低业务成本。目前，中国企业和社会组织的法律地位完全不同，社会企业兼具二者性质的特殊性受到法律制度的约束，在法规合法性、道德合法性和认知合法性上都存在较大争议，立法的理论基础和社会基础都不成熟。只有明晰社会企业的法律地位，才能在与其他组织相比较时明确其所具有的独特身份，才能更有利于获得政府资助、其他商业合作的支持以及社会的了解和信任。在法律上明确何为社会企业，并在此基础上逐步建立有关社会企业组织管理、利润分红、破产制度、资产配置和监督的法律体系，才能切实有效地在实践中加以规范和监督。因此，建议如下。

一是引导社会企业依据现行企业和社会组织的法律法规运作，避免产生直接的冲突，树立社会企业遵纪守法的良好形象。

二是梳理现有的法规制度，调整和修改不利于社会企业发展的制度，努力营造促进社会企业发展的法律和政策环境。

三是鼓励各地根据本地社会企业发展实践，在现行法律许可范围内，突破现有政策界限，实现政策和机制创新，为立法提供现实经验。

四是立足中国社会企业发展与管理实践，构建与中国国情相符的社会企业管理法规，实现社会企业资格认证，为立法进行理论和实践准备。

五是借鉴国际经验，研究和制定符合中国社会企业发展实际的社会企业法，保障社会企业发展的法律地位。

在条件成熟的情况下，我国可调整现行的社会组织法律框架和公司法律框架，出台单独的社会企业法律规范，给予社会企业相应的法律身份。

（二）改革社会管理体制

继续转变政府职能，推动社会管理体制改革，彻底完成"政社分离""政事分离"，为发展社会企业营造发展空间。"政社分离"即政府与社团、第三部门的分离。具体来讲有以下三点：一是可以考虑针对《慈善法》出台细则，关于慈善组织如何开展交易性活动给予详细说明，尤其是慈善组织下设商业性附属公司、投资外部商业公司与直接从事交易性活动的不同情形给予指导性说明，便利于基金会等社会组织形式参与到公益创投活动的有效合法性。二是按照党的十八大提出的"权责分明"思路，明晰社会组织法人财产权，探索社会服务机构的分类管理，以及允许其多种渠道筹集资金，从而为社会组织获得公益创投支持提供合法性空间。三是要积极探索公司法的修改，增加新的社会企业类型，为非营利性公司获得传统市场融资或发行股份提供便利，以符合全球慈善创新的潮流，也能够满足新形势下我国社会投资领域快速发展的现实需要。

（三）政策支持

英国和美国是社会企业发展的主要阵地。与美国由民间非营利组织主导的社会企业发展模式不同，英国政府近年来自上而下积极地制定推动社会企业发展的战略规划，已经初步建立起有利于社会企业发展的法律框架，加深了民众对社会企业概念和价值的理解，提升了社会企业的组织能力和产品服务品质。英国政府的做法为中国有效地、创新性地解决社会问题，维系社会和谐，保障经济可持续发展，改进政府公共服务供给，以及推动社会主义民主和法制的建设提供了可资借鉴的思路和经验。适当的政策支持系统对社会企业整体发展至关紧要，但政策介入必须具备合法性。政府部门优化社会企业运营的制度环境，在金融、财税、创业、产业、就业、公共服务体系建设等多方面加大对社会企业发展的政策支持，保障既有支持政策的有效实施。

近年来我国出台了创新创业的优惠政策。例如，2015 年 3 月，《国务院办公厅关于发展众创空间推进大众创新创业的指导意见》（国办发〔2015〕9 号）指出，简化住所登记手续，通过市场化机制、专业化服务和资本化途径，有效集成创业服务资源，总结推广创客空间、创业咖啡、创新工场等新型孵化模式，做大做强众创空间。2017 年 7 月，《国务院关于强化实施创新驱动发展战略进一步推进大众创业万众创新深入发展的意见》（国发〔2017〕37 号）指出，进一步系统性优化创新创业生态环境，强化政策供给，突破发展瓶颈，充分释放全社会创新创业潜能，在更大范围、更高层次、更深程度上推进大众创业、万众创新。这些政策文件的发布对社会企业的发展有积极影响。政府有责任提供社会企业的定义，清楚列出社会企业必须履行的社会目标。社会企业的运作如得到政府推动或支援，政府应当清楚界定社会企业的目标和业务范围，以避免对中小企业构成不公平竞争。

在符合中国特色社会主义发展的国情下，效仿先进国家，我国政府对社会企业可提供以下具体的政策支持和实践指导。

（1）制定社会企业发展策略。学习新加坡的经验，在政府部门牵头开展全国范围调查基础上，掌握社会企业发展的第一手数据，全面整合政府、社会组织、合作社、公司等多层面社会企业数据信息，了解社会企业的市场结构、运行状况与竞争态势，为社会企业经营决策者提供依据，同时可以协调各部门行动，为社会企业的发展营造一种良好的外部环境。政府在社会企业运作初期提供支持和协助，使社会企业得以持续经营，政府有责任制定推动社会企业发展的整体战略和政策，推广成功范例和发动宣扬社会企业的运动促使整个社会关注社会企业，吸引新的支持者进入这个领域。

（2）政府财政部门或经济部门可协助社会企业融资以提供更多资助，或建立国家和地方政府财政资金专项资助制度以有利于社会企业的发展，探讨公益创投在支持社会企业发展方面的作用。目前，世界范围内已经形成了社会影响力债券、影响力投资、社会证券交易所、社会影响力投资、社会投资回报等促进社会价值创造的金融体系。研究社会企业参与公共服务供给 PPP（public-private partnership，即政府和社会资本合作）模式，运用公建民营等方式，推动养老、助残、医疗等领域的服务机构专业化、规范化、社会企业化。

（3）政府部门应该重点加强对社会企业的扶持力度，探索提高社会企业的能力。早期支持的重点在于社会企业的培育、咨询和资源连接，后期逐步采取阶段性退出并进行调整支持的方向。在资金上，鼓励基金会、企业与个人向社会企业提供资金或捐献，政府部门可以采取拨出部分税收收入的直接资助方式，也可以为非政府组织型社会企业提供减免税的待遇，间接提供财务资助。政府以公共优先采购社会企业的产品或服务的方式为投资型社会企业提供财政支持，以培养更多的社会企业。我国可以探索发展包括股权投资、债务投资、风险投资和社会影响力投资等融资方式以解决社会企业资金缺乏的问题。当前，政府应该对社会创新项目进行政策支持：发展社会企业作为“精准扶贫”以及“提升弱势群体就业”的重要手段，鼓励政府以及企业采购时进行社会价值的考核。此外，社会创新的创业者也应该与政府积极主动对接，成为PPP在社会创新领域的合作案例。

（4）政府相关部门可研议成立社会企业培育与营运中心或相关的专职办公室，为社会企业的发展提供服务。有时候，培育一个领域需要建立一间能够管理创新基金、宣传和推广最佳实践、召集全国可以促进社会企业发展的行动者的专职办公室，就像英国的第三部门办公室或美国的社会创新与公民参与办公室一样。这个想法正在全球范围内广泛传播。例如，2011年韩国政府建立了社会企业促进局。在欧洲，那些支持国内社会企业和社会创业的国家正试图通过欧盟的途径更广泛地推动社会企业在本国的发展。

（5）助力福利企业转型。2016年10月，民政部废止《关于印发〈福利企业资格认定办法〉的通知》，取消福利企业资格认定事项。为此，要以社会企业为方向改革福利企业，引领福利企业转型升级。统筹制定并指导实施福利企业制度改革方案，推进残疾人集中就业单位改革。引入更多的社会资源，运用市场机制，不断完善残疾人就业制度和优惠政策，增强其吸纳弱势群体就业的社会功能和创造市场价值的经济功能。

三、加强社会企业理论研究，推进社会企业教育

要发展社会企业，首先应加强对社会企业理论的研究，深度探讨社会企业所面临的问题，提出解决方案，建立适用于本国的社会企业相关理论。社会企业作为跨界创新的产物，对多学科交叉研究有重要的学术价值，主要涉及的学术领域有社会学、新公共管理学、工商管理和法学，可以从发展理论、社会经济理论、社会资本理论、公共经济学理论等视角切入进行社会企业的理论与实证研究。相关专家还应深入社会企业实践，开展专题调查研究。例如，上海社会创新孵化园打造解决残疾人就业的实训和上岗平台，这些成功的社会企业孵化都值得深入地进行理论研究。因此，高校或研究机构应提高对社会企业的理论研究热情，努力形成百花齐放的研究局面，积极参与国际学术交流，整理、明晰社会企业的相关理论，为指引社会企业实践提出真知灼见，同时也能够让更多的研究成果为社会大众所认识。优化大学阶段的教育，增加社会创新的模块。高校可以推进社会企业启蒙教育，培育具有社会创业精神的种子，激发对解决社会问题

的创新思考，以此来提高整个社会的社会企业意识，培育社会企业文化。在工商管理硕士（master of business administration，MBA）或者公共管理硕士（master of public administration，MPA）课程中，开展社会企业的创业教育，包含更多经营实践的讨论和案例分享。引导有一定工作经验的学员把社会企业作为自己的职业选择，培养专业化社会经济创新创业人才。为从宏观上研究社会企业，需要整合知名学术机构、学者及实践工作者的知识，重点研究社会企业政策、战略、国内外管理与实践经验，加强与国际社会企业研究组织、国际第三部门研究会的学术交流与合作。

四、增强社会企业自身的发展能力

中国正处于社会转型的重要时期，也是社会企业的最佳实验室。中国商业创新（包括产品和服务中的技术和商业模式创新）层出不穷，社会的财富不断增加。中国成为世界第二大经济体，人们的幸福感在不断增强，贫苦、疾病、教育不足等社会问题将随着社会企业的创新而有所缓解。社会企业的自我发展能力的提升可以从以下四个方面进行努力。

一是增强社会企业主体的内生动力。对追求社会创新的企业家进行培育需要关注企业家自身的提升，特别是企业家精神、领导力、自我认知等方面。破解人才招募和流失难题，可以与猎头公司合作开发社会创新相关岗位的招聘渠道，借鉴商业企业做法，通过股权以及利润分配留住核心团队成员。社会创新的开拓需要与商业企业合作，撬动商业企业的资源，实现共赢，不断地提升自身的市场运营能力。

二是提升融资能力，拓宽融资渠道。与风险投资、创业孵化器合作，挖掘创业项目的社会价值，特别是在商业创业、科技创业中发现潜在的创造社会价值的创业项目，成长为具备真正商业能力的社会创新企业。

三是完善内部治理，逐步建立完善社会企业法人治理、问责机制，加快建立现代社会企业制度，完善社会企业监管机制，定期披露财务报告，鼓励公众参与监督，确保社会企业公益性和声誉。通过借鉴商业企业做法，采用分红及股权方式留住核心团队。

四是提升公信力。要鼓励社会企业建立自律机制和行业性的互律、他律机制，加强社会企业的规范化、透明化建设，推动社会企业通过责信和社会监督不断提升公益意识，用良好的产品、服务赢得受众和公众的认同与支持，累积社会资本，为社会企业的发展奠定群众基础。

参考文献

艾金顿，哈提根. 2010. 1个理想×10种创新=社会企业是门好生意. 廖建容，译. 台北：天下远见出版股份有限公司.

巴格-莱文，艾默生. 2013. 社会影响力投资：创造不同，转变我们的赚钱思维. 罗清亮，王曦，唐浩，等译. 上海：上海财经大学出版社.

贝尔，正冈，齐默尔曼. 2016. 非营利组织可持续发展：基于矩阵模型的财务战略决策. 刘红波，张文曦译. 广州：华南理工大学出版社：42.

比索普，格林. 2011. 慈善资本主义：富人在如何拯救世界. 丁开杰，苟天来，朱晓红，等译. 北京：社会科学文献出版社.

伯恩斯坦. 2006. 如何改变世界：社会企业家与新思想的威力. 吴士宏，译. 北京：新星出版社.

布鲁克斯. 2009. 社会创业：创造社会价值的现代方法. 李华晶，译. 北京：机械工业出版社.

陈金贵. 2002. 非营利组织社会企业化经营探讨. 新世纪智库论坛，19: 39-51.

陈锦棠. 2012. 社会企业在香港的发展——概念、特质与类型//官有垣，陈锦棠，陆宛苹，等. 社会企业的治理：台湾与香港比较. 高雄：巨流图书股份有限公司：130-135.

陈锦棠，官有垣，范明林，等. 2007. 香港、台湾和上海两岸三地社会企业初探研究报告. 香港理工大学应用社会科学系第三部门教研中心.

陈俊峰，孙宇凡. 2012. 社会企业人才队伍建设的历程、问题和对策. 中国人力资源开发，(7): 97-100.

陈文标. 2006. 论民营企业的企业家精神培育. 企业经济，(4): 74-76.

陈欣，黄旻露. 2008. 社会企业，能否成为中国社区和谐发展的“新能源”. 社区，(23): 38-39.

陈钰艳. 2018. 德国社会企业 Dialogue Social Enterprise 的国际化策略. 辅仁管理评论(社会企业专刊)，25(1): 63-82.

陈迎炜. 2013. 中国社会创业案例集. 北京：北京大学出版社.

陈志辉，谢冠东. 2012. 社企在香港. 香港：天地图书有限公司.

崔新健. 2007. 企业社会责任概念的辨析. 社会科学，(12): 28-33.

道拉，巴鲁阿. 2007. 穷人的诚信：第二代格莱珉银行的故事. 朱民，等译. 北京：中信出版社.

德鲁克. 1989. 创业精神与创新：变革时代的管理原则与实践. 柯政，译. 北京：工人出版社.

德鲁克. 2007. 非营利组织管理. 吴振阳，译. 北京：机械工业出版社.

迪夫尼 Y，丁开杰，徐天祥. 2009. 从第三部门到社会企业：概念与方法. 经济社会体制比较，(4): 112-120.

迪斯，埃默森，伊科诺米. 2008. 企业型非营利组织. 颜德治，徐启智，译. 北京：北京大学出版社.

迪斯，埃默森，依柯诺米. 2011. 社会企业家的战略工具：提升企业型非营利组织绩效. 周红云，龙宁丽，庄明，等译. 北京：社会科学文献出版社，台北：巨流图书股份有限公司.

丁开杰. 2007. 从第三部门到社会企业: 中国的实践. 经济社会体制比较(增刊), 2: 112-120.
丁敏. 2010. 社会企业商业模式创新研究. 科学·经济·社会, 28(1): 94-97, 101.
丁元竹. 2005-01-18. 软实力、社会企业、社会创新: 美国当前发展中几个值得关注的趋势及对我国的启示. 中国经济导报, (C02).
董蕾红. 2017. 社会企业的法律规制——基于国际比较的研究. 山东大学博士学位论文.
福克曼, 托卡斯基, 恩斯特, 等. 2016. 社会创业与社会商业: 理论与案例. 黄琦, 译. 北京: 社会科学文献出版社.
福山. 2002. 大分裂: 人类本性与社会秩序的重建. 刘榜离, 等译. 北京: 中国社会科学出版社: 18.
高闯, 关鑫. 2006. 企业商业模式创新的实现方式与演进机理——一种基于价值链创新的理论解释. 中国工业经济, (11): 83-90.
龚丽敏, 江诗松, 魏江. 2011. 试论商业模式构念的本质、研究方法及未来研究方向. 外国经济与管理, 33(3): 1-8, 18.
官有垣. 2007. 社会企业组织在台湾地区的发展. 中国非营利评论, 1: 146-181.
官有垣, 陈锦棠, 陆宛苹, 等. 2012. 社会企业的治理: 台湾与香港比较. 高雄: 巨流图书股份有限公司.
官有垣, 李宜兴, 谢禄宜. 2006. 社区型基金会的治理研究: 以嘉义新港及宜兰仰山两家文教基金会为案例. 公共行政学报, 18: 21-50.
郭锐. 2012. 社会企业的人才充权——管理主义视角. 社科纵横(新理论版), 27(4): 58-59, 65.
侯玲. 2008. 社会企业介入三峡库区移民就业问题的优势和途径. 特区经济, (9): 229-230.
黄承伟, 陆汉文, 蔡志海. 2013. 社会企业评论. 北京: 社会科学文献出版社.
黄德舜, 郑胜分, 陈淑娟, 等. 2014. 社会企业管理. 台北: 指南书局有限公司.
霍尼曼. 2017. 共益企业指南: 如何打造共赢商业新生态. 游海霞, 王群, 译. 北京: 中信出版集团.
纪治兴, 郑敏华. 2008. 营商能耐可以改变社会. 香港: 思网络.
贾磊. 2009. 社会企业的组织结构设计研究. 大众商务, (4): 112 .
金仁仙. 2006. 社会经济制度化发展——以韩国《社会企业育成法》为视角. 科学学与科学技术管理, 37(1): 38-45.
瑾琇. 2016. 社会企业案例研究. 北京: 首都经济贸易大学出版社.
经济合作与发展组织. 2002. 社会企业. 刘继同, 译//王思斌. 中国社会工作研究(第二辑). 北京: 社会科学文献出版社: 197-201.
卡普兰, 诺顿. 2005. 战略地图——化无形资产为有形成果. 刘俊勇, 孙薇, 译. 广州: 广东经济出版社.
凯欧翰. 2016. 21 世纪社会创业: 席卷非营利、私人和公共部门的革新. 叶托, 译. 广州: 华南理工大学出版社.
康健. 2008. 发展社会企业, 改善社区服刑人员就业状况. 法制与社会, (1): 183, 190.
康蕾, 徐月芳, 何荷, 等. 2012. 中国社会企业战略发展的思考——以深圳残友模式为例. 战略决策研究, 3(2): 84-90.
莱特. 2011. 探求社会企业家精神. 苟天来, 何君, 滕飞, 等译. 北京: 社会科学文献出版社.
黎红雷. 2019. 企业儒学·2018. 北京: 人民出版社: 213.

李慧. 2018-03-20. 发挥科技优势 助力脱贫攻坚. 光明日报, (09).
李健. 2018. 社会企业政策: 国际经验与中国选择. 北京: 社会科学文献出版社.
李洁茹. 2016. 社会企业创新样本: 善淘网与义卖“无关”. 中国中小企业, (7): 48-49.
李庆. 2016. 参与修改《慈善法》的 85 后人大代表. http://www.gongyishibao.com/html/yaowen/9540.html[2016-04-05].
李雪莹. 2008. 公益创投与社会企业//行政院劳工委员会职业训练局中彰投区就业服务中心. 多元就业开发方案-民间团体发展成为社会企业论述精选集. 台中: 行政院劳工委员会职业训练局中彰投区就业服务中心: 109-120.
李衍儒, 江明修. 2011. 社会企业之发展经验与政策建议: 以美国、英国、中国香港与中国台湾为例. 中国非营利评论, 7(1): 94-114.
李永强. 2004. 商业模式辨析及其理论基础. 经济体制改革, (3): 159-161.
里德比特. 2006. 社会企业家的崛起. 环球协力社, 编译. 北京: 英国大使馆文化教育处.
梁宇东, 房涛, 朱小斌. 2014. 社会影响力投资在中国. http://www.doc88.com/p-7098341284311.html[2018-06-22].
林吉郎. 2006. 民间团体发展社会企业的策略途径: 香港经验的启发. 政治大学非营利组织研讨会: 47-68.
林吉郎. 2010. 台湾地方特色产业发展策略: 社区营造途径的思维与实践. 地方行政研习中心研习论坛.
林伟贤, 魏炜. 2011. 慈善的商业模式. 北京: 机械工业出版社.
刘建民. 2014. 法治与社会论丛(第 4 卷). 北京: 知识产权出版社.
刘小霞. 2012. 社会企业研究述评. 华东理工大学学报(社会科学版), (3): 9-22, 56.
刘玄奇. 2018. 中国社会企业发展简史(2008-2018). http://www.chinadevelopmentbrief.org.cn/news-22343.html[2018-12-13].
刘禹松. 2017. 中国社会企业发展仍有艰难. 新产经, (3): 71-73.
刘子琦. 2017. 英国社会企业之旅: 以公民参与实现社会得利的经济行动. 台北: 新自然主义.
鲁波特, 罗. 2008. 平凡创传奇: 社会企业妙点子. 钟慧元, 译. 香港: 商务印书馆(香港)有限公司.
陆汉文, 史翠翠. 2010. 合作制社会企业: 四川省民乐村灾后生计重建与发展的实践探索. 中国扶贫, (18): 72-73.
伦德斯特罗姆, 周春彦, 弗里德里希, 等. 2016. 社会企业家: 影响经济、社会与文化的新力量. 黄琦, 陈晓庆, 译. 北京: 清华大学出版社.
罗珉, 曾涛, 周思伟. 2005. 企业商业模式创新: 基于租金理论的解释. 中国工业经济, (7): 73-81.
罗曙辉. 2013. 欣耕工坊的“三寻”. WTO 经济导刊, (9): 78-79.
罗文恩, 周延风. 2010. 中国慈善组织市场化研究——背景、模式与路径. 管理世界, (12): 65-73, 89.
苗青. 2014. 社会企业: 链接商业与公益. 杭州: 浙江大学出版社.
穆秀玲, 刘平. 2005-10-04. “鹤童”启示录. 天津日报, (01).
尼森. 2014. 社会企业的岔路选择. 伍巧芳, 译. 北京: 法律出版社.
帕特南. 2001. 使民主运转起来. 王列, 赖海榕, 译. 南昌: 江西人民出版社.
彭劲松, 黎友焕. 2012. 社会企业商业模式研究——以广东残友集团为例. 江西社会科学, 32(4): 224-227.

彭秀丽. 2009. 社会企业理论演进及其对我国公共服务均等化的启示. 吉首大学学报(社会科学版), 30(2): 96-100.

丘昌泰. 2007. 社会企业组织在台湾地区的发展//王名. 中国非营利评论(第一卷). 北京: 社会科学文献出版社: 149-155.

日本内阁府. 2015. 我が国における社会的企業の活動規模に関する調査報告書.

萨拉蒙, 等. 2002. 全球公民社会——非营利部门视界. 贾西津, 魏玉, 等译. 北京:社会科学文献出版社: 24-25.

沙勇. 2013. 中国社会企业研究. 北京: 中央编译出版社.

上海财经大学社会企业研究中心, 北京大学公民社会研究中心, 21世纪社会创新研究中心, 等. 2013. 中国社会企业与社会影响力投资发展报告. 博鳌亚洲论坛.

社企流. 2015. 社会企业的力量. 北京: 九州出版社.

时立荣. 2007. 转型与整合: 社会企业的性质、构成与发展. 人文杂志, (4): 181-187.

时立荣, 刘菁, 徐美美. 2014. 社会性嵌入: 从企业生产要素看社会企业模式的产生. 河南社会科学, 22(4): 91-95.

舒博. 2010. 社会企业的崛起及其在中国的发展. 天津: 天津人民出版社.

司徒达贤. 1999. 非营利组织的经营管理. 台北: 天下远见出版股份有限公司.

斯晓夫, 刘志阳, 林嵩, 等. 2019. 社会创业: 理论与实践. 北京: 机械工业出版社.

孙世敏. 2014. 社会企业业绩计量理论、方法及其应用. 北京: 经济科学出版社.

孙世敏, 张兰, 贾建锋. 2011. 社会企业业绩计量理论与方法的研究进展. 科研管理, 12: 74-81.

孙同全, 潘忠. 2013. 社会企业道路——中国公益性小额信贷组织转制问题初探. 北京: 社会科学文献出版社.

涂瑞德. 2012. 社会企业在台湾的法律规范与管理矛盾. 台北: 巨流图书公司.

万希. 2005. 智力资本理论研究综述. 经济学动态, (5): 82-86.

万希. 2007. 论社会资本与社会企业家. 经济纵横, (6): 66-68.

万希, 刘弯弯, 徐永高. 2013. 社会企业家的特征与形成机制研究. 社会工作, (2): 55-64, 152.

万希, 彭雷清. 2011. 基于智力资本的社会企业创新流程研究. 管理世界, (6): 180-181.

汪忠, 吴倩, 胡兰. 2013. 基于 DEA 方法的社会企业双重绩效评价研究. 中国地质大学学报(社会科学版), 13(4): 106-111.

王皓白. 2010. 社会创业动机、机会识别与决策机制研究. 浙江大学博士学位论文.

王加灿. 2006. 基于生命周期理论的企业社会责任管理. 企业经济, (5): 63-65.

王茂林. 2005. 构建和谐社会必须强化企业的社会责任. 求是, (23): 17-19.

王名, 李勇, 黄浩明. 2015. 香港非营利组织. 北京: 社会科学文献出版社.

王名, 刘国翰, 何建宇. 2001. 中国社团改革: 从政府选择到社会选择. 北京: 社会科学文献出版社.

王名, 朱晓红. 2010. 社会企业论纲. 中国非营利评论, (2): 1-31.

王世强. 2012a. "社会企业"概念解析. 武汉科技大学学报(社会科学版), 14(5): 495-500.

王世强. 2012b. 社会企业的官方定义及其认定标准. 社团管理研究, (6): 38-41.

王世强. 2016. 社会企业兴起的路径研究: 两大部门的相互融合与结构差异. 北京: 首都经济贸易大学出版社.

王晓樱, 魏月蘅. 2014-07-18. 新乡贤陈统奎: 率领村民再造魅力新故乡. 光明日报.

魏炜, 朱武祥. 2009. 发现商业模式. 北京: 机械工业出版社.
魏炜, 朱武祥, 林桂平. 2012a. 商业模式经济解释: 深度解构商业模式密码. 北京: 机械工业出版社.
魏炜, 朱武祥, 林桂平. 2012b. 基于利益相关者交易结构的商业模式理论. 管理世界, (12): 125-131.
温铁军. 2019. 中国生态文明转型与社会企业传承. 中国农业大学学报(社会科学版), (3): 111-117.
翁君奕. 2004. 商务模式创新——企业经营魔方的旋启. 北京: 经济管理出版社.
沃斯. 2016. 非营利管理原理与实务. 韩梦莹, 张强, 王峥, 译. 广州: 华南理工大学出版社.
邬爱其, 焦豪. 2008. 国外社会创业研究及其对构建和谐社会的启示. 外国经济与管理, (1): 17-22.
吴晨. 2007. 社会企业指南手册. https://wenku.baidu.com/view/574ce33231126edb6f1a1041.html [2018-06-22].
吴成丰. 2017. 社会企业的发展: 设计思考×管理伦理. 台北: 前程企业管理有限公司.
习近平. 2017-10-19. 决胜全面建成小康社会 夺取新时代中国特色社会主义伟大胜利——在中国共产党第十九次全国代表大会上的报告. 人民日报, (02).
夏露萍. 2014. 真正的问题解决者: 社会企业如何用创新改变世界. 刘冉, 译. 北京: 中国人民大学出版社.
谢家驹. 2008. 香港社会企业妙点子. 香港: 商务印书馆(香港)有限公司.
谢家驹. 2011. 社会企业家的八面玲珑. 香港: 商务印书馆(香港)有限公司.
谢家驹, 李凡. 2010. 公益新思维——10 个中国社会企业家的故事. 香港: 字成一家传讯策划出版社.
谢家平, 刘鲁浩, 梁玲. 2016. 社会企业: 发展异质性、现状定位及商业模式创新. 经济管理, (4): 190-199.
谢世清, 陈方诺. 2017. 农村小额贷款模式探究——以格莱珉银行为例. 宏观经济研究, (1): 148-155.
徐辉. 2009-07-21. 北京光华慈善基金会: 让善款产生最大的绩效. 公益时报.
徐启智. 2012. 社区基础企业的台湾案例: 桃米社区的发展研究//徐家良. 中国第三部门研究(第四卷). 上海: 上海交通大学出版社: 37.
徐永祥. 2006. 和谐社会建构中的民间社会组织及其社会政策. 学海, (6): 57-61.
闫加伟. 2010. 草芥: 社会的自组织现象与青年自组织工作. 上海: 上海三联书店.
严中华. 2008. 社会创业. 北京: 清华大学出版社.
严中华, 杨丽, 杜海东. 2008. 美英公益企业发展的比较研究及其思考. 技术经济与管理研究, (2): 36-38.
杨家宁, 陈健民. 2010. 西方社会企业兴起的背景及其研究视角. 中国非营利评论, (1): 172-187.
杨立雄. 2009. 中国福利企业发展研究. 中国经济问题, (4): 49-58.
杨铭贤, 吴济聪, 苏哲仁, 等. 2009. 社会企业经营模式之建构. 创业管理研究, 4(4): 57-83.
尤努斯. 2008. 新的企业模式: 创造没有贫困的世界. 鲍小佳, 译. 北京: 中信出版社.
尤努斯. 2018. 普惠金融改变世界. 陈文, 陈少毅, 郭长冬, 等译. 北京: 机械工业出版社.
尤努斯, 韦伯. 2011. 企业的未来——构建社会企业的创想. 杨励轩, 译. 北京: 中信出版社.

于凤川. 2007. 尤努斯与“穷人银行”. 求是, (16): 60-61.
于晓静. 2011. 国外社会企业的发展及其启示. 社团管理研究, (5): 46-49.
余晓敏, 等. 2018. 社会企业与中国社会发展的创新实践. 北京: 中国经济出版社.
余晓敏, 丁开杰. 2011. 社会企业发展路径: 国际比较及中国经验. 中国行政管理, (8): 61-65.
余晓敏, 李娜. 2017. 社会企业型在线慈善商店的创新模式分析——基于“善淘网”的案例研究. 经济社会体制比较, (5): 136-145.
余晓敏, 张强, 赖佐夫. 2011. 国际比较视野下的中国社会企业. 经济社会体制比较, (1): 157-165.
俞可平. 2007. 序言: 发展社会企业, 推进社会建设. 透视社会企业: 中国与英国的经验: 1-2.
张锦, 梁海霞, 严中华. 2014a. 社会创业视角下的高校教学企业绩效评价体系研究. 科技创业月刊, (1): 18-20.
张锦, 梁海霞, 严中华. 2014b. 国外社会创业组织绩效评估研究述评. 创新与创业教育, 5(4): 11-15.
张锦, 严中华, 杜海东. 2012. 社会创业绩效评价中的平衡计分卡——系统动力学视角的分析. 技术经济与管理研究, (10): 36-40.
张强, 余晓敏. 2009. NGO 参与汶川地震灾后重建研究发展. 北京: 北京大学出版社.
张瑞霖. 2011. 黑暗中对话——经营社会企业的体悟. 香港: 商务印书馆(香港)有限公司.
张玉利, 李乾文, 李剑力. 2006. 创业管理研究新观点综述. 外国经济与管理, (5): 1-7.
张远凤. 2012. 社会创业与管理. 武汉: 武汉大学出版社.
赵丽缦, Zahra S, 顾庆良. 2014. 国际社会创业研究前沿探析: 基于情境分析视角. 外国经济与管理, (5): 12-22.
赵萌. 2009. 社会企业战略: 英国政府经验及其对中国的启示. 经济社会体制比较, (4): 135-141.
赵学刚, 吴林霖. 2013-01-11. 解决社会问题呼唤发展社会企业. 人民日报, (07).
郑胜分. 2005. 欧美社会企业发展及其在台湾应用之研究. 台湾政治大学博士学位论文.
郑胜分, 王致雅. 2010. 台湾社会企业的发展经验. 中国非营利评论, (2): 32-59.
郑卫宁. 2013-01-15. 以英国社会企业法案为参照审视深圳社会企业立法. 人民政协报(深圳专版).
郑志贤. 2016. 社会企业运用绩效评估模式之研究——以里仁事业为例. 台湾大学管理学院国际企业学系研究所硕士学位论文.
中国残疾人联合会. 2007. 2006 年第二次全国残疾人抽样调查主要数据公报(第二号). http://www.cdpf.org.cn/sjzx/cjrgk/200711/t20071121_387540.shtml[2011-05-11].
王勇. 2019. 《中国社会企业与社会投资行业扫描调研报告 2019》(简版)发布 我国具有“自觉意识”的社会企业 1648 家. http://www.gongyishibao.com/html/yaowen/16371.html[2019-04-16].
周红云, 宋学增. 2016. 透视社会创新与社会企业: 探索中国社会发展路径. 北京: 中国社会出版社.
朱明. 2006. 社会企业的四大发展理念. 21 世纪商业评论, (2): 77-79.
朱晓红. 2008. YBC 重建家园创业行动及其经验分析——基于社会企业的视角. 中国非营利评论, (2): 172-189.
Chadwick S. 2014. 亚洲公益创投实践指南. CISF, 译. https://max.book118.com/html/2019/0310/7061131034002013.shtm[2020-07-23].
Dees J G. 2010-12-31. 培育社会企业家精神是中国向世界显示影响力的黄金契机. Zhang J L, 译.

21 世纪经济报道, (18).

Pfeffer J. 2004. 人力资源方程式——以员工为本创造利润. 黄长凌, 译. 北京: 清华大学出版社.

Afuah A. 2004. Business Models: A Strategic Management Approach. New York: McGrawHill/Irwin.

Aguilera R V, Rupp D E, Williams C A, et al. 2007. Putting the S back in corporate social responsibility: a multi-level theory of social change in organizations. Academy of Management Review, 32(3): 836-863.

Alt R, Zimmermann H D. 2001. Preface: introduction to special section – business models. Electronic Markets, 11(1): 3-9.

Alter S K. 2006. Social enterprise models and their mission and money relationships//Nicholls A. Social Entrepreneurship: New Models of Sustainable Change. New York: Oxford University Press: 205-223.

Alter S K. 2007. Social Enterprise Typology. Washington D C: Virtue Ventures LLC.

Alvord S H, Brown L D, Letts C W. 2004. Social entrepreneurship and societal transformation. Journal of Applied Behavioral Science, 40(3): 260-282.

Amit R, Zott C. 2001. Value creation in e-business. Strategic Management Journal, 22(6/7): 493-520.

Anderson R B, Dana L P, Dana T E. 2006. Indigenous land rights, entrepreneurship, and economic development in Canada: "Opting-in" to the global economy. Journal of World Business, 41(1): 45-55.

Ashoka Innovators for the Public. 2000. Selecting leading social entrepreneurs. Washington D C: Ashoka.

Austin J E. 2000. The Collaboration Challenge How Nonprofit and Businesses Succeed Trough Strategic Alliances. London: Peter Druker Foundation.

Austin J, Stevenson H, Wei-Skillern J. 2006. Social and commercial entrepreneurship: same, different, or both?. Entrepreneurship Theory and Practice, 30(1): 1-22.

Bacchiega A, Borzaga C. 2001. Social enterprises as incentive structures: an economic analysis// Borzaga C, Defourny J. The Emergence of Social Enterprise. London, New York: Routledge: 273-295.

Bagnoli L, Megali C. 2011. Measuring performance in social enterprises. Nonprofit and Voluntary Sector Quarterly, 40(1): 149-165.

Bates S. 2001. The reporter's privilege, then and now. Society, 38(5): 41-54.

Beere M, Spector B, Lawrence P. 1984. Managing Human Assets. New York: Free Press.

Bishop M, Green M. 2009. Philanthrocapitalism: How Giving Can Save the World. New York: Bloomsbury Press.

Blair A. 1997. Welfare to work. London: First Policy Speech as Prime

Bontis N. 1998. Intellectual capital: an exploratory study that develops measures and models. Management Decision, 36(2): 63-76.

Bornstein D. 2004. How to Change the World: Social Entrepreneurs and the Power of New Ideas. New York: Oxford University Press.

Borzaga C, Defourny J. 1995. The Emergence of Social Enterprise. London: Routledge.

Borzaga C, Santuari A. 2003. New trends in the non-profit sector in Europe: the emergence of social entrepreneurship//OECD. The Non-profit Sector in a Changing Economy. Paris: OECD: 31-59.

Borzaga C, Solari L. 2001. Management challenges for social enterprises//Borzaga C, Defourny J. The Emergence of Social Enterprise. London, New York: Routledge: 333-349.

Boschee J. 1995. Social entrepreneurship. Across the Board, 32(3): 20-25.

Boschee J. 1998. Merging Mission and Money: A Board Member's Guide to Social Entrepreneurship. Washington D C: National Center for Nonprofit Boards.

Bourdieu P. 1997. The forms of capital//Halsey A H, Lauder H, Brown P, et al. Education: Culture, Economy and Society. Oxford: Oxford University Press: 241-258.

Brinkerhoff P. 2001. Why you need to be more entrepreneurial—an how to get started. Nonprofit World, 19(6): 12-15.

Brooks A C. 2009. Social Entrepreneurship: A Modern Approach to Social Value Creation. Upper Saddle River: Prentice Hall.

Buchanan B. 1975. Red-tape and the service ethic: some unexpected differences between public and private managers. Administration and Society, 6(4): 423-444.

Bull M. 2007. Balance: the development of a social enterprise business performance analysis tool. Social Enterprise Journal, 3(1): 49-66.

Caddy I, Guthrie J, Petty R. 2001. Managing orphan knowledge: current australasian best practice. Journal of Intellectual Capital, 2(4): 384-397.

Cafaggi F, Iamiceli P. 2008. New frontiers in the legal structures and legislation of social enterprises in Europe: a comparative analysis. Italy: European University Institute: 7-24.

Canadian Centre for Social Entrepreneurship. 2001. Social entrepreneurship. Discussion Paper No. 1.

Casadesus-Masanell R, Ricart J E. 2010. From strategy to business models and onto tactics. Long Range Planning, 43(2/3): 195-215.

Certo S T, Miller T. 2008. Social entrepreneurship: key issues and concepts. Business Horizons, 51(4): 267-271.

Chan A, Ryan S, Quarter J. 2017. Supported social enterprise: a modified social welfare organization. Nonprofit and Voluntary Sector Quarterly, 46(2): 261-279.

Chell E. 2007. Social enterprise and entrepreneurship: towards a convergent theory of the entrepreneurial process. International Small Business Journal, 25(1): 5-26.

Chesbrough H. 2010. Business model innovation: opportunities and barriers. Long Range Planning, 43(2/3): 354-363.

Chesbrough H, Rosenbloom R S. 2002. The role of the business model in capturing value from innovation: evidence from Xerox Corporation's technology spin-off companies. Industrial and Corporate Change, 11(3): 529-555.

Chetkovich C, Frumkin P. 2003. Balancing margin and mission: nonprofit competition in charitable versus fee-based programs. Administration & Society, 35(5): 564-596.

Cho A. 2006. Politics, values and social entrepreneurship: a critical appraisal//Mair J R, Hockerts K. Social Entrepreneurship. New York: Palgrave Macmillan: 34-56.

Christie M J, Honig B. 2006. Social entrepreneurship: new research findings. Journal of World Business, 41(1): 1-5.

Clarkin J E, Deardurff D D, Gallagher A. 2012. Opportunities for social entrepreneurship: an analysis of the social sector in six Midwest US areas//Kickul J, Bacq S. Patterns in Social Entrepreneurship Research. Cheltenham: Edward Elgar: 15-41.

Clary E G, Snyder M. 1999. The motivations to volunteer: theoretical and practical considerations. Current Directions in Psychological Science, 8(5): 156-159.

Clegg S, Kornberger M, Pitsis T. 2008. Managing and Organizations. London: Sage.

Cnaan R A, Cascio T. 1998. Performance and commitment: issues in management of volunteers in human service organizations. Journal of Social Service Research, 24(3/4): 1-37.

Cochran P L. 2007. The evolution of corporate social responsibility. Business Horizons, 50(6): 449-454.

Cooney K, Shanks T R W. 2010. New approaches to old problems: market-based strategies for poverty alleviation. Social Service Review, 84(1): 29-55.

Crossan B, Gallacher J, Osborne M. 2004. Researching Widening Access to Lifelong Learning: Issues and Approaches in International Research. London: Imprint Routledge.

Dacin P A, Dacin M T, Matear M. 2010. Social entrepreneurship: why we don't need a new theory and how we move forward from here. Academy of Management Perspectives, 24(3): 37-57.

Damlamian C. 2006. Corporate-NGO partnerships for sustainable development. https://www.docin.com/p-1468166706.html[2019-11-12].

Dart R. 2004. Being "business-like" in a nonprofit organization: a grounded and inductive typology. Nonprofit and Voluntary Sector Quarterly, 33(2): 290-310.

Dees J G. 1996. The social enterprise spectrum: from philanthropy to commerce. Harvard Business Review, (4): 7.

Dees J G. 1998. Enterprising nonprofits: what do you do when traditional sources of funding fall short?. Harvard Business Review, 76(1): 55-67.

Dees J G. 1999. Enterprising nonprofits//Harvard Business Review on Nonprofits. Boston: Harvard Business School Publishing: 135-166.

Dees J G, Anderson B B. 2003. Sector-bending: blurring lines between nonprofit and for-profit society. Society, 40(4): 16-27.

Dees J G, Emerson J, Economy P. 2001. Enterprising Nonprofits: A Toolkit for Social Entrepreneurs. New York: John Wiley & Sons.

Defourny J. 2001. Introduction: from third sector to social enterprise //Borzaga C, Defourny J. The Emerging of Social Enterprise. London: Routledge: 1-28.

Defourny J, Kim S Y. 2010. A cross-country analysis of social enterprises in Eastern Asia. paper presented at the International Conference on Social Enterprises in Eastern Asia: Dynamics and Variations, Taipei: 14-16.

Defourny J, Nyssens M. 2010. Conceptions of social enterprise and social entrepreneurship in Europe and the United States: convergences and divergences. Journal of Social Entrepreneurship, 1: 32-53.

Denny S, Seddon F A. 2013. Social Enterprise: Accountability and Evaluation Around the World. London: Routledge.

DiMaggio P J. 1988. Interest and agency in institutional theory//Zucker L G. Institutional Patterns and Organizations: Culture and Environment. New York: Ballinger Publishing Co, Harper & Row Publishers: 3-21.

Dixon S E A, Clifford A. 2007. Ecopreneurship – a new approach to managing the triple bottom line. Journal of Organizational Change Management, 20(3): 326-345.

Doherty L, Norton A. 2014. Making and measuring "good" HR practice in an SME: the case of a Yorkshire bakery. Employee Relations, 36(2): 128-147.

Drayton W. 2002. The citizen sector: becoming as entrepreneurial and competitive as business. California Management Review, 44(3): 120-132.

Drucker P F. 1985. Innovation and Entrepreneurship. New York: Harper & Row.

DTI. 2002. Social Enterprise: a Strategy for Success. London: Department of Trade and Industry.

Duff R R, Bul M. 2011. Understanding Social Enterprisee: Theory and Practice. London: SAGE Publications Ltd.

Edvinsson L. 1997. Intellectual Capital: The Proven Way to Establish Your Company's Real Values by Measuring Its Hidden Brainpower. New York: Harper Business.

Eikenberry A M, Kluver J D. 2004. The marketization of the nonprofit sector: civil society at risk?. Public Administration Review, 64(2): 132-140.

Elkington J, Fennell S. 1998. Partners for sustainability. Greener Management International, 24: 48-60.

Emerson J. 2003. The blended value proposition: integrating social and financial returns. California Management Review, 45(4): 35-51.

Emerson J, Twersky F. 1996. New social Entrepreneurs: The Success, Challenge and Lessons of Non-profit Enterprise Creation. San Francisco: Roberts Foundation.

Escribano A, Fosfuri A, Tribó J A. 2009. Managing external knowledge flows: the moderating role of absorptive capacity. Research Policy, 38(1): 96-105.

Evans M. 2001. Community enterprise and regeneration in North London: the prospect in four boroughs. Regeneration Project Report, Middlesex University.

Evers A. 2001. The significance of social capital in the multiple goal and resource structure of social enterprise//Borzaga C, Defourny J. The Emerging of Social Enterprise. London: Routledge: 296-311.

Foot M, Hook C. 2005. An Introduction to Human Resource Management. 4th ed. Upper Saddle River: Prentice Hall.

Fosfuri A, Giarratana M S, Roca E. 2016. Social business hybrids: demand externalities, competitive advantage, and growth through diversification. Organization Science, 27(5): 1275-1289.

Fowler A. 2000. NGDOs as a moment in history: beyond aid to social entrepreneurship or civic innovation?. Third World Quarterly, 21(4): 637-654.

Frumkin P. 2004. On Being Nonprofit: A Conceptual and Policy Primer. Cambridge: Harvard Universtiy Press: 172.

Galaskiewicz J, Barringer S N. 2012. Social enterprises and social categories//Gidronand B, Hasenfeld Y. Social Enterprises: An Organizational Perspective. Basingstoke: Palgrave

Macmillan: 47-70.

Galera G, Borzaga C. 2009. Social enterprise: an international overview of its conceptual evolution and legal implementation. Social Enterprise Journal, 5(3): 210-228.

Gambardella A, McGahan A M. 2010. Business-model innovation: general purpose technologies and their implications for industry structure. Long Range Planning, 43(2/3): 262-271.

Giddens A. 1984. The Constitution of Society. Cambridge: Polity.

Granados M L, Hlupic V, Coakes E, et al. 2011. Social enterprise and social entrepreneurship research and theory: a bibliometric analysis from 1991 to 2010. Social Enterprise Journal, 7(3): 198-218.

Grant H M, Crutchfield L. 2008. The hub of leadership: lessons from the social sector. Leader to Leader, 48: 45-52

Guclu A, Dees J G, Anderson B B. 2002. The process of social entrepreneurship: creating opportunities worthy of serious pursuit. Durham: Center for the Advancement of Social Entrepreneurship, Fuqua School of Business, Duke University.

Guest D E. 2001. Human resource management: when research confronts theory. The International Journal of Human Resource Management, 12(7): 1092-1106.

Hamel G. 2000. Resource attraction. Leadership Excellence, 17(8): 3-4.

Hamel G. 2002. Leading the Revolution: How to Thrive in Turbulent Times by Making Innovation a Way of Life. Boston: Harvard Business School Press.

Hamori M. 2003. The impact of reputation capital on the career paths of departing employees. Journal of Intellectual Capital, 4(3): 304-315.

Hansmann H B. 1996. The Ownership of Enterprise. Cambridge: The Belknap Press of Harvard University Press.

Hansmann H B. 2003. The role of trust in nonprofit enterprise//Anheier H K, Ben-Ner A. The Study of the Nonprofit Enterprise: Theories and Approach. New York: Kluwer Academic/Plenum Publishers: 115-122.

Harding R. 2004. Social enterprise: the new economic engine? . Business Strategy Review, 15(4): 39-43.

Haugh H. 2005. A research agenda for social entrepreneurship. Social Enterprise Journal, 1(1): 1-12.

Henton D, Melville J, Walesh K. 1997. The age of the civic entrepreneur: restoring civil society and building economic community. National Civic Review, 86(2): 149-156.

Her Majesty's Treasury. 2013. Social investment tax relief: summary of responses.

Herman R D, Renz D O. 1999. Theses on nonprofit organizational effectiveness. Nonprofit and Voluntary Sector Quarterly, 28(2): 107-126.

Hibbert S A, Hogg G, Quinn T. 2002. Consumer response to social entrepreneurship: the case of the Big Issue in Scotland. International Journal of Nonprofit and Voluntary Sector Marketing, 7(3): 288-301.

Huselid M A. 1995. The impact of human resource management practices on turnover, productivity, and corporate financial performance. Academy of Management Journal, 38(3): 635-672.

Ireland R D, Webb J W. 2007. Strategic entrepreneurship: creating competitive advantage through streams of innovation. Business Horizons, 50(1): 49-59.

Jack S, Dodd S D, Anderson A R. 2008. Change and the development of entrepreneurial networks over time: a processual perspective. Entrepreneurship & Regional Development, 20(2): 125-159.

Jäger U P. 2010. Managing Social Businesses: Mission, Governance, Strategy and Accountability. New York: Palgrave Macmillan: 132-133.

Johnson M W, Christensen C M, Kagermann H. 2008. Reinventing your business model. Harvard Business Review, 86(12): 57-68.

Johnson S. 2000. Literature review on social entrepreneurship. Canadian Centre for Social Entrepreneurship: 1-17.

Jones G M. 1960. Educators, electrons, and business models: a problem in synthesis. The Accounting Review, 35(4): 619-626.

Kelley T. 2009. Law and choice of entity on the social enterprise frontier. Tulane Law Review, 84: 337-377.

Kerlin J A. 2006. Social enterprise in the United States and Europe: understanding and learning from the differences. Voluntas: International Journal of Voluntary and Nonprofit Organizations, 17(3): 247-263.

Kerlin J A. 2009. Social Enterprise: A Global Comparison. Boston: Tufts University Press.

Kerlin J A. 2017. Shaping Social Enterprise: Understanding Institutional Context and Influence. Bingley: Emerald Publishing Limited.

Keupp M M, Gassmann O. 2009. The past and the future of international entrepreneurship: a review and suggestions for developing the field. Journal of Management, 35(3): 600-633.

Klein D A. 1998. The Strategic Management of Intellectual Capital. Boston: Butterworth-Heinemann.

Konczal E F. 1975. Models are for managers, not mathematicians. Journal of Systems Management, 26(1): 12-14.

Kong E. 2007. The strategic importance of intellectual capital in the non-profit sector. Journal of Intellectual Capital, (4): 721-731.

Kong E, Prior D. 2008. An intellectual capital perspective of competitive advantage in nonprofit organisations. International Journal of Nonprofit and Voluntary Sector Marketing, 13(2): 119-128.

Leadbeater C. 1997. The Rise of the Social Entrepreneur. London: DEMOS.

Leete L. 2000. Wage equity and employee motivation in nonprofit and for-profit organizations. Journal of Economic Behavior & Organization, 43(4): 423-446.

Letts C W, Ryan W, Grossman A. 1997. Virtuous capital: what foundations can learn from venture capitalists. Harvard Business Review, 75: 36-44.

Levit T. 1973. The Third Sector：New Tactics for a Responsive Society. New York: AMACON.

Lewin A Y, Volberda H W. 1999. Prolegomena on coevolution: a framework for research on strategy and new organizational forms. Organization Science, 10(5): 519-534.

Light P. 2006. Reshaping social entrepreneurship. Stanford Social Innovation Review, 3: 47-51.

Lin N. 2001. Social Capital: A Theory of Social Structure and Action. New York: Cambridge University Press.

Linder J, Cantrell S. 2000. Changing Business Models: Surveying the Landscape. Chicago: Accenture

Institute for Strategic Change.

Loury G. 1977. A dynamic theory of racial income differences//Wallace P A, Le Mund A. Women, Minorities, and Employment Discrimination. Lexington: Lexington Books: 153-186.

Low C. 2006. A framework for the governance of social enterprise. International Journal of Social Economics, 33(5/6): 376-385.

Magretta J. 2002. Why business models matter. Harvard Business Review, 80(5): 86-92.

Maguire S, Hardy C, Lawrence T B. 2004. Institutional entrepreneurship in emerging fields: HIV/AIDS treatment advocacy in Canada. Academy of Management Journal, 47(5): 657-679.

Mair J, Martí I. 2006. Social entrepreneurship research: a source of explanation, prediction, and delight. Journal of World Business, 41: 36-44.

Mair J, Noboa E. 2006. Social entrepreneurship and social transformation: An exploratory study. University of Navarra-IESE Business School Working Paper Series: 955.

Mair J, Schoen O. 2007. Successful social entrepreneurial business models in the context of developing economies. International Journal of Emerging Markets, 2(1): 54-68.

Martin B. 2000. Knowledge-based organizations: emerging trends in local government in Australia. Journal of Knowledge Management Practice, 2(10): 122-133.

Martin de Holan P, Phillips N. 2004. Organizational forgetting as strategy. Strategic Organization, 2(4): 423-433.

Martin R L, Osberg S. 2007. Social entrepreneurship: the case for definition. Stanford Social Innovation Review, 2(5): 28-39.

Martín-de-Castro G, Navas-López J E, López-Sáez P, et al. 2006. Organizational capital as competitive advantage of the firm. Journal of Intellectual Capital, 7(3): 324-337.

McCully G. 2000. Is this a paradigm shift?. Foundation News & Commentary, 3: 20-22.

McGregor D. 1960. The human side of enterprise. New York: McGraw-Hill.

McLeod H. 1997. Cross over: The social entrepreneur. State of Small, 19(7): 10-100.

McLoughlin J, Kaminski J, Sodagar B, et al. 2009. A strategic approach to social impact measurement of social enterprises: the SIMPLE methodology. Social Enterprise Journal, 5(2): 154-178.

Meadows M, Pike M. 2010. Performance management for social enterprises. Systemic Practice and Action Research, 23(2): 127-141.

Mintzberg H. 1988. Mintzberg on Management: Inside Our Strange World of Organizations. New York: Free Press.

Mitchell D, Coles C. 2003. The ultimate competitive advantage of continuing business model innovation. Journal of Business Strategy, 24(5): 15-21.

Monica A. 2003. The entrepreneurial establishment of a nonprofit organization. Public Organization Review: A Global Journal, 3: 171-189.

Monllor J. 2010. Social Entrepreneurship: A Study on the Source and Discovery of Social Opportunities. New York: Palgrave Macmillan.

Morris M, Schindehutte M, Allen J. 2005. The entrepreneur's business model: toward a unified perspective. Journal of Business Research, 58: 726-735.

Morris M, Schindehutte M, Richardson J, et al. 2006. Is the business model a useful strategic concept?

Conceptual, theoretical, and empirical insights. Journal of Small Business Strategy, 17(1): 27-50.
Mort G S, Weerawardena J, Carnegie K. 2003. Social entrepreneurship: towards conceptualisation. International Journal of Nonprofit and Voluntary Sector Marketing, 8(1): 76-88.
Mouritsen J, Koleva G. 2004. The actorhood of organisational capital. International Journal of Learning and Intellectual Capital, 1(2): 177-189.
Mulgan G. 2007. Social innovation: what it is, why it matters and how it can be accelerated. http://eureka.sbs.ox.ac.uk/761/1/Social_Innovation.pdf[2017-11-18].
Nicholls A. 2006. Social Entrepreneurship: New Models of Sustainable Social Change. New York: Oxford University Press.
Nyssens M, Adam S, Johnson T. 2006. Social Enterprise: At the Crossroads of Market, Public Policies and Civil Society. London: Routledge.
OECD. 1999. Social Enterprises.
OECD. 2001. Corporate Social Responsibility: Partners for Progress.
OECD. 2003. The Non-profit Sector in a Changing Economy.
Office of the Third Sector. 2006. Social enterprise action plan: scaling new heights.
Osterwalder A. 2004. The business model ontology: a proposition in a design science approach. Universitéde Lausanne.
Osterwalder A, Pigneur Y. 2010. Business Model Generation: A Handbook for Visionaries, Game Changers, and Challengers. New Jersey: John Wiley & Sons Inc.
Osterwalder A, Pigneur Y, Tucci C L. 2005. Clarifying business models: origins, present, and future of the concept. Communications of the Association for Information Systems, 16: 1-25.
Pearce J. 2003. Social Enterprise in Anytown. London: Calouste Gulbenkian Foundation.
Peattie K, Morley A. 2008. Social enterprises: diversity and dynamics, contexts and contributions. Cardiff: ESRC Cardiff University and Social Enterprise Coalition.
Peredo A M, McLean M. 2006. Social entrepreneurship: a critical review of the concept. Journal of World Business, 41: 56-65.
Perrini F, Vurro C. 2006. Social entrepreneurship: innovation and social change across theory and practice//Mair J, Robinson J, Hockerts K. Social Entrepreneurship. New York: Palgrave Macmillan: 57-86.
Pestoff V A. 1998. Beyond the Market and State: Social Enterprises and Civil Democracy in a Welfare Society. Aldershot: Ashgate.
Pomerantz M. 2003. The business of social entrepreneurship in a “down economy” . Business, 25(3): 25-30.
Porter M E, Kramer M R. 2011. Creating shared value. Harvard Business Review, 89(1/2): 62-77.
Powell T C. 2001. Competitive advantage: logical and philosophical considerations. Strategic Management Journal, 22(9): 875-888.
Prabhu G N. 1999. Social entrepreneurial leadership. Career Development International, 4(3): 140-145.
Rappa M A. 2004. The utility business model and the future of computing services. IBM Systems Journal, 43(1): 32-42.
Reis T. 1999. Unleashing the New Resources and Entrepreneurship for the Common Good: A Scan,

Synthesis and Scenario for Action. Battle Creek: W. K. Kellogg Foundation.

Reiser D B, Dean S A. 2017. Social Enterprise Law: Trust, Public Benefit, and Capital Markets. New York: Oxford University Press.

Reynolds L. 1991. Civil rights proposals focus on the workplace. Management Review, 7: 15-18.

Richards A, Reed J. 2015. Social capital's role in the development of volunteer-led cooperatives. Social Enterprise Journal, 11(1): 4-23.

Roberts Foundation. 1999. Social purpose enterprises and venture philanthropy in the new millennium.

Roberts Foundation Homeless Economic Development Fund. 1996. New social entrepreneurs: the success, challenge, and lessons of non-profit enterprise creation. A Progress Report on the Planning and Start-up of Non-Profit Businesses.

Robinson J. 2006. Navigating social and institutional barriers to markets: how social entrepreneurs identify and evaluate opportunities//Mair J, Robinson J, Hockerts K. Social Entrepreneurship. New York: Palgrave Macmillan: 95-120.

Robinson J, Mair J, Hockerts K. 2009. International Perspectives on Social Entrepreneurship. New York: Palgrave Macmillan: 27-63.

Roos J, Roos G, Dragonetti N C, et al. 1997. Intellectual Capital: Navigating the New Business Landscape. London: Macmillan Press.

Salamon L M. 1995. Partners in Public Service: Government-Nonprofit Relations in the Modern Welfare State. London: The Johns Hopkins University Press.

Salamon L M, Anheier H K. 1992. Toward an understanding of the international nonprofit sector: the Johns Hopkins comparative nonprofit sector project. Nonprofit Management & Leadership, 2(3): 311-324.

Santos F M. 2009. A positive theory of social entrepreneurship. Working Paper 2009/23/EFE/ISIC.

Schuyler G. 1998. Social entrepreneurship: profit as a means, not an end. https://files.eric.ed.gov/fulltext/ED434219.pdf[2019-12-11].

Seddon P B, Lewis G P. 2003. Business models and their relationship to strategy. The Pacific-Asia Conference on Information Systems (PACIS).

Seelos C, Mair J. 2004. Social entrepreneurship: the contribution of individual entrepreneurs to sustainable development. IESE Business School Working Paper No. 553.

Seelos C, Mair J. 2005. Entrepreneurs in service of the poor: models for business contributions to sustainable development. Business Horizons, 48(3): 241-245.

Shafer S M, Smith H J, Linder J C. 2005. The power of business models. Business Horizons, 48(3): 199-207.

Sharir M, Lerner M. 2006. Gauging the success of social ventures initiated by individual social entrepreneurs. Journal of World Business, 41: 6-20.

Shaver K G, Scott L R. 1991. Person, process, choice: The psychology of new venture creation. Entrepreneurship Theory and Practice, 16(2): 23-45.

Shaw E. 2004. Marketing in the social enterprise context: is it entrepreneurial?. Qualitative Market Research: An International Journal, 7(3): 194-205.

Sheldon O. 1924. The Social Responsibility of Management, the Philosophy of Management. London: Sir Isaac Pitman and Sons Ltd: 115-118.

Sherrill J. 2000. Literature review on social entrepreneurship. http://www.docin.com/p-72839120.html[2019-08-07].

Short J C, Moss T W, Lumpkin G T. 2009. Research in social entrepreneurship: past contributions and future opportunities. Strategic Entrepreneurship Journal, 3: 161-194.

Sirmon D G, Hitt M A, Ireland R D. 2007. Managing firm resources in dynamic environments to create value: looking inside the black box. Academy of Management Review, 32(1): 273-292.

Smallbone D, Evans M, Ekanem I, et al. 2001. Researching social enterprise. Final report to the small business service.

Smith C. 1996. Desperately seeking data//Burlingame D F, Young D R. Corporate Philanthropy at the Crossroads. Bloomington: Indiana University Press: 131-145.

Smith B R, Knapp J, Barr T F, et al. 2010. Social enterprises and the timing of conception: organizational identity tension, management, and marketing. Journal of Nonprofit & Public Sector Marketing, 22(2): 108-134.

Social Enterprise London. 2002. Social Enterprise Guide to Health & Social Care for the Elderly. London: Social Enterprise London.

Somers A B. 2005. Shaping the balanced scorecard for use in UK social enterprises. Social Enterprise Journal, 1(1): 43-56.

Stevens R, Moray N, Bruneel J. 2015. The social and economic mission of social enterprises: dimensions, measurement, validation, and relation. Entrepreneurship Theory and Practice, 39(5): 1051-1082.

Stevens R, Moray N, Crucke S. 2008. The process of value creation in social entrepreneurial firms. Frontiers of Entrepreneurship Research, 28(21): 1-7 .

Sull D N. 2005. Strategy as active waiting. Harvard Business Review, 83(9): 120-129.

Tan W L, Williams J, Tan T M. 2005. Defining the "social" in "social entrepreneurship" : altruism and entrepreneurship. International Entrepreneurship and Management Journal, 1(3): 353-365.

Taylor M, Bassi A. 1998. Unpacking the state: the implications for the third sector of changing relationships between national and local government. Voluntas: International Journal of Voluntary and Nonprofit Organizations, 9(2): 113-136.

Teasdale S. 2010. Models of social enterprise in the homelessness field. Social Enterprise Journal, (1): 23-34.

Teece D J. 2010. Business models, business strategy and innovation. Long Range Planning, 43: 172-194.

Thake S, Simon Z. 1997. Practical People, Noble Cause: How to Support Community—Based Social Entrepreneurs. London: New Economics Foundation.

Thomas A. 2004. The rise of social cooperatives in Italy. Voluntas: International Journal of Voluntary and Nonprofit Organizations, 15(3): 243-263.

Thompson J L. 2002. The world of the social entrepreneur. International Journal of Public Sector Management, 15(5): 412-431.

Thompson J, Alvy G, Lees A. 2000. Social entrepreneurship: a new look at the people and the potential. Management Decision, 38(5): 328-338.

Thompson J, Doherty B. 2006. The diverse world of social enterprise. International Journal of Social Economics, 33(5/6): 361-375.

Timmers P. 2000. Electronic Commerce-Strategies and Models for Business-to-Business Trading. Chichester: John Wiley and Sons Ltd.

Tracey P, Jarvis O. 2007. Toward a theory of social venture franchising. Entrepreneurship Theory and Practice, 31(5): 667-685.

Tracey P, Phillips N, Haugh H. 2005. Beyond philanthropy: community enterprise as a basis for corporate citizenship. Journal of Business Ethics, 58(4): 327-344.

Turban E, Strauss J, Lai L. 2016. Social Commerce: Marketing, Technology and Management. New York: Springer.

van Til J. 2000. Growing Civil Society: From Nonprofit Sector to Third Space. Bloomington: Indiana University Press: 13.

Vega G, Kidwell R E. 2007. Toward a typology of new venture creators: similarities and contrasts between business and social entrepreneurs. New England Journal of Entrepreneurship, 10(2): 15-28.

Vidal I. 2005. Social enterprise and social inclusion: social enterprises in the sphere of work integration. International Journal of Public Administration, 28(9/10): 807-825.

Weerawardena J, Mort G S. 2006. Investigating social entrepreneurship: a multidimensional model. Journal of World Business, 41(1): 21-35.

Weihrich H. 1982. The TOWS matrix: a tool for situational analysis. Long Range Planning, 15(2): 54-66.

Wei-Skillern J, Austin J E, Leonard H, et al. 2007. Entrepreneurship in the Social Sector. Los Angeles: Sage Publications.

Young D R. 1986. Entrepreneurship and the behavior of nonprofit organizations: elements of a theory//Rose-Aekerman S. The Economies of Nonprofit Institutions: Studies in Structure and Policy. New York: Oxford University Press: 161-184.

Young D R. 2001. Organizational identity in nonprofit organizations: strategic and structural implications. Nonprofit Management & Leadership, 12(2): 139-157.

Young D R. 2012. The State of Theory and Research on Social Enterprises//Gidron B, Hasenfeld Y. Social Enterprises: An Organizational Perspective. New York: Palgrave Macmillan: 19-46.

Young D R, Kerlin J A, Teasdale S, et al. 2012. The dynamics and long-term stability of social enterprise//Kickul J, Bacq S. Patterns in Social Entrepreneurship Research. Cheltenham: Edward Elgar Publishing Limited: 217-240.

Yunus M, Moingeon B, Lehmann-Ortega L. 2010. Building social business models: lessons from the Grameen experience. Long Range Planning, 43(2/3): 308-325.

Zadek S, Thake S. 1997. Send in the social entrepreneurs. New Statesman, 26(7339): 31.

Zahra S A, Gedajlovic E, Neubaum D O, et al. 2009. A typology of social entrepreneurs: motives, search processes and ethical challenges. Journal of Business Venturing, 24(5): 519-532.

Zahra S A, Rawhouser H N, Bhawe N, et al. 2008. Globalization of social entrepreneurship opportunities. Strategic Entrepreneurship Journal, 2(2): 117-131.

Zott C, Amit R. 2010. Business model design: an activity system perspective. Long Range Planning, 43(2/3): 216-226.

Zott C, Amit R, Massa L. 2011. The business model: recent developments and future research. Journal of Management, 37(4): 1019-1042.